ヤマケイ文庫

わが愛する山々

Fukada Kyuya 深田久弥

Yamakei Library

国師岳頂上の深田久弥
1964年9月21日　望月達夫撮影

わが愛する山々

目次

斜里岳

函館から釧路までは長かった。急行「まりも」で約十六時間、しかも満員である。八月も半ばを過ぎたから、もう北海道の観光客も幾らか減っただろうと思って行ったのだが、そうではなかった。函館を発つ汽車で、まず立ちん坊であった。

私たちは言うところの観光客ではなかった。恰好を見てもわかる。私はいつもの山行の古背広、ワイフも古ズボンを穿《は》き、小学六年生の次男[*1]も兄譲りの古物を着せられている。そして三人ともそれぞれの身体に応じたリュックをかついでいる。十八日間通用の三等周遊切符[*2]を買って、北海道へやって来たのである。

伜《せがれ》だけは席を見つけたが、両親は小樽まで立ちん坊であった。駒ヶ岳の尖《とが》った峰を仰いだのはまだ明るいうちであったが、後方羊蹄《しりべし》山のドッシリしたドームを車窓間近くに見たのは、もう夕暮の薄暗の中であった。小樽、札幌で空くかと思った期待が外れて、降りる客もあったがそれと同量の客が乗り込んできて、幸い私たちは腰かけることは出来たが、すぐ横の通路は新聞紙を敷いた座席になった。

札幌を発車したのは夜の九時、それから翌朝七時釧路に着くまでの夜行列車は、例によってほとんど私に睡眠を与えてくれなかった。有名な狩勝《かりかち》峠の大観も真夜中では是非もなかったが、あけ方の薄ら明かりの中に、十勝川下流の大湿原が現れてきた時、初めて北海道だナという感じが痛切に来た。茫漠とした原野に馬が一匹心細げに風に吹かれている。こんな景色は内地には無い。

釧路は活気のある町だった。函館が斜陽都市と呼ばれているのに引きかえ、ここは興隆都市と言えよう。人口はどんどんふえ、戦前の数倍になったそうである。繁盛の原因は、漁業の中心地であり、大きな施設を持った海底炭鉱と製紙会社があり、パックに阿寒国立公園を控えている。漁業、炭鉱、製紙、観光、その上、今まで無用の土地であった北方の大湿原が開拓されて、近代的工場地帯に代わろうとしているそうである。今や釧路は北海道さいはての、啄木[*3]の歌で想像するような、わびしく霧笛の聞こえるロマンチックな町ではなく、現実的なふてぶてしい産業都市である。近く飛行機も通うようになるそうだ。

しかし旅の一瞥《いちべつ》で釧路を語るのもおこがましい。ここは、私の友人で、独乙《ドイツ》文学者であり文芸批評家である小松伸六[*4]君の生地、彼のお祖父さんは北海道開拓時代の成功者の一人で、今も目抜きの通りに盛大な店が営まれている。小松君からの連絡で、私

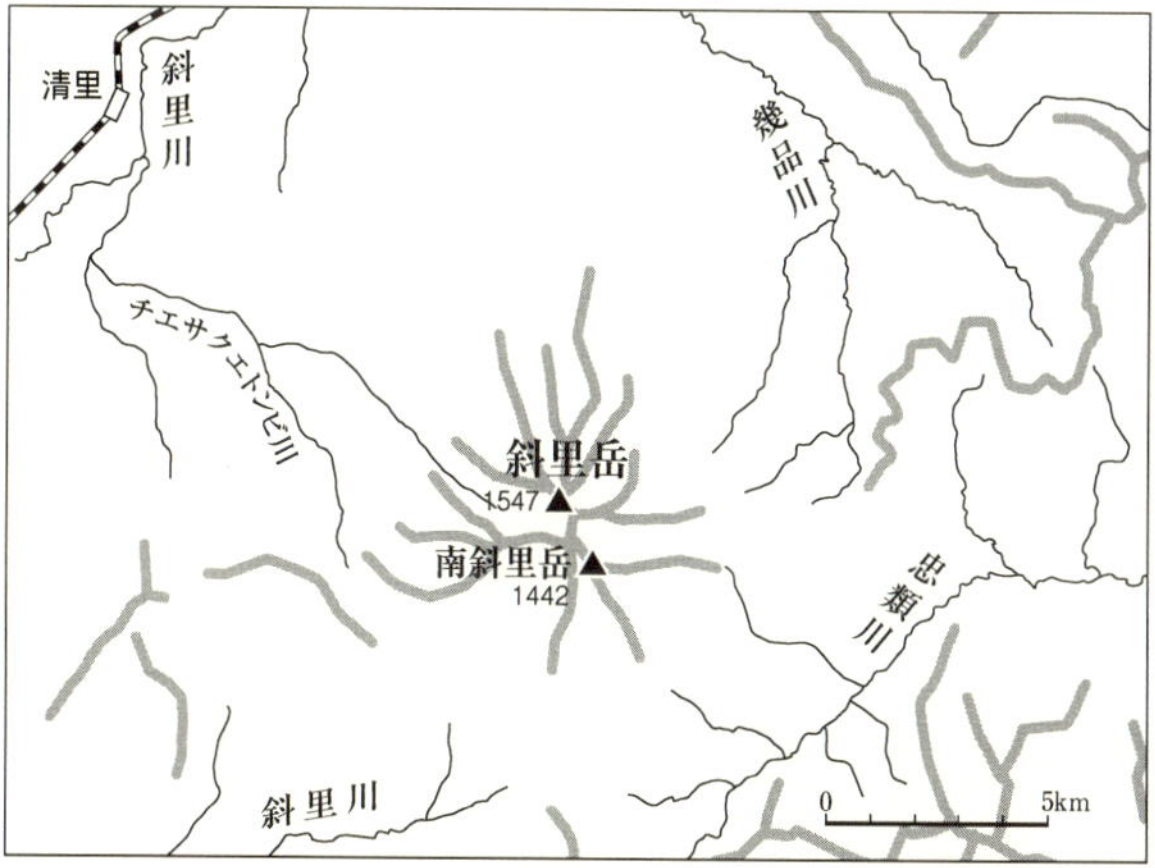

五万分の一地図　武佐岳、斜里岳

たちはその御一族からあたたかく迎えられ、釧路の一日は町見物に費やされた。啄木の歌碑のある丘に立つと、港がすぐ眼下に拡がり、北方遥《はる》かに阿寒の山々が見えると教えられたが、惜しくもそれは夏雲に隠されていた。

その夜は釧路山岳会の人たちと歓談した。私は前年（一九五八年）ヒマラヤで撮ってきたスライドを見せて、その時の話をしたが、その返礼が有難くも翌日の斜里岳登山に現れた。すべてのスケジュールと準備が山岳会の人たちによって整えられ、私たち親子三人は殿様登山の倖せを持った。今度の北海道旅行の目的は山にあった。欲深い計画の中で、最低限、斜里、羅臼、阿寒、この三つの山だけは是非登らねばならぬときめていた。

　最初が斜里岳であった。翌日の午前、示された時間に駅へ行くと、釧路山岳会の二君が自ら「釧路シェルパ」と称して、口まで詰まった特大のザックを持って待っておられた。ほかに、小松君のとこで出あった早大生の鏑木長夫君も、一行に加わることになった。

　十時二十五分発の網走《あばしり》行に乗る。汽車は大たい釧路川に沿って上って行く。空は曇って、時に驟雨《しゅうう》さえあったが、移り変わる沿線の風景は私たちを退屈させなかった。ベカンベ（菱の実）祭というのが行われるという塘路《とうろ》湖、白鳥の飛来地だというシラルトロ沼、昔は五十石船がそこまで溯《さかのぼ》ったのでその名があるという五十石、そんな侘《わび》しげな原野を過ぎると、やがて汽車は阿寒国立公園の範囲に入る。車窓の右手には摩周湖の外輪山、左手には噴煙をあげている硫黄山。屈斜路《くっしゃろ》湖の湖面もチラリと見えた。

　それからあとしばらくは、線路を通すため切り開いた原生林の中を行くので、眼覆い[*5]された馬のように脇の遠望は利かず、ただ線路の際に咲き溢れた紫のフジバカマや黄のアキノキリンソウに眼を楽しませるだけであったが、釧路と北見の国境を越え、森林帯を抜けて斜里原野に下る途中、何と嬉しかったことには、空がスッカリ晴れあがって、右手に斜里岳が大きく現れた。

かねて写真では知っていたが、実際に見るのは初めての斜里岳だった。アイヌ人はオンネプリと呼んでいたそうだが、オンネは「大」、ヌプリは「山」の意、それが詰まってオンネプリとなったのであろう。その名の通り、左右に伸び伸びと美しい稜線を引いて、実に根張りの大きな山である。昔からアイヌ人が神の如く尊崇したと伝えられているのもうなずかれる。

オンネプリの左に、それよりやや低く頂の平らな山が見えた。それが海別岳《うなべつ》で、さらにその左に遠く現れた円頂の山が、知床《しれとこ》半島の羅臼岳だと教えられて、私の喜びは極まった。澄み渡った青空をバックに、それら北海道東端の山々が、遠来の客を迎えるように、いま私の前に展《ひろ》がっている。私は下車駅に着くまでほとんど山から眼を放さなかった。

午後二時半、清里《きよさと》という駅で私たちは下りた。斜里《しゃり》駅の二つ手前である。ここが斜里岳登山口で、駅前に大きな登山案内図が立っている。清里町は元は小さな開拓部落であったが、昭和四年釧網《せんもう》線が開通以来次第に発達して、今は戸数六百あるという。真正面に斜里岳を眺めて、その麓まで広漠とした原野が傾いている。

北海道の山はたいていそうであるように、斜里岳も登山の歴史は新しい。この気高く美しい姿をした山へ、土地の人さえ登ろうとする者がなかった。一九二七年五月、西北麓の三井農場からスキー登山が試みられたが、この時は頂上近くまで行って引返した。一九三〇年三月、今度は東北麓の越川駅逓[*6]からやはりスキーで登ったパーティが、初めて頂上に立った。そして同年最初の夏季登頂も成された。その後、登山道が開かれ、頂上には祠《ほこら》が祀《まつ》られ、次第に登る人がふえてきて、駅前の案内図が示す通り、山中の奇岩や名瀑にはいちいち名前が与えられている。

清里町役場の御厚意で出してもらったジープに乗って、私たちは山へ向かった。斜里岳をまともに見ながら、原野の中の一直線の道を走って、終点で下りる。そこから歩きだして、その夜の泊まりの清岳荘までは、約一時間の道のりだった。清岳荘というのは、二年前の夏営林署によって建てられた山小屋で、荘とは言え、食事や寝具の備えはない。私はここで初めて釧路シェルパのリュックの大きさの意味がわかった。私たち親子三人の食糧はもちろん、寝袋までその中に入っていたのだ。すぐ外の谷川から戻ってきた子供から、

「お父さん、ビールとジュースが水に漬けてあるよ」

という報告を受けて、私の相好《そうごう》[*7]は崩れた。この上は有難く釧路山岳会の恩恵にあずかろう。することのない私たち親子は、食事の準備ができる間、斜里岳の頂上の見え

る所まで登ってみた。静かないい夕方であった。

小屋へ戻ってくると夕食ができていた。二つのラジウス*8の上にはあたたかそうなものが煮え、座には皿やコップが並んで、大した御馳走である。佐藤初雄君と横浜嘉兵衛君、この二人は釧路山岳会の山行ではいつもよいコンビで、トウチャン・カアチャンと呼ばれているそうだ。トウチャンの佐藤君が指図をし、カアチャンの横浜君が料理を作る役。まず乾杯で饗宴が初まり、食べきれないほどの御馳走のあとに、デザートが出た。腹いっぱいになって、ローソクを消し、それぞれ寝袋におさまった。


朝三時に起きる。よく寝た。東京を出発して以来初めての熟睡であった。暗いうちに食事をすまし、薄々明けてきた頃に、もう小屋を出ていた。天気はどうもアズマシク*9ない。一面に霧がかかって、少し遠い所は何にも見えない。そのうち晴れてくるだろうと期待したが、いっこうに灰白色はどいてくれない。

私たちは旧道を採った。これはチエサクエトンビ川（アイヌ語で魚のいない川の意だという）の上流を辿《たど》るもので、沢筋を右へ移ったり左へ移ったりして登って行く。トウチャンが先頭、それから私たち親子、鏑木君、カアチャンが殿《しんがり》である。私のワイフも子供もこんな沢登りは初めてで、流れの中の石の上をピョイピョイ跳びこえて行くのを最初は不安がっていたが、次第に慣れてくると、子供などはかえってそれを面白がった。というのは、斜里岳の特長として「川底の石盤は滑らぬのを特異とする」とわざわざパンフレットにもあげてある通り、靴の底がちょっと石に引っかかっただけでも決して水に落ちる心配のないことを会得してきたからである。

その上、この沢は傾斜の急な代わりに、随所に美しい滝がかかっている。それらに、羽衣ノ滝、霊華ノ滝、三筋ノ滝、水簾ノ滝などという名前がついている。中でも美しい七重ノ滝は、岩盤の上をサラサラと流れていて、道はその流れる滝のふちを辿っていた。

沢を詰めて、その源頭の滑りっこい急峻な斜面を登りきると、頂上へ続く稜線上の鞍部[*10]へ出た。すでに高山帯で、晴れていたらさぞ気持のよさそうな原が開けていた。そこで一休みしてから、頂上へ向かった。ハイマツやエゾシロツツジで覆われた稜線を登って行くと、小さな祠のある頂に着いた。これが今年再建された斜里岳神社で、大山津見大神と天之水分《みくまり》大神[*11]の二柱《ふたはしら》を祀るという。一九四一年日蝕の折、この山で宇宙線観測をされた仁科芳雄博士[*12]は、白樺で鳥居を作ってこの社に奉納されたそうである。

一五四五メートルの三角点[*13]のある頂上は、それから少し先にあった。八時半、その頂上に立ったが、私たちを迎えたのは濃い霧でしかなかった。頂上からちょっと下った所に、粗末な小屋があった。釧路シェルパがグラウンド・シートやポンチョーで羽目板の穴ふさぎをしてから、私たちはその小屋で一時間あまり天の御機嫌の直るのを待った。がその甲斐もなかった。ここからオホーツク海、千島の海、それから眼の下に摩周湖が見える、という結構な話を聞かされるだけで、私たちに見えるものは身のまわり数メートルの白い気体でしかなかった。

帰路は元の鞍部まで引返し、今度は沢を下らずに、尾根を辿る新道を採った。高原風な気持のよい道で、時々薄れかけた霧が、霧のため余計に美しく見える近くの山をのぞかせて私たちを喜ばせてくれたが、すぐまた物惜しみするように白色で包んでしまう。霧が割れて、一瞬青空が出た。

「おお、ゴマよ、開け！」[*14]

トウチャンは両手を天にさしあげて叫んだ。私たちも奇蹟を待つように、ハイマツの根に腰をおろして胸をとどろかせた。しかし奇蹟は起こらなかった。それどころか次に来たものは小雨であった。

私たちは雨具を着て、八合目にある竜神ノ池を見に寄った。透きとおった奇麗な水が岩盤の底から湧いていた。気持のいい高山帯はそのへんで終わって、あとは急な下り坂の一本道であった。

清岳荘へ帰り着いたのは正午すぎで、一行より先に小屋へ戻ったカアチャンが、おいしい熱いスープを作って待っていた。食事をすまし、荷を整えて、私たちは本降りになった雨の中へ出た。一時間歩いて、ジープの終点へ下る。ジープの来るのを待つ間、解体しかけの伐材用の小屋で雨を凌《しの》いだ。

清里駅に着いて発車までの時間に、私たちは駅員用の風呂に入れて貰った。つめたい雨でちぢかんだ皮膚があたたかく伸び、乾いた下着に着かえて、私たちは釧路行に乗った。汽車の中でビールの宴を開く用意を、トウチャン・カアチャンは忘れはしなかった。釧路に着いたのは夜の十時であった。

●斜里岳（しゃりだけ・一五四七メートル）一九五九年八月の山行。後につづく阿寒岳・羅臼岳・後方羊蹄山まで、ひと続きの北海道の山旅。

＊1　小学六年生の次男……深田久弥には子息がふたりいるが、この北海道の山旅に長男は大学受験勉強のため参加しなかった。

＊2　三等周遊切符……当時の国鉄（日本国有鉄道・現ＪＲ）は旅客車両が一等、二等、三等の等級制だった。三等は現在の普通車。一九六〇年、二等級制で二、三等が併合、一九六九年、等級制廃止で一等、二等は合体して現在のグリーン車になった。

＊3　啄木……早池峰山の補注＊10参照。

＊4　小松伸六……金沢の旧制第四高等学校（現在の金沢大学）でドイツ語・ドイツ文学教授。戦後、深田久弥の金沢時代から親交があった。金沢の後、立教大学文学部教授。

＊5　眼覆い……荷車をひく馬がよそ見をしないように眼につけた覆い。

＊6　駅逓《えきてい》……明治期、郵便・荷物を宿《しゅく》（市町村）から宿へ運ぶ中継基地。

＊7　相好《そうごう》……顔つき。相好を崩す（にこやかな表情になる）。

＊8　ラジウス……Radius. 灯油、ガソリンを燃料とするスウェーデンの携帯コンロとそのメーカー名。ラジュース、ラジュウスなど深田久弥の表現は一定しない。

＊9　アズマシク……あずましい。好ましい、気持ちがよい。津軽方言とされ、深田久弥の故郷の方言ではないようだ。

＊10　鞍部……あんぶ。山稜のくぼみ。馬の鞍のようにくぼんでいるところ。峠、たおり、たるみ、乗越などはみな鞍部。

＊11　大山津《おおやまつ》見《み》大神、天之《あめの》水分《みくまり》大神……前者は大山祇神。山をつかさどる神。イザナギノミコトの子。後者は流水の分配をつかさどる神。水源地に分祀される。

＊12　仁《に》科《しな》好《よし》雄《お》……物理学者（一八九〇〜一九五一）。一九二一年文化勲章受章。

＊13　一五四五メートルの三角点……現在、三角点の標高は一五三五・七九メートル。最高点は一五四七メートル。

＊14　ゴマよ、開け！……Open sesame. 難関を切り開くときに唱える呪文。『千一夜物語《アラビアン・ナイト》』のアリババのせりふ。「開け、ゴマ」がふつう。

阿寒岳

斜里岳登山から夜おそく釧路に帰ってきた私たちは、翌朝八時半、駅前から出る阿寒湖畔行のバスに乗った。私たちというのは、私と家内と小学六年生の次男坊の三人、時は一九五九年の八月二十三日である。

大型の観光バスは釧路の町を出はずれると、坦々砥《といし》の如き舗装道路を疾駆して、大《お》楽《たのし》毛《け》原野にかかる。この不毛の大湿原が今や近代的工場地帯に変貌しつつあるという話を聞いていたが、その証明のように右手に未完成の大工場が現れた。本州製紙の新工場である。舗装の大道路がそこで終わった点から察して、これは工場建設の付属事業だったのだろう。

しかしそれから先のバス道路もやがて舗装されるだろう。広い湿原に飛行場が出来かかっていたからである。ここまで飛行機が通じれば、東京から土曜日曜で阿寒国立公園へ遊びに来ることが可能になる。ただしお金のある人に限る。私たちのような三等旅行者[*1]には無縁である。

そういう近代的施設と対照的な素朴な囲いがあって、それは、丹頂鶴の自然公園であることが掲示されていた。疾走するバスの窓から、囲いの金網の中にそれらしいものが二、三羽見えた。同乗の一見土地の故老らしい人の話によると、以前は鶴の渡来期にはこのへんではいくらでも見られたそうであるが、近頃はめっきり減った。日本で丹頂鶴の棲息地はこの湿原だけで、天然記念物に指定されている。金網の中の天然記念物は飛び去れないように羽が切ってあるそうである。文明の中に自然を保存しようとすると、その自然は本来の姿を失って、人工的になってくる。どんなに立派な庭園でも、そこに痛ましく剪《き》りこまれた樹木を見る時ほど、私を悲しませるものはない。

阿寒国立公園は釧路から八十キロほど北にあって、バスの所用時間は約三時間である。私たちは大楽毛原野を抜けて、阿寒川に沿う谷間へ入った。エゾマツ、トドマツの原生林の中に道が通じていて、ようやく自然のふところへ返ってきた思いである。

もう阿寒も近いと思う頃、左手のコンモリした樹林の上にホテルらしい建物の屋根が浮かんでいたが、それがただ一軒の雄阿寒《おあかん》温泉であった。阿寒湖の湖面がチラチラ見えだしたのはそれから間もなくで、やがて私たちは再び人工の中へ、それもやや俗っぽい人工の中へ降ろされた。土産物屋の店頭に浴客が群れ、ラウド・スピーカーが歌謡曲を流している、温泉場風景がそこに展がっていた。

私たちは予約してあった宿屋の一室でしばらく休んでから、この観光地の見物に出かけた。ともあれまず阿寒湖である。遊覧船に乗って湖上へ出たが、曇っていて、肝腎の阿寒の山々が見えない。周囲の山がこの湖を引き立たせているのであって、その眺めが得られなくては、阿寒湖も平凡な山上湖に過ぎない。いやマリモがあると人は言うだろう。あまりに有名になりすぎたこの球状緑藻は、船がその生息地帯に達した時水中眼鏡で覗く仕掛けになっているのだが、しかしそれは有るか無きかのごときおぼろな状態でしか、私たちの眼に写って来なかった。それでも有名というのはおそろしいものである。有名でなかったら誰も一顧もしないような、そのおぼろなものに、同船の観光客は一せいにどよめき立った。

すべての観光客の特徴は、それがどんなものであっても、土産話の種になる有名なものを見落とさないことである。私のそばに一人の学生が居眠りしていた。おそらく欲の深い北海道強行旅行の疲れであろう。この青年は乗船するや否や居眠りを始め、船が元に戻るまでついに眼をさまさなかった。それでも彼は都に帰って言うだろう、

「阿寒湖はすばらしかったね。ことにマリモは……」

船の案内嬢は、雲のため見えはしなかったが阿寒岳の説明は省かなかった。雌《め》阿寒岳は先頃から爆発を始めたので、目下登山禁止になっていますが、これはどなたにで

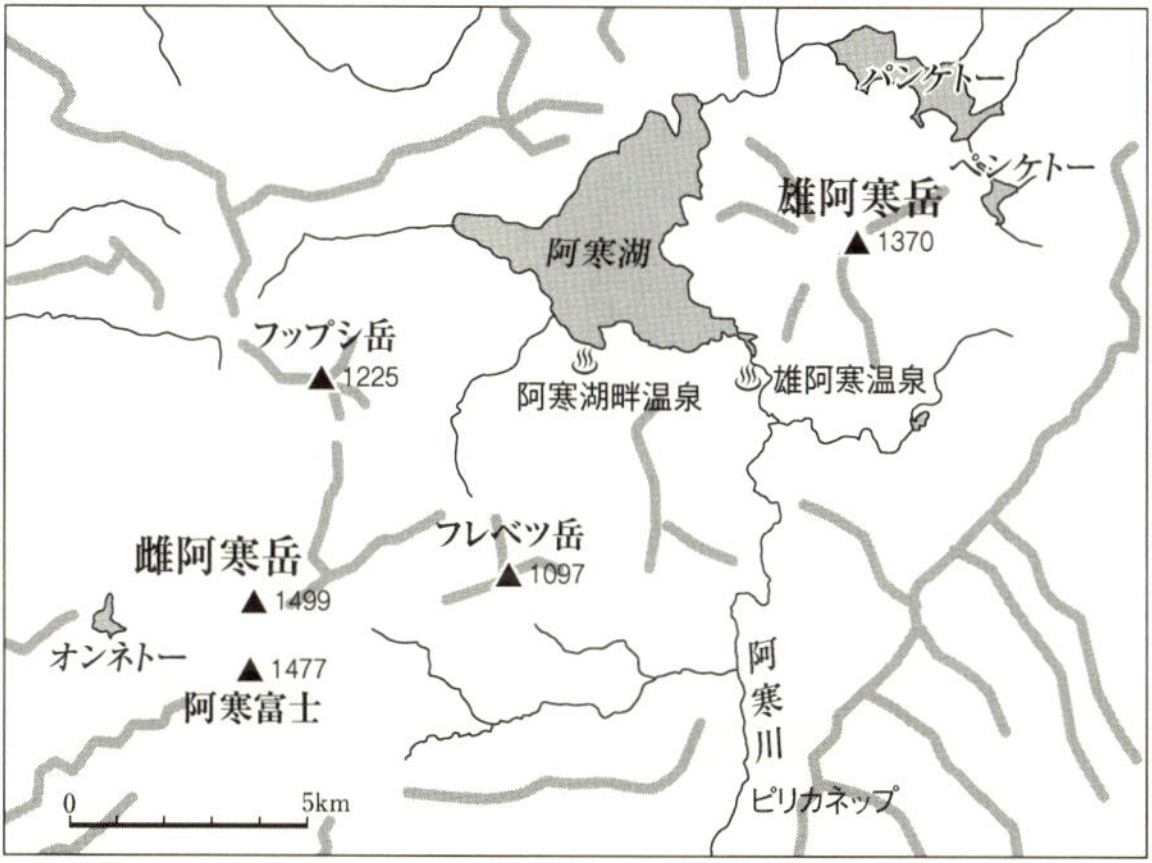

五万分の一地図　阿寒湖

も登れる易しい山です。雄阿寒岳はけわしく、御婦人やお子供さんの登山はむずかしゅうございます。私の妻と子は顔を見合わせた。私たちは明日その雄阿寒岳に登る予定だったからである。

遊覧船から上がって、次に湖畔のボッケを見に行った。ボッケというのは灼熱の泥を噴きあげている沼地で、アイヌ語で「いつも暖かい場所」の意だそうである。その近くに啄木の歌碑[*2]が立っている。

神のごと遠く姿を
あらはせる　阿寒の
山の雪のあけぼの

歌碑を入れて幾組もの見物客が記念撮影をしていた。これも有名病の一つであって、実は啄木は阿寒湖へは来ていない。この歌はたしか釧路の海上から詠んだものであるが、何しろ北海道の観光業者にとっては石川啄木は一つの資源である。道内で啄木の歌碑はいくつくらい数えられるであろうか。

　有名病を私に嘆かせた原因の一つは、そのボッケに到る途中、道端の林の中に立っていたもう一つの碑のためでもあった。その不遇の詩碑はほとんど人眼を惹《ひ》かず、その前に立ち留まる人さえなかった。石には次のように刻まれている。私はノートに写した。

　水面風収夕照間
　小舟撑棹沿崖還
　忽落銀峯千仞影
　是吾昨日所攀山
　　安政戊午年三月二十八日即作
　　松浦竹四郎　源弘題

　両碑とも戦後に立ったものだが、阿寒湖にピッタリした点では、この詩碑の方が所を得ている。ところが多くの人は、この偉い探検家の名を知らない。松浦竹四郎[*3]は幕末の大旅行家で、日本全土を歴遊のあげく、蝦夷地《えぞち》の探検に赴いた。弘化二年（一八四五年）二十七歳の時から安政五年（一八五八年）まで、困苦を冒して未開の土地を跋渉《ばっしょう》し、北海道の礎を築いた。蝦夷地に関する著述だけでも十冊近くある。前掲の詩を見ても、彼は阿寒湖畔に来たり、周辺の山に登ったことがわかる。

その周辺の山が、午後おそく、ヴェールを脱いできた時の私たちの喜びは大きかった。中でも立派なのは雄阿寒岳で、端正なドームの力強い線は、両阿寒岳のうちこちらに男性を与えた古い住民の感覚の正当なことを証していた。雌阿寒岳は標高はそれより高いのだが、全体がなだらかで、湖畔から遠いせいもあって、雄阿寒ほど顕著ではない。

私たちは雌阿寒の方へ行ってみた。登山口に登山禁止の掲示が出ている。その広い原野風の裾を少し登り、雌阿寒からフレベツ岳に続く山々の夕照を見ただけで引返した。帰り道アイヌ部落に寄る。もちろん観光向けの人工アイヌ部落で、家屋の建てかたも、その店先で熊を彫っている人の服装もアイヌ式だが、それは一種のショーでしかない。第一本当のアイヌ部落から、拡声機でしきりに旅客に呼びかけてくるはずがない。旅行中私はある雑誌で、アイヌ研究家の更科源蔵氏[*4]が次のように書いておられるのを読んだ。

「北海道に旅行する人々はほとんどと言っていいほど、アイヌに対して興味を持っているし、観光パンフレットには必ず盛装したアイヌの写真が忘れずに入れてある。そして実際に観光地に行くとこれまた必ずと言っていいほど、いかにも原始的に装った人々の姿が見られる。ある人は熊を彫り、あるいは写真のモデルにもなる。この人達はたしかにアイヌの血が流れている人もあるが、中には全くの日本人も加わって演技してるのもある。いずれにしてもそれは全く日本人的な演出であって、よしんばアイヌの血の流れを持っている人であっても、とおの昔にアイヌ文化を忘れ、アイヌ文化を最も嫌った人々の、最も安易に生きる生活方法の姿であるといっても過言ではない」

それではもはや純粋のアイヌ民族の血は全く滅びたかと言うと、そうではない。それは深い奥地にごくわずかに残っている。そして更科氏のような熱心な探求者だけに稀に見出される。しかしそれも次第に消えつつあるそうである。

翌朝北見行の七時三十五分発の一番バスに乗った。昨日来た道を引返し、雄阿寒温泉のあたりで釧路へ行く道と別れて、弟子屈《てしかが》へ向かって進む。白樺の林を通り抜けて、間もなく私たちの下車する雄阿寒岳旧登山口へ来た。標木が立っているだけで何もない。そんな物寂しい所へ下りたのは、もちろん私たち親子三人だけである。

地図（阿寒湖）に記されている点線路ではなく、雄阿寒岳から南に延びている尾根に登山道がついていた。尾根に取りついて初めしばらくは急な登りで、すぐ眼下に、樹林に囲まれてひっそりした無名湖が見える。この湖などももし何かの謂《い》われがついていたら、観光客に見過ごされはしまい。

やがて道は緩くなった。開けた所へ出たが、雄阿寒の頂上は濃い乳色に包まれている。その霧は私たちの所まで下りてきて、薄絹を透かして見るような景色になる。森林帯の中の道は時々急坂を織りこんでいた。

私の息子はジュースの空罐に小石を入れて、それを二つかち合わせて絶えず音を立てながら、先頭に立って行く。熊に対する警戒のつもりである。北海道の山と言えば、二言目には熊の話が出る。数日前も大雪山で二人の女性が熊に出あったという記事を新聞で読んだ。雄阿寒岳にはそのオヤジの現れる可能性がある。それを慮《おもんばか》って登山禁止になったこともある、という宿の人の話を、ゆうべ息子はそばで聞いていたのである。

森林が灌木帯に代わって、頂上を巻くような緩い道が続き、間もなくエゾシロツツジが褥《しとね》を敷き、ガンコウランが果を綴《つづ》っている高山帯に出た。房々となっている黒い果は、その下へ手を入れてちょっとゆすぶっただけで、掌にバラバラとたくさん落ちてくる。私たちは唇が染まるほど食べた。

かなり大きい小屋（元は観測用の建物だったらしい）のある頂へ出たが、一面の霧で何も見えない。私たちはそれからさらに先の岩蔭の窪みに下りて、風を避けながら、弁当を開いた。ほんのしばらく霧が薄れて、正面に三角点のある真の頂上が見えた。左手は旧噴火口の大きな擂鉢《すりばち》になっている。

その真の頂上へ向かって、岩のゴロゴロしている道を登りかけた時には、私たちは再び霧の中だった。三角点を踏んだのは十一時半。九百メートルの登りに、ゆっくりの私たちは三時間以上かかった勘定になる。

頂上は岩だらけで、その岩の間のあちこちに紫色の千島ギキョウが可憐だった。わずかの平地のまわりは、山ホウコやハイマツや、ミヤマハンノキで囲まれている。数メートル先は影がおぼろになるような霧だったから、眺めは何もなかったが、望みを果たした喜びで私たちは満足であった。この山の麓には数千の観光客が今も群れているることだろう。しかしこの山頂にいるのは私たち親子三人だけだ、そう思うことで十分満足であった。

せっかく来たのだから晴れるまで待とうという妻子の意見を入れて、頂上に二時間あまりいた。何をするということなしに時間が過ぎた。私は用を足すために叢《くさむら》の中を少し下りた。岩の上にしゃがんでいると、下の方で木をふみしだくような音がする。時々フーッという荒い息遣いのようなものもまじる。やんだかと思うと、また聞こえる。

霧は薄れるどころか、かえって形勢が悪くなり、小雨模様を帯びてきた。私はあきらめ切れぬらしい妻子を促して、下山の途についた。帰りは新道を採った。私が怪しげな物音を二人に打ちあけたのはその途中だった。息子は忘れていたジュースの空罐を取り出して、またはげしく鳴らし始めた。

新道は傾斜が急で、道も悪かった。その上とうとう雨が降りだしてきた。濡れた急坂は滑りっこく、両親はビブラム底の靴を穿《は》いているが、運動靴の息子はそれと対抗するために、尻餅をついて滑り下りるという方式を採った。

原始林の中の道は長かった。ようやく太郎湖《たろっこ》・次郎湖《じろっこ》のほとりまで下りてきて、終わりに近づいたことがわかった。そこからバス往還[*5]に出るまでに、滝ノ口という美しい景色を通りすぎた。阿寒湖の一隅が深く入りこんだところで、湖岸には原始林が迫り、小さな島々の布置が絵のように美しい。人気《ひとけ》がなく、あたりはシンと静まっていて、仙境のおもむきである。阿寒川はここから滝を作って流れ出ている。

往還に出て阿寒湖畔へ戻るバスを待った。満員のバスが二台続いてきた。盛装の観光客たちは、泥と雨に汚れた着物に触れないように身をよけながら、この奇体な三人の闖入者《ちんにゅうしゃ》を眼を見張って眺めた。

宿に着いて、玄関前のベンチで着物を着換えた。いくらかマシな恰好になって、それから私たちは湖畔で一番立派なホテルの表玄関へ立った。ここのお嬢さんのA子さんは東京へ絵の勉強に出ている。阿寒湖へ来たら是非立ち寄るように、人伝てに紹介されていたのである。帰省中のA子さんは数日前から、私たちの到着を待ち受けていられた。

ホテルの裏の湖畔にA子さんの豪勢なアトリエが立っていて、私たちはそこへ迎え入れられた。壁炉に薪を焚いて、そのまわりに暖まりながら話しているうちに、初対面にもかかわらず私たちはすっかり打ち解けてしまって、予定を変えてそこへ泊めていただくことになった。A子さんを大きい赤ん坊のように可愛がっておられるお母さんも出て来られて、私たちの歓談は尽きなかった。

アトリエの大きなガラス戸を透かして、湖を距《へだ》てた対岸にフップシ岳が見える。雨上がりの霧がその山を掠《かす》めて流れて行く。フップシとはアイヌ語でトドマツの意だそうで、お母さんの話によれば、ここからの湖と山の明け暮れの移り行く眺めは、言葉に言い現しがたい。たしかに湖の風景には微妙なニュアンスが動いていて、ただ一時の通り過ぎの見物では捕えにくい美しさを持っているものだ。四時眺めている人だけが、本当の美しさに接する倖せに恵まれる。

この御家庭は初め釧路に住んで、ここに山荘を建てて避暑に使っておられたが、昭和十二年かに阿寒国立公園が設定されると、今までの淋しい土地が急速に賑わいだし、御主人が亡くなられてから、山荘がホテルに改築されたのだそうだ。この大きなホテルを裁量して行くだけの、お母さんは恰幅のいい女丈夫[*6]にみえた。A子さんは朗らかな甘えっ子で、その伸び伸びした性質は、アトリエの壁に幾枚も飾ってある、明るいメルヘンのような絵を見ても察しられる。独立展に属しているが、「深刻なのはキライ」とそのたっぷりした笑顔で言う。

翌日の午前、しきりに引き留められるのを辞して、再び弟子屈方面行のバスに乗った。斜里岳、雄阿寒岳の登山をすました私たちは、次の予定の羅臼岳へ向かうためである。

●阿寒岳（あかんだけ・雄阿寒岳一三七〇メートル、雌阿寒岳一四九九メートル）　前項・斜里岳につづく山行。一九五九年八月。

＊1　三等旅行者……前項「斜里岳」の補注＊2参照。

＊2　啄木……早池峰山の補注＊10参照。

＊3 松浦竹四郎……幕末維新の大探検家（一八一八〜一八八八）。伊勢の出身。竹四郎は幼名だが、長じても使うことがあった。普通は武四郎で知られる。多気志楼などの号もある。源《みなもとの》弘《ひろむ》は松浦家が源氏の流れを汲む家系と考えていたためで、弘は戸籍上の本名。少年時から山に惹かれ、生涯に戸隠山、御嶽、大台ヶ原など多くの山に登り、奥州、甲信越、近畿、山陰、四国、九州など各地を旅行した。幕府の蝦夷地御用係で、北海道・樺太《サハリン》を踏査。地理学・文化人類学的分野で巨人の足跡を残した。北海道の命名者とされるが、本来はアイヌモシリ（人間の静かな土地）という。安政五（一八五八）年、道東地方を調査、雌阿寒岳（マチネシリ）に登ったとされるが、確実ではない。蝦夷地先住民アイヌへの深い共感があり、六度目のこの年の調査を最後に蝦夷地へ足を向けなかった。幕府・明治新政府の施策と日本人のアイヌへの収奪と抑圧に失望、抗議の意味があったとされる。『戊午《ぼご》東西蝦夷山川地理取調日誌』『近世蝦夷人物誌』（現在平凡社ライブラリー『アイヌ人物誌』）など著作多数。三重県松阪市に松浦武四郎記念館がある。参考資料も数多いが、現在入手しやすい山に関係するものとして中村博男『松浦武四郎と江戸の百名山』（平凡社新書）、渡辺隆『江戸明治の百名山を行く――登山の先駆者松浦武四郎――』（北海道出版企画センター）、花崎皋平『静かな大地　松浦武四郎とアイヌ民族』（岩波現代文庫）、安田治『北海道の登山史』（北海道新聞社）がある。

＊4 更科源蔵……アイヌ研究家、詩人（一九〇四〜一九八五）。『更科源蔵詩集』ほか。

＊5 往還……往来、往復の意だが、街道、幹線道、主要道のこと。

＊6 女丈夫《じょじょうふ》……気がつよくて、しっかりした性格の女性。

羅臼岳

阿寒湖畔を発って弟子屈《てしかが》まで約十キロ、観光バス道路は深い原始林を横断する。途中、双湖台、双岳台という見晴らし台があって、前者からはペンケ、パンケの二湖、後者からは雄阿寒と雌阿寒の二岳が見えるというが、台に立った私たちはただ一面霧に煙った景色しか得られなかった。

弟子屈から摩周湖まで上って、湖畔を走る途中、第一展望台、第二展望台[*1]があって、そこから眼下に神秘な「魔の摩周湖」を見おろすのが、この観光ルート最大の見ものらしいが、ここでも私に与えられたのは、真っ白な霧の風景でしかなかった。私は何よりも、先日登った斜里岳を湖の向こう側に望むことを期待していただけに、残念であった。

バスが川湯温泉へ向かって下りるあいだ、案内嬢は私たちの不運をその説明の中に取り上げて、「皆さんの中に御精進の悪かったかたがいらっしゃるのでしょう」と繰り返し言った。天気の悪いのを精進のせいにするのは、あまりにも陳腐なきまり文句で、もはやユーモアさえ感じられない。阿寒国立公園のバス嬢の説明は、もっと洗練されたものに作り変えられる必要がある。

川湯温泉へ着く手前、アトサヌプリ見物に乗客はバスから下りる。一面焼石の原で、噴気を吐き出している裸山が立っている。風の工合で臭い硫黄の煙に襲われる。アトサヌプリは現在硫黄山というありふれた名に変わっているが、北海道へ来て、アイヌの名称[*2]がつまらぬ日本名に変えられつつあるのは、残念な思いがする。アトサヌプリから川湯までの白樺の林はみごとだった。

観光バスは川湯から屈斜路湖のふちを通って、美幌《びほろ》峠を越え北見に出る。阿寒湖から北見までのこのバス道路は、夏北海道へ押し寄せてくる旅行者の大部分が辿《たど》る代表的なコースである。私たち三人は川湯温泉でこの観光ルートから離脱した。温泉場というよりだだっ広い新開地といった感じの川湯で、小さな蕎麦《そば》屋へ入ってラーメンを食い、家内は次男に長ズボンを買ってやった。八月の末とは言え、もう夕方は肌寒かった。

国鉄の川湯駅[*3]から汽車で標茶《しべちゃ》に着いた時は、もう暮れていた。そこで乗り換えて、終点根室標津《ねむろしべつ》[*4]まで行く。そこで下りてマゴマゴしているうちに、終列車後の駅はたちまち人影もなくひっそりしてしまった。心細いような暗い駅前である。見棄てられた

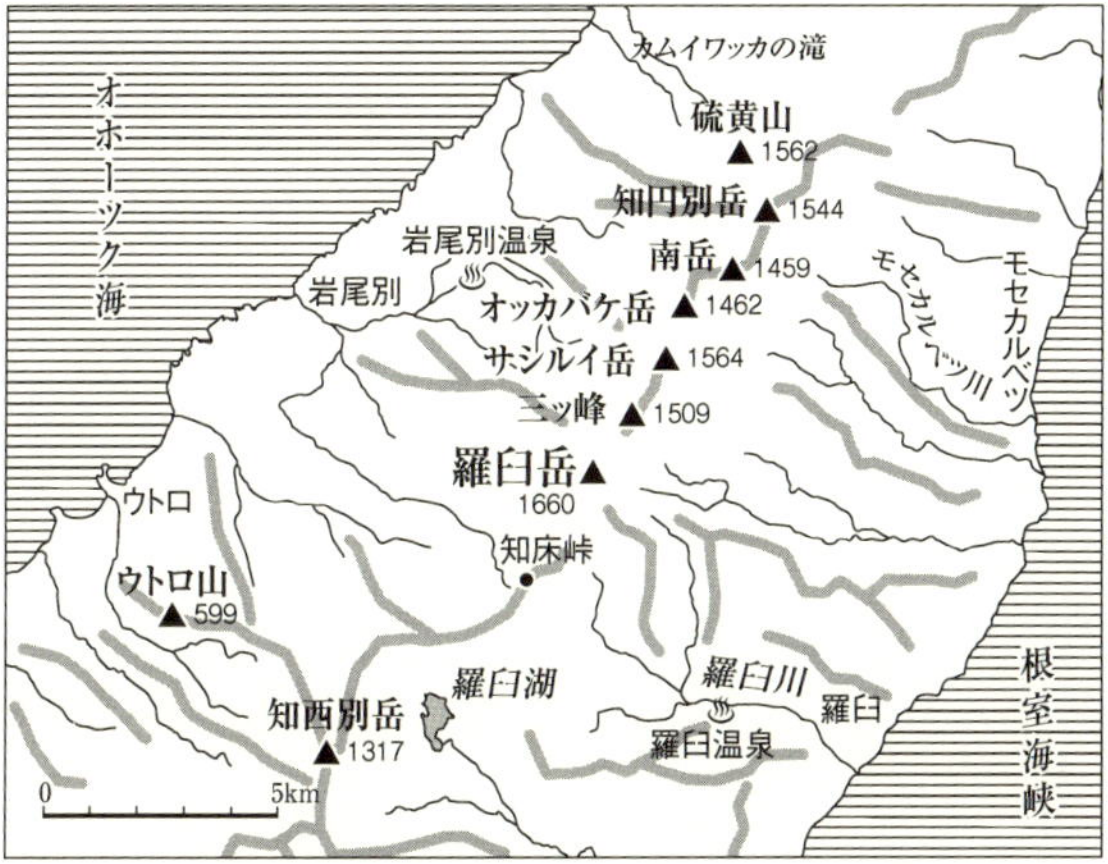

五万分の一地図　羅臼岳（現羅臼）、春苅古丹（現八木浜）

ように立っている親子三人に、駅長が出てきて、町の旅館までのタクシーを呼んでくれた。私たちは夜十時すぎのおそい夕食を食って寝についた。

翌朝、羅臼《らうす》行のバスに乗るため、宿のオート三輪で駅まで運ばれた。ゆうべは暗くて分からなかったが、駅の真正面に紺碧の海が見え、その向こうに国後《くなしり》島が横たわっていた。新鮮な眺めだった。

標津からバスはずっと海ぎわを走った。時々川を渡ったり、小さな佗《わび》しげな部落を通りすぎたりする。どの部落にも色とりどりの花が溢れていた。北海道へ来て感心したのは花の多いことである。たいていの家が軒先や空地に花を作っている。ヒマワリ、ダリヤ、ヒャクニチソウ、ユり、その他、東京で六月から九月までに咲きつぐ花が、ここでは一度に開く。長い冬季に堪《た》えた北海道の人は、この夏の一せいに咲く花を楽しみにしているのであろうか。

しかしその部落も稀で、あとはたいてい無人の海べを走る。景色は美しかった。左手は緩《ゆる》い傾斜を持った緑の濃い原野で、ヒヨドリバナの紫とサビタの白い花が入り混じって群れている。右手にはいつも海の向こうに国後島が付き添う。島というより大きな陸地である。地図で計ると一番近い所は六里ぐらいしかない。山ひだまで見える。その六里のあいだに無気味な国境があるとは思えない、おだやかな平和な眺めである。白樺の原始林を通り抜ける所もあった。海べで白樺に出あったりするのも、北海道の果てへ来た証拠である。林のへりには花ざかりのヤナギランが揺れていた。

しだいに山が海岸に迫ってきて、岩礁が多くなったと見る頃、オタズネマップ*5に着いた。私たちはそこでバスを留めて下りた。私が大陸へ戦争に行って野戦小隊長をしていた時、部下に千綾《ちあや》外治という勇敢な兵隊がいた。千綾君は復員後大阪で船舶艤装業を営んで成功し、上京すると私の家へやってくるし、私も大阪へ行くと彼の御馳走になる。その千綾君の叔父さんがオタズネマップにいる。立ち寄るように言われていたのである。

千綾外喜知さんは老年で視力を失っておられたが、その声にも動作にもまだ気骨のはげしさが残っていて、私はビールの饗応にあずかりながら、渡道以来何十年にわたる数奇な一生の話を聞いた。この年（一九五九年）四月六日にも未曾有の大シケが起こって、漁船沈没十五、死者八十九人という大遭難があった時、叔父さんも持船を失い、家族から犠牲者が出たそうである。家の前はすぐ山、うしろはすぐ海である。この僻地の冬のきびしさが思いやられた。

このあたりで採れる羅臼昆布はあまみのある上質だが、長持ちしないので大阪あたりの昆布屋で有難がられないという話も聞いた。その大幅の昆布の束を土産に頂いて、私たちは午後再びバスで羅臼へ向かった。

羅臼へ着いたバスは、さらにその先のモセカルベツまで物好きな私たちを連れて行った。海べにはずっと岩礁が続いて、目立つ岩にはローソク岩だの天狗岩だのという名がついている。途中で順々に通学の小学生をおろし、掘立小屋が二、三散在している終点モセカルベツへ着いた時は、私たち三人のほか、トランクを下げた若い夫婦者だけになった。歩いてもっと先まで行くのだそうである。私たちはまた同じバスで羅臼へ引返し、オタズネマップで紹介してもらった高島屋旅館へ入った。明治からやっているという宿で、建物は古いが親切なもてなしであった。

翌日晴天ならば羅臼岳登山、天気が思わしくなかったら知床半島の突端まで船で行くことにきめて寝た。毎日一回船の出ることを夕方の散歩で確かめてきたのである。

翌朝、船にきまった。朝飯も匆々《そうそう》に波止場へ駆けつけて、やっと六時出帆に間にあった。わずか十五トンの発動機船で、小さな船員用の一室があるきり。それも満員だったので、私たちは狭い甲板に席を占めねばならなかった。この船は沿岸で獲れたマスを集めに行くのがおもな任務らしい。海岸にはところどころ、まるで断崖の下にへばりついたような粗末な家が見える。産卵のため川を溯《さかのぼ》ってくるマスを獲るための小屋である。発動機船はそういう小屋の見える沖合まで来ると、汽笛で合図する。すると陸地の方から櫂《かい》を漕いで艀《はしけ》がやってくる。波に揺られながら発動機船に横づけになって、漁獲品をこちらへ渡し、代わりに日用品を受け取る。荷物と一緒に、満員の乗客も二人三人と下りていった。そのたび暇をくった。

初めのうち私は五万分の一の地図と照らし合わせながら知床半島の山々を詮索していたが、天気が怪しくなってきた。小雨が降りだして山も消え国後島も消えた。雨はしだいにはげしくなり、風が加わってきた。汽笛を鳴らしても、もう艀は出てこなかった。

船は大揺れに揺れ、甲板は波の洗うままに任せた。空になった狭い船室へ入ったが、まず息子が青い顔をして吐いた。半島の尖端へテント生活に行くという学生が二人乗っていたが、これも船室で横になるなり討死した。家内も真っ青になっている。朝急いで乗船する時彼女は、船に御不浄があるかと訊《き》くから、あるだろうと答えたが、そんなものはなかった。彼女の苦悩には船酔いのほかにそれが加わっている。とうとう我慢しきれず甲板へ出て横なぐりの雨風の中で果たしてきたらしい。私は船に自信があるので妻子を励ます役である。

岬の端まであと一時間あまり、ペキンノ鼻[*6]という所まで来た時、とうとう船長は退却の命令を下した。船員は頭から爪先まで黒いゴムびきの雨装束に包まれて、声高に何か叫びあっている。帰りは逆風に向かうので、往きの二倍も時間がかかった。羅臼港に着くまでが、無限のように長かった。

午後二時頃、ようやく波止場の中へ戻ってきた。私たちは割引きしてくれた料金を払って、逃げるように陸へ上がったが、しばらくの間は身体が揺れていた。知床半島の突端へ立てなかったのは残念であったが、まあ沈没しなかったのを得とせねばならない。雨はその夜まで降り続いた。

翌日も雨だった。はるばるここまで来て羅臼岳に登らず帰ることはできない。一日停滞ときめた。私たちは北海道周遊券を買って、十八日間の通用期間を欲深く使ってきたので、まる一日の静養は今日が初めだった。

羅臼村は知床半島唯一の都会で、一本筋の通りには、映画館やパーマネント屋やバーまである。バーは漁期に集まってくる季節労働者のためのものらしい。中央を羅臼川が横切り、そのコンクリートの橋の上から羅臼岳がすぐ眼前にそびえ立っているのが見えるそうだが、私たちはついにその姿に接しられなかった。村を出はずれた所が港になっていて、むやみとカラスが群れていた。

羅臼はアイヌ語で「鹿、熊などを捕り必ずここに葬ったため、その臓腑や骨のあった場所」という意味だそうである。ラウスという短い言葉にどうしてそんな長い意味が含まれているのか、私は知らない。「ラウシ」が正しく、古い地図には良牛《らうし》と書かれている。

宿の向かいに誠諦寺というお寺がある。その住職の西井誠諦師が羅臼岳に委しいと聞かされていたので、私は登山の教えを受けにお訪ねした。西井さんは羅臼岳開発に力を尽くしてきた人で、ここからの登山道も一九五四年に始めて開かれたそうである。いろいろ羅臼岳の話をうかがい、写真やスライドまで見せて貰った。羅臼岳へ登ろうとする人は、この坊さんを訪うことを忘れてはならない。

翌八月二十九日、上天気とは言えないが、ともかく晴れていたので登山にきめる。宿の裏は庭つづきですぐ海である。私たちは掛け値なし海抜零メートルから羅臼の頂上一六六一メートル[*7]へ登らねばならない。一日千六百メートルの往復はそう楽でないことを、山に慣れた人なら知っていよう。

予定より一時間おくれて七時に宿を出た。橋のきわで大通りに別れて、羅臼川に沿う道を採る。初め一キロほどは、幅は広いが割石を敷いた歩きにくい新道だった。がそれを行き尽くすと、草の中の細い道になる。川を左、右、と二度渡って、一時間ほどで羅臼温泉に着く。一軒の宿が建っている。前日ここまで来ておれば楽なのだが、寝具も食料もないと聞いて敬遠したのである。戸がしまっていたので、犬の吠えるのを横目に見て通りすぎた。登山口の標識が立っていた。

かなり急な山道を登り、一息峠を経て里見台へ着いて一休みする。振り返ると、海の彼方《かなた》に国後島が浮かび、前山の合間に羅臼村の屋根がちょっぴり見えた。

道はそれからずっと暗い林の中に続いた。雄阿寒登山では息子は熊を怖れていたが、ここではその心配がないので安んじて登って行く。誠諦寺さんの話では、一匹いたのが最近姿を消したというのである。

やがて林が切れてハイマツの原へ出た。こんな標高でハイマツの現れるのも、北の山である。しかもその上方にまた森林がある。森林帯より下のハイマツという奇現象も、私には初めてであった。

第一の壁、第二の壁とそれぞれ名づけられた岩壁の裾を過ぎて、流れのある沢へ出た。沢は二つに分かれて、左手の沢は硫黄の滝をかけていた。硫黄が薄黄いろく凝結した崖に水が落ちている、珍しい滝である。沢の水を飲むと強い硫黄の匂いがした。沢からちょっと上った所に「泊り場」と書いた標札が立っていて、キャンプした跡があった。十時三十分。羅臼を出てから三時間半たっている。

それから先は、岩のゴロゴロした空沢《からさわ》を登る。もう森林帯を抜け出て、背より少し高いくらいの灌木の間を潜って行く。羅臼岳から引いた尾根が左手に高く望まれた。屏風岩という長大な岩壁が右手に現れた。名の通り屏風のように立ち連なった見事な岩壁である。道はその屏風の裾に沿って登っている。下端から仰ぐと、ちょっと気の遠くなるような急坂である。

こういう急坂になると、息子や痩せっぽちの家内の方が、からだが軽くて有利である。十七貫*8の体重を持ちあげねばならない私を尻目に、ドンドン登って行く。山を楽しむには急いではならない、という口実を持っている私は、何度も立ち留まっては風景を眺めた。下の方を振り返ると、眼のさめるような緑に覆われて高原状の台地が拡がっている。時々雲がそれを隠す。展望には雲は邪魔物だが、山をより遥かなもの、より高いもの、より美しいものにするには、移り行く雲は必須の材料である。

急坂を登り詰めて屛風岩の上端に出ると、そこにすばらしい風景が待っていた。緩く傾いた広々した高原で、すでに高山帯に入って、一面ハイマツの褥《しとね》である。ラウス平と呼ばれていたが、これだけのんびり拡がった原は、内地の山にも稀だろう。私たちはその褥の上に寝ころんで弁当をたべた。少し時期が早ければこのあたり一面お花畑だそうだが、今はアオノツガザクラなどが最後の飾りとなっていた。

原の向こうには、三ッ峰、それから北に続く山々が見える。羅臼岳と三ッ峰の鞍部を経て登る道もついていたが、私たちは直接羅臼の頂上へ通じる道を採った。ラウス平を真っすぐ登って行くのだが、上へ行くに従って傾斜が急になる。ようやく頂上の下まで来たと思われたのに、それからかなり長かった。大きな岩が乱雑にころがっている間を縫って行く。歩きづらい。おまけに私たちは霧の中へ入っていた。道らしいものはなく、岩にペンキでしるしがついているのを目あてに登る。岩の下を潜って行くような所もあり、そこで息子は頭にコブを作った。

最後の岩を攀《よ》じるようにして狭い頂上に立ったのは、三時近かった。一面の霧で何も見えない。オホーツク側から音を立てて霧が巻きあげてくる。寒い。頂上には、ウトロ山岳会の小さな名刺受け箱がおいてあった。成城大学ワンダーフォーゲルと書いたままだ新しい木札も立っていた。寒いので頂上の下の狭い岩陰へ下りて、そこで立ちながら残りの物を食った。

天気がよかったら、この頂上から、知床半島の両側オホーツク海と根室海峡を見おろし、遥かに千島の列島まで望むことができたのに、私たちに許されたのは周囲数メートルの視界で、あとはボーボーとした霧の世界であった。しかし私は満足した。日本の東北端知床半島の最高峰に足跡を印したのだ。五十を越えた夫妻と小学六年生の三人、誰もいない山頂でぼそぼそパンの残りをかじっている。それでいい。

帰りは早い。ラウス平まで下ると、霧の領分から抜け出た。しかし一面に曇って、羅臼の港も国後島も、もう遠い所は見えなかった。泊り場までおりてくると、そこで今朝以来初めての登山者に出あった。釧路の山岳会の三人連れで、大きなリュックサックを置いた横に、テントの準備がしてあった。

羅臼温泉に着いたのはもう夕方であった。この温泉は村営で、そこの番人は今朝私たちが登って行ったことを知っていた。子供連れの中年夫婦の帰りがおそいので案じていたらしい。

「今日は山で熊がさわいでいる様子なので……」と番人は付け加えた。

そんなことを知らずに登ったのは仕合わせであった。私たちは温泉で汗を流した。湯量の豊富な、透明で熱い、気持のいい湯であった。温泉を出た時はすっかり暗くなっていた。私たちは懐中電灯で細い道を照らしながら下って行った。途中河原を渡る所でちょっと迷ったが、難なく道を辿り当てた。割石を敷いた広い道まで出ると、羅臼の灯が見えた。私たちは疲れた足をただ機械的に運んだ。宿に帰り着いた時は八時を過ぎていた。

四晩過ごした親切な宿を辞して、翌朝一番の六時発のバスで根室標津まで戻った。その駅前から斜里へ直接行くバスのあることを知って、それに乗ることにした。これは観光バスではないから、私たちのほかに乗客は二、三人しかいなかった。

伊茶仁《いちゃに》という海岸の部落から山地へ向かって約十キロのあいだ、全く定規で引いたような一直線の道路であった。両側はただ茫漠とした原野が拡がっているだけである。北海道は広いという実感が、この時ほど痛切に私に来たことはない。こんな所を走っていると、日本は狭いなどというのはウソだという気がしてくる。

原野を過ぎるとバスは山間《やまあい》に入る。うねうねと曲がりながらにしだいに高く上って行く。道はちょうど斜里岳の東麓を捲いている。大きな裾を拡げたその斜里岳が見たくて、私は窓から眼をそらさなかったが、あいにくの曇天で、ほんの一瞬、雲の切れ間に、空を斜めに切った稜線の一部を眺めたきりであった。

のんびりしたバスで、道の悪い所へさしかかると車を留め、運転手が客席のシートの下からスコップを取り出し、道を修理してからまた動きだす。そんなことを幾度か繰り返した。

根室から網走に越える国境の四六九メートルの峠が、この道路の最高点であった。そこから北へ向かって下りになる。道端はもう秋草の盛りだった。わけてもアキノキリンソウの黄色とヒヨドリバナの紫が美しかった。車掌が大きな声を立てるので何かと思ったら、道の脇に一匹の狐がキョトンとこちらを向いていた。そんな野趣のあるバス道路であった。やがて広い野へ出て、終点の斜里の町へ着いた。

斜里から汽車で網走までの沿線に原生花園がある。おそらく北海道の中でも最も美しい景色の一つでなかろうか。汽車は絶えずオホーツク海に沿って走る。その砂丘を色とりどりの野生の花が覆っている。ハマナスの赤い果《み》の房々しているのがよく目立った。長い枯れた茎が一きわ抜いているのはシシウドだろうか。その花園の砂丘の切れ間に、オホーツク海の白波が現れる。浜には放し飼いの馬が風に吹かれている。海と反対側には濤沸《とうふつ》沼が静かに横たわっている。約一時間のあいだ私は退屈を知らなかった。

期限の迫った私たちの周遊券は、もうこれ以上ブラブラすることを許さなかった。網走の町も乗換えの時間に駅前から眺めただけで、函館行の準急に乗った。網走というと監獄が結びつくが、そういう暗い連想も、夕方の美しい網走湖のふちを走っているうちにすっかり遠のき、いい所だなあという印象だけが強かった。

準急は、美幌《びほろ》、北見、留辺蘂《るべしべ》、遠軽《えんがる》など、いかにも北海道らしい名前の駅に停車しながら、夜の平野を走った。やがて山間に入り、トンネルを潜り抜けると、暗い車窓の外に石狩川がほの白く現れてきた。旭川の灯が近づくと、旅の終わりという感じが迫った。

●羅臼岳（らうすだけ・一六六〇メートル）前項につづく北海道周遊の山旅。一九五九年八月。知床半島が国立公園になる前。深田久弥は国立公園になった後の一九六八年にも知床を訪れている（『山頂の憩い』所収「知床半島」）。
＊1　第一、第二展望台……摩周湖畔にある展望台だが、西岸にあるのは第一、第三展望台で、東岸に裏摩周展望台がある。
＊2　アイヌの名称が……深田久弥はアイヌ古来の地名が日本語表記に変えられることに異議を持っていた。北海道の山に登山開拓の足跡を残した大島亮吉（慶應義塾大山岳部・

一八九九〜一九二八）は、アイヌほど美しい地名をつける種族はないようだ、と書き残している（「小屋・焚火・夢」平凡社ライブラリー『新編　山　紀行と随想』所収）。

＊3　国鉄の川湯駅……現在の川湯温泉駅。

＊4　終点根室標津……当時は国鉄釧網本線標茶から現在の標津（駅名は根室標津）まで標津線があった。現在はバス連絡。

＊5　オタズネマップ……現在の羅臼町麻布《あざぶ》。

＊6　ペキンノ鼻……知床半島東岸（南岸）の先端近く、知床岬まで約九キロ。

＊7　一六六一メートル……現在、地形図では標高一六六〇・四メートル。

＊8　十七貫の体重……一貫は三・七五キログラム。よってこのときの深田久弥の体重はおよそ六十四キログラム。

後方羊蹄山

網走から準急「はまなす」で札幌に着いたのは夜の十時であった。一九五九年八月三十日のことである。ネオンと自動車の氾濫している駅前へ吐き出されて、ずっと北海道の寂しい田舎を廻ってきた私は戸惑った。そこへ一人の男が寄ってきて、

「お宿ですか」と訊《き》いた。

客引きである。この時間に駅前をウロウロしている私たち親子三人をいいカモと見たのだろう。

「いくらかね」

貧乏旅行の私たちが第一に確かめねばならぬことである。

「六百円からあります」

大都会の旅館にはいつも経済的な恐怖を持っている私は、その値段[*1]を聞いてちょっと気が動いた。それを見逃すような客引きではなかった。すぐ家内のカバンを引ったたくるようにして、

「さあ、そこにうちの自動車が待っています」

半強制的に三人は古びた車に押しこまれた。六百円とうちの自動車は少し不釣合に思われたが、ともかく宿にありついた一安堵はあった。

その一夜をあかした宿屋、元は何かほかのことに使われていたのを旅館に直したと思われる、そのむさ苦しい建物は、私を、家内を、不機嫌ならしめるのに十分であった。翌朝起きても夫婦はムッとしていた。

朝飯をすますと匆々《そうそう》に宿を引き払って賑やかな町へ出、ともかく、店をあけたばかりのビヤ・ホールへ入った。今日一日は妻子のために札幌見物に宛ててある。生ビールをあおりながら行程を考えた。

遊覧バス[*2]というものがある。家内はそれを主張した。しかし私は好まない。一見便利のようで、上滑りの遊覧バスというものを私は好まない。あれはただ浅墓な物識りになるだけである。例えば案内嬢が客を引率してあるモニュメントの前へ連れて行く。私はそんなものよりそのそばの美しい芝生の方がずっといい。そこに寝ころんで風にそよぐ梢を眺めていると、長たらしい故事来歴の説明を終わった案内嬢は、夢想中の私を促しに来る。ああ、それで旅と言えるか！

遊覧バス、名作ダイジェスト、座談会、週刊雑誌――これらには皆共通した軽薄さ

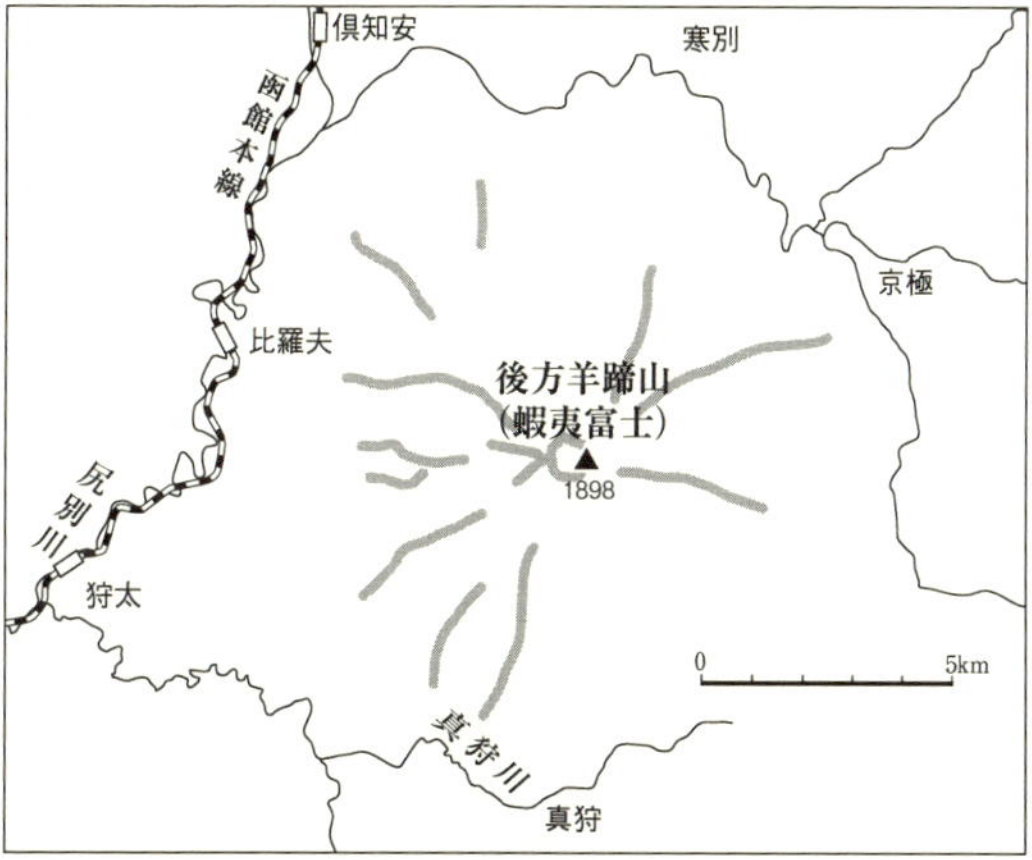

五万分の一地図　倶知安、留寿都、岩内、狩太（現ニセコ）

と不徹底性がある。早分かり、これほど日本の文明を毒しているものはない。

　ビヤ・ホールを出て町の中心とおぼしき方へ歩いて行くと、高い放送塔が立っている。私はまだ東京タワーなるものへ行ってみようと思ったこともないが、この札幌タワーには引力を感じてエレベーターでてっぺんまで上った。四周に市街が拡がっていた。手稲山と豊平川、私はその二つをしっかと見届けてから塔をおりた。

　植物園へ行って長い時間をつぶし、それから北大の構内をブラブラした。クラークの銅像のあるあたり、大きなドロの木が幾本も豊かな影を落とし、緬羊《めんよう》が遊んでいて、北海道らしい風景である。

「どうだお前、北大へ入るか」

「うん」

小学六年生の次男坊は大きく肯《うなず》いた。私は子供の学校に関与したことがない。いま長男の通っている高校がどこに存在するか知らないくらい無関心だが、東大というコマシャクレタ学校だけは嫌いである。おろかにもその学校へ入ろうとしてわが長男の高校二年生は、この旅行にも加わらず、うちに居残って受験勉強をしている。夏休みは遊ぶものだと言い聞かせてもきかないから放ってある。

夕めしを食うために狸小路という繁華街へ出た。古本屋があったので、入って書棚を見ていると、松浦竹四郎*3の『後方羊蹄日誌《しりべし》』があった。千八百円だという。それは高い。わずか二十数枚の、しかも綴《と》じ糸の切れた古びた和本である。値切ったが負けない。

汚れた大衆食堂へ入って、三人でジンギスカン鍋というものを食ったが、その間も私の頭から『後方羊蹄日誌』が離れない。とうとう食事をすますとまた古本屋へ引返した。言い値通り買うと、主人は恐縮して手拭いを二本景品にくれた。そして昨夜に懲《こ》りた家内の頼みをきいて、安くて気易い旅館へ紹介の電話をかけてくれた。夜行は混むので、翌朝札幌仕立ての汽車に乗ることにしたのである。

私たちには上等すぎたその旅館に泊まって、翌九月一日朝七時発函館行（苫小牧経由）準急「すずらん」に乗った。子供の学校が始まったので、家内と次男は今日夕方の連絡船で帰京することになったが、北海道周遊券の使用期間はまだ二日残っている。みすみす無駄にする手はない。その二日を私は後方羊蹄山登山に宛てた。

函館まで妻子について行ったのは、先日汽車の中へ置き忘れた眼鏡が函館駅に保管してあるのを取り返すためでもあった。午後二時半函館着。連絡船の方へ行く妻子とプラットホームで別れて、私は遺失物係で眼鏡を受け取り、駅前へ出て五万分の一の地図と小型のリュックを買うと、再び札幌へ向かって急行「まりも」に乗った。こういう点が周遊券の便利なところで、少しでも余計に乗らぬと損をしたように感じさせるのが、この切符の魅力である。

倶知安《くっちゃん》で下車したのは夕方の六時半過ぎであった。駅前に見栄えのせぬ宿屋が三、四軒ある。私はその前を二、三度往復して見比べたが、甲乙がないので、「ド・レ・ニ・シ・ヨ・ウ・カ」できめた。通された二階の八畳は、畳が赤く灼《や》けて、床の間と小さな机とハンガーのほか何もなかった。夕食も粗末で、小娘がお膳を置いて行くだけの、愛想のない宿であった。

翌日の登山のことを書く前に、後方羊蹄山について述べておきたい。

この山を単に羊蹄《ようてい》山と呼ぶことに私は強く反対する。古く斉明朝五年（六五九年）に、すでに後方羊蹄《しりべし》山と記された由緒ある名前であって、その朝四年（六五八年）阿部比羅夫《ひらふ》*4が蝦夷《えぞ》を討って、この地に政所《まんどころ》をおいたことは、日本紀にも出ている歴史的事実である。後方羊蹄山の後方を「しりへ」（すなわちウシロの意）、羊蹄を「し」と読んだ。

羊蹄を「し」と読ませる例は万葉集にもある。なぜ「し」という発音にそんなむずかしい字を宛てるのであろうか。そのわけを私は牧野富太郎の植物随筆で知った。羊蹄とはぎしぎしという草の漢名で、日本ではぎしぎしのことを単にしと呼んだ。そこで羊蹄と書いて「し」と読ませたのである。ぎしぎしは私たちの子供の時の馴染み深い野草で、私の田舎ではすいかんぽと呼び、塩をつけて食べたものである。

ぎしぎしを漢名で羊蹄と書いたのは、葉の形が羊の蹄を連想させたからであろうか。英語にsheep sorrelという語があって「ひめぎしぎし」と訳されている。西洋でもぎしぎしが羊に縁のあることはおもしろい。しかしあまり深入りはしまい。私の無学が曝《さら》される。

後方羊蹄山を単に羊蹄山と言うのは、だから「しりべし山」でなくて「しい山」である。山の名前は正しく呼びたいものだ。便宜的な略しかたを私は嫌う。ところが近年はたいてい羊蹄山が採用され、地元のパンフレットまでがそれを踏襲している。おどろいたことには、先頃『日本の山々——その正しい呼び方集』という冊子が送られてきたが、その中でも後方羊蹄山は「シリベシヨウテイサン」となっている。それが日本山岳会監修である。もう私などが小さい叫び声をあげたくらいでは、元の正しさに返らないかもしれない。

　アイヌ語ではマッカリヌプリという。いい名前だ。むしろこれを活かした方がよい。後方羊蹄山はマッカリヌプリの意訳であることを、私はバチェラー[*5]のアイヌ語字典を引いて知った。Mak は後方の意、Ari は置くの意、その二つがつまってマッカリとなったのではないか。ヌプリは言うまでもなく山の意である。つまりマッカリヌプリとは「後方に置かれた山」の意で、それを大和民族が後方羊蹄山と書いたのではないか。これは私の想像であるが、確実性はある。

　汽車がマッカリヌプリの下を通りすぎる頃、それと相対して、左手にニセコアンヌプリ[*6]が見える。この山の名前もアイヌ語字典で詮索したことがあったが、たまたま Niskke-an という文字を見つけ、それが on the left の意であることを知った時、私は何か大発見したように得意な気持であった。

現在もこの山の麓にある真狩《まつかり》や知別《しりべつ》という地名が、マッカリやしりべしから来たことは言うまでもない。後志《しりべし》も同様である。それほど「しりべし」という名が残されているのに、山だけがその名を奪われて、羊蹄《ようてい》山という意味をなさない名前に変わりつつあるのは、心ある読者よ、歎かわしいことではないか。

買う時はゲル[*7]が惜しくても、あとになって買ってよかったと思う本がある。松浦竹四郎の『後方羊蹄日誌』もそれであった。安政六年出版で、薄っぺらな本だが、中に彩色の数葉の絵があり、熊と組打ちしている図などユーモラスである。この本に従えば、後方羊蹄山初登頂者は松浦竹四郎であり、しかもそれが厳冬期であった。

記述によると、後方羊蹄山には土人[*8]の称える雄岳《ヒンネシリ》と雌岳《マチネシリ》の二岳がある。雄岳は今の尻別岳（後方羊蹄山の東南にある一一〇七メートル峰）であり、雌岳が蝦夷富士と呼ばれる今の後方羊蹄山である。竹四郎はその両岳の間に祠《ほこら》を祀ろうと志して、果たす機会を逸していたが、ついに安政四年（一八五七年）二月二日、雄岳の下に達してそこに祠を置いてから、後方羊蹄山の登攀にかかった。二月三日は二合目に一夜を過ごしたが、寒くて終夜眠れなかった。四日早朝に出発し、四合目で日の出を拝み、六合目で森林帯を抜け、八合目からいよいよ険しくなり、その午後ようやく頂上に達した。

この登頂の確かなことは[*9]、頂上が富士山のそれのように大きく窪んでいて、周囲一里半ばかり（これはやや誇張だが）と記していることをもって証せられる。ともかく百年も前の厳冬期に、北海道の二千メートルに近い山に登ったということは、おどろくべきアドヴェンチュアと言わねばなるまい。

その後、この秀でた山に、季節のいい時地元の人が多く登ったであろうことは察しられるが、冬期登山の記録は一九一二年まで待たねばならなかった。その年の三月、わが国のスキーの祖と言われるテオドル・フォン・レルヒ[*10]がスキーで登山を試みた。が頂上までは達しられなかった。スキー登山はそれから数回試みられた末、一九一七年三月、六合目からアイゼンに代えて、ようやく登頂に成功した。

さて、倶知安の宿へ返ろう。あす朝一番の汽車に間にあうようにという、私のきつい達しが守られて、翌九月二日、六時半にはもう私は食事を終えて人けのない気動車に乗っていた。たった一と駅、次の比羅夫までの間、窓から私は眼をそらさなかった。晴れた空に大きく後方羊蹄山がそびえている。まことに大きい。汽車の走っている山裾が海抜約一八〇メートル、そこからずっと伸び上がって頂上が一八九三メートル[*11]と書けば、標高の数字で山の高さが想像できる人たちに、その大きさが分かってもらえよう。

しかもこの山は完全な円錐体で、どこから望んでもその姿を崩さない。昔から蝦夷富士と呼ばれたゆえんである。諸国に何々富士は多いが、おそらくこの山ほどその名に価する代表的なものはないだろう。ドッシリと根を構えて、実に貫禄のある立派な山である。

比羅夫は阿部比羅夫から来た名であろう。だが古典的風景はどこにもない小駅で、駅前に人家も乏しく、ただ小さな雑貨店があるきりであった。私はそこで昼食用の味つけパンとジュースを買って、すぐ山へ向かった。

丘陵をしばらく登って行くと、広い往還[*12]に出る。その往還を北に向かってまたしばらく歩くと、右手に登山口の標識が立っていた。半月湖までは緩い上り道だった。ここへは遊びに来る人があるとみえて茶店があり、湖畔まで坂をおりてみるとボートがつながれていた。まだ朝早いので茶店はしまっていた。

半月湖からずっと林の中を行く。途中頂上の見える所があったが、その頂上はしだいに雲に犯されようとしていた。ジグザグの急坂を登って尾根に取りつくと、それから先は、急な登りの一途であった。何の変化もない、ただ営々と登るだけである。道は林に挾まれているので展望にも乏しく、途中何合目とペンキで書かれた自然石に行きあたると、ホッとして自分の登高度を知るといった工合である。山の形がそうだから仕方ないが、沢一つ弛《ゆる》み一つなく、単調な急な登りが続く。富士山はその変化のない登山道のせいで「一度も登らぬバカ、二度登るバカ」と言われているが、この蝦夷富士もそれに類するようである。

五合目はちょっとした平地で、そこから振り返ると真正面に、ニセコアンヌプリが立っていた。その右にあるのはイワオヌプリだろう。すぐ下に倶知安が見える。いかにも原野の中の町と言った感じで、郊外の学校や工場を含めて、まるで地理教室にある模型のようであった。私はそこで昼食にした。

この登山での眺めはそれが最後だった。それから私は霧の中へ入ったからだ。六合目までに道端にハイマツが現れた。道はだんだん急になる。私はただ乳色の中を登るだけだ。これじゃまるでgymnastics*13みたいなものだ、と思いながら登る。三〇メートルほど先の途上に山鳥らしい鳥が現れる。それが飛び去ろうともせず、それだけの間隔を保ちながらヨチヨチと私の前方を歩いて行く。単調な登りだから、そんなことも気晴らしになる。

九合目で開けた所へ出た。道が二つに分かれて、右は急坂の近道らしい。私は左手の迂回路を採る。上から人声がして、若い数人の登山者が下りてきた。一人が負われている。捻挫だという。代わる代わる背負っておろすらしい。

頂上の小屋に着いたのは二時だった。ガッシリした建物だと思ったら、それは戦時中軍が測候用に建てたものだと聞かされた。番人が一人いて、私が休憩料三十円を払うと、登山者名簿に住所姓名を書かされた。ついでに名簿を繰ってみると、今年七月から東京の登山者は一人も見えなかった。

少し先は何も見えない一面の霧だったが、私は頂上のお鉢を一めぐりした。初め岩ばかりの道をたどる。かなり険しく歩きにくい。さっき出あった捻挫はこのへんかもしれない。いかにも捻挫しそうな足場の悪い岩道だった。やや平たい所へ出るとそこに三角点があった。それから道はよくなり、小さな碑石のある丘の上をすぎて、再び小屋へ戻ってきた。旧噴火口はついにのぞけなかった。

三時に小屋を出て下山についた。ガラガラの急な近道を採って九合目に出、それからあとは足に任せて下った。途中で捻挫一行が休んでいるのに追いついた。下から自衛隊が担架を持って迎えに来るはずだと言っていた。

半月湖に着いたのは夕方だった。品のいい老人夫婦が番をしている茶店でビールを飲んだ。キッチリ公定百十三円しか取らないので、私がその商売気無さをほめると、老人は自分について語り、それからこの地方の植民地的根性の卑しさについて語った。戦後北海道へ移住したのだが、志通り行かなかった人らしい。

登山口の標識のある往還へ出た時はすっかり暗くなっていた。真の闇である。星が実に美しかった。くらやみで途方に暮れていると、一人の男が近づいてきて、一時間ほど後にバスがここを通ることを教えてくれた。一時間と聞いて私はガッカリすると、その人は自分の家へ来て待つようにと言ってくれた。

家はそこからすぐ近くにあった。豊かな開拓農民らしいさまが屋内の家具調度に現れていた。大ぜいの家族が夕飯の食卓を囲んでいる脇で、私はストーヴのそばで、貰った唐黍《とうきび》をたべた。うまいので三本も食った。鳴らし続けのラジオを聞いていると、東京の今日の暑さは今年の最高だというニュースがあった。ここではストーヴが焚かれている。それは湯沸かし用に過ぎないが、それでもそのそばに私が寄っている。東京と北海道とはそれだけ違うのである。

バスが来たので私はそれで狩太《かりぶと》＊14まで出た。小さな町である。駅で時間表をしらべて、私はまた札幌行の終列車に乗った。空いていたのでよく眠り、小樽で下車すると、今度は逆に、擦れ違いの函館行に飛び乗った。周遊券の特徴を利用して、私は一夜を汽車で過ごしたのであった。朝、函館に着き、通用期間ギリギリで私は北海道を離れた。

●後方羊蹄山（しりべしやま・一八九八メートル）前項につづく北海道周遊の山旅。一九五九年九月。夫人と子息は帰京して単独の山行。

＊1　その値段を……当時ホテルの平均はふたり部屋三千六百円、民宿はひとり千二百円だった（朝日文庫『値段の風俗史』ほかによる）。

＊2　遊覧バス……観光バスのこと。その種のものへの嫌悪と批判に深田久弥の真骨頂がみられる部分。

＊3　松浦竹四郎の『後方羊蹄日誌』……松浦竹（武）四郎については「阿寒岳」の補注＊3参照。『後方羊蹄日誌』はその重要著作のひとつ。古書価千八百円とあるが、当時の東京発三等の北海道周遊券は三千七百円、公務員の初任給はほぼ一万円だった。

＊4　阿部比羅夫《ひらふ》……七世紀中期の武将。生没年不詳。蝦夷《えみし》を討ち、いまの東北・北海道、さらに百済に遠征した。深田久弥はここで、阿部比羅夫の蝦夷での事跡を「歴史的事実」としているが、現在では、それは疑問視されている。山名の由来を説く深田説も疑問をかかえている。後方羊蹄山の山名に関するこの部分は、眉に唾、で読まなくてはならない。アイヌ語でマッカリヌプリはよいが、それが後方羊蹄山になる経緯は「想像であるが、確実性はある」とはいえないようだ。後方羊蹄山と書いてシリベシと読め、というのは現代ではいかにもムリ。しかし、それが「羊蹄山という意味をなさない名前に変わ」るのが「嘆かわしい」ことであるのは確か。

＊5　バチェラー……John Batchelor（一八五四〜一九四四）。イギリス人宣教師。明治初期、函館に住み、アイヌへの伝道に携わる。アイヌ語の辞書・聖書をつくり、アイヌの自立

をめざした。太平洋戦争で帰国。

*6 ニセコアンヌプリ……山名の語源を、左手に見えたから、とするのは乱暴。乗った列車が小樽方向行きの下り線だったからで、上り線なら右手になる。アイヌ語への関連から「大発見で得意」になっているのは、もちろん無邪気な言葉の遊びで、この左手に見えたから、という記述はジョークのたぐい。ニセイ・コアンヌプリとするのが正しく、断崖に対している川の水源にある山、の意だとする説がある（北道邦彦『アイヌ語地名で旅する北海道』朝日新書）。同書によれば、マッカリヌプリは、ニセコの側から見て山の後ろを回る川の水源にそびえる山だから、と。

　深田久弥は、バチェラーの辞典の引用やニセコアンヌプリと後方羊蹄山の名前についてその後、地元の「倶知安高校の天野先生」から「やんわりやりこめられ」、また「村上啓司さんからも誤りを指摘」されて、「爾来私はアイヌ語の山名については地元の熱心な研究者に任せて、素人はおとなしく引きさがることにきめている」と撤退を表明している（『山があるから』所収「北海道の山旅」）。

*7 買う時はゲルが……ゲルはお金（geld）のこと。旧制高校生が使っていたドイツ語由来の仲間言葉（隠語）。

*8 土人……どじん。その土地に生まれ育ち、そこに住む人。土着の人。

*9 この登頂の確かなことは……松浦竹（武）四郎のこの積雪期登頂もまた、現在では否定されている。部分的には史実だから、「おどろくべきアドヴェンチュアと言わねばならない」というのは幾分かの事実ではある。阿部比羅夫の蝦夷征討、松浦武四郎のマッカ

リヌプリ厳冬期登頂のいずれも、深田久弥がこの山旅をおこなった当時、一般的には史実と認められていた。それが疑われる研究が発表され始めるのは、一九六〇年代以降である。この経緯は高澤光雄「阿部比羅夫の後方羊蹄遠征について」（二〇〇二年五月、札幌・サッポロ堂書店発売の高澤光雄編『北の山の夜明け』収載）にくわしい。「阿寒岳」の補注＊3参照。

＊10 テオドル・フォン・レルヒ……Theodor Edler von Lerch（一八六九～一九四五）。オーストリアの軍人。一九一〇（明治四十三）年に来日、新潟高田歩兵連隊でスキーを教える。日本でのスキー発祥といわれる。レルヒはスキーをはいたのは途中までだが、登頂したといわれる。

＊11 頂上が一八九三メートル……これは三角点の標高（一八九二・七メートル）で、現在はそこよりも南の一八九八メートルとしている。

＊12 往還……往来、往復の意だが、街道、幹線道、主要道のこと。

＊13 gymnastics……英語。体操のこと。

＊14 狩太……現在のニセコ町（駅）。

早池峰山

一九六〇年八月二十四日午後十一時上野発の急行「おいらせ」に、私たち親子三人は一時間前から行列したおかげで、かたまって席を取ることができた。残る一つの席を占めた小母さんは甲州の人で、これから網走まで行くのだという。棚の上の大きな荷は全部葡萄《ぶどう》で、その一房を私の息子にくれたことから、つれづれの話がほどけた。

夜行列車で眠りを得るには、前夜の睡眠をうんと切り詰めておくといい。その手段を取ったので、私はあの退屈な長い夜に苦しめられずにすんだ。日本の二等（旧三等）*1客車は、どんな姿勢をとっても眠り難いように意地悪くできている。

翌朝九時半に花巻に着いた。残暑の強い駅前に出て、まず岳《たけ》行のバスを探した。早《はや》池峰《ちね》山麓のその部落まで、夏の登山期だけバスが行くと聞いていたからである。誰に訊《き》いてもそんなバスを知らなかったが、やっと土産物屋の少女から、十時半にそれが出ることを尋ねあてた。

バスには登山者の姿は私たちのほかに見えなかった。一時間あまりで大迫《おおはさま》町に着き、そこで乗換えになって、岳川に沿った道を次第に谷の奥へ入って行く途中、大《おお》償《つぐない》とか釬野《つむの》とか、ルビが振ってなければ読めないような部落を過ぎ、狼久保《おいのくぼ》で素朴な鳥居をくぐると、道端に早池峰山と刻んだ古い石碑が立っていた。昔の登拝者はここまで遥々《はるばる》歩いてきて、ホッと息を入れた所なのであろう。そこから岳部落まで約六キロは、座席から転がり落ちそうなバウンドのはげしい道で、ところどころに人家が散在し、煙草やトウモロコシの畑が拡がっている。いかにも北上山地の僻村といった感じである。

近頃日本のチベットなどと呼ばれている北上山地。チベットとは大げさだが、しかし交通の不便な山深い点では、この広大な山地に匹敵する所は他にないかもしれない。その中の最高峰が早池峰山である。私は長い間この名前に憧れていたが、まだその山容を見たことがなかった。写真すらない。というのも深い山の中にある峰だから、平野から小手をかざして間近に仰ぐというわけにはいかない。古くからの名山であるにもかかわらず、土地の人を除いては訪れる人も少ない。標高は一九一四メートル[*2]、東北では鳥海、岩手、月山につぐ高山である。

岳部落に着いたのは一時半。まず早池峰神社にお参りする。格別立派な社《やしろ》というのではないが、杉林の参道を持った静かな環境にあった。伝えによれば、大同二年

五万分の一地図　早池峰山、大迫、（沼宮内、盛岡）

（八〇七年）二人の猟師が奇鹿を追って山頂に登ったところ、金色の光がさし権現の霊容を拝した。そこで下山して一社を建て、姫大神とあがめたのが今の早池峰神社だという。岳は二十戸ほどの部落で、道ばたの人に、

「泊めてくれる所がありますか」と訊くと、

「どの家でも頼めば泊めてくれます」という返事である。

私たちは神社の鳥居の脇の家に宿を頼んだ。土間を入るとすぐ横に馬が首を出しているような農家であった。

夕方まで間があるので、七折《ななつおれ》ノ滝というのを見に行った。村はずれから広々した美しい草地の丘を登って行く。すでに尾花、萩、おみなえし等の盛りで、しきりに虫が鳴いている。今朝は晴れていた空も午後から薄曇りになって、早池峰山は隠

れていたが、その尾根続きの鶏頭山がすぐ頭上に見えた。頂上に立っている岩の形がトサカに似ているから、鶏頭山という名が由来したのだろう。

道は沢へ下り、その谷川沿いの急坂を登って行くと、やがて滝へ出た。滝を見るといつも私は誰かの「滝の上に水現はれて落ちにけり」*3という句を思いだす。ここではモクモク盛り上がるように現れた水が、岩の工合で幾段にも折れ曲がって落ちている。だから七折ノ滝なのであろう。惜しいことには先年の台風で、崖の上の大木の逆さに倒れたのが、一番眺めのいい部分に引っかかっている。あれを早く片づけねばならない。しかし長い登山経験のあいだに数多の滝の名品に接してきた私の眼には、この滝はわざわざ労して見にくるほどのものでもないように思われた。

同じ道を引返して草地の丘まで来ると、岳川の上流の空に大きな虹がかかっていた。静かな美しい夕方だった。

私たちの通された部屋は、長押《なげし》に表彰状や賞状が隙間なく懸け並べてある六畳間で、床の間には大きな獅子頭が三つ飾ってあった。この部落に古くから伝わる獅子舞は、無形文化財に指定されているそうである。懐中電灯を持って入りに行った風呂の板一つ距《へだ》てた隣には、緬羊《めんよう》が飼ってあった。

その夜はすばらしい星空になった。私は妻子に明朝四時出発を命じ、宿の人に朝食代わりの握り飯を今夜のうちに作って貰って、寝についた。

山で前晩の星空はあまりあてにならないものである。翌日の未明、雨の音をうつらうつらに聞いてガッカリした。

一日停滞かとあきらめかけたが、雨がやんだ模様なので、ともかく出かけることにした。もし早池峰登山が駄目なら、小田越《おだごえ》を越えて『遠野物語』*4の遠野の方へ出てもいい。小雨の北上山地をほっつき歩くのも悪くないと考えた。

躊躇《ちゅうちょ》していたので宿を出たのは七時に近かった。岳からゆるい登りが川上へ通じている。初め四キロほどの間は、トラックの材木搬出用の広い道が開かれている。途中で小雨が降ってきた。

「うすゆき山荘」と大きな標札のかかった、まだ新しい二階建ての小屋のある所へ出た。これは営林署の建物で、一般登山者も泊めるそうだが、今は無人で、鍵がかかっている。私たちはその軒下で雨を避けながら、朝食の握り飯を食った。嫌な雨だ。小田越えをするにしても、それから先の未知の長い道を思うと、妻子を率いた私の決心は鈍った。やはりあきらめよう。そう宣言すると、リーダーの賢明な判断も察せず、家内は「せっかくここまで来て引返すの?」と不平顔をした。いつも家内に加担する中学一年坊主も、行こう行こうと主張する。折しも雨がやんだ。私は譲った。ともかく、もう少し先まで行ってみよう。

うすゆき山荘から先は急に道が細くなり、林の中を辿《たど》って行く。幾つかの小さな沢を横切り、一時間近く進むと、林間が少し開けて河原坊へ出た。昔、快賢という僧が早池峰山に詣で、ここに一寺を建てて河原坊と呼んだ。その後洪水で寺は流失して名前だけが跡をとどめている。すぐ横の谷川は昔の登山者が垢離場《こうりば》*5と称して身を浄めた所だと伝えられている。河原坊跡には、北上の詩人宮沢賢治*6の詩が掲げてあった。

ここは河原の坊だけれども
曾つてはここに棲んでゐた坊さんは
真言か天台かわからない
とにかく昔は谷がも少しこっちへ寄って
あゝいふ崖もあったのだらう
鳥がしきりに啼いてゐる
もう登らう

私たちは河原へ降りて休んだ。土地の青年らしい軽装の登山者が三人、あとから追い越して早池峰へ登って行った。私が河原の岩の陰に隠れて用を足していると、思いがけなく空が裂けて青空から陽がさしてきた。喜んで私の立ち上がるのと、妻子の明るい呼ぶ声とが同時だった。躊躇なく登山に一決した。もう時間がおくれているので、最初の予定の、頂上から北側の門馬へ下る計画は断念せねばならなかった。そこでこの河原に重荷を残して、軽身で頂上へ往復することにした。出かけたのは十時半だった。

河原坊の少し下で岳川は二つに分かれる。その左の沢が早池峰から流れ出るもので、道はその沢に通じている。先の青空は束の間で、石のごろごろしたその沢を辿って行くうちに、再びドンヨリ曇ってしまった。

一時間足らず登ると、沢はさらに二つに分かれて、その左手を採る。道は相変わらず沢どおしについているが、上に行くに従い傾斜は急になって、大きな石の間を攀《よ》じ登って行くような個所もあった。垢離頭《こうりこうべ》と標示のある所へ出る。水のある最後で、ここから沢を離れて右手の尾根に取りついた。

尾根を登って行くと、さっき分かれた右手の沢が深い谷になって眼下に見える。もうそのあたりは草本帯で、咲き残りの高山植物がハイマツの間を色どっていた。それから上は岩石地帯になる。岩につけられたしるしをあてに登って行く。霧が深くて身のまわりしか見えない。時々それが薄れると、墨絵のように巨岩がにじみ出る。また消える。

ハヤチネウスユキソウを見出したのはそのへんだった。普通のウスユキソウ属よりは大ぶりで、日本に産するものの中では、欧州アルプスのエーデルワイスに一番近いという、この山の特産である。私たちはその花が群がっている岩かげに腰をおろして、弁当を半分食った。

上辺の平らな大きな岩の左を捲いて登る。呉座《ござ》走岩《ばしり》というのだそうだ。高さ三十メートルもありそうな岩が突っ立っていて、それには打石という標識が立っていた。頭上に城塞のように巨岩が並んでいる所まで来ると、もう頂上は近かった。

霧の中の山頂に立ったのは一時四十分。古びたお宮があって、その前の崩れた石の灯籠に「奉納御宝前」と刻まれ、裏側に微かに「安永九年六月吉日」という字が読まれた。少し離れて小屋が建っていたが、床板の半分は燃料に化していた。[*7] 霧が薄れて、すぐ眼の下に気持よさそうな原の拡がっているのが見えたが、それもわずかの間で、それからいくら待っても二度と晴れなかった。ただぼうぼうと乳色の霧が吹きすぎるばかり。

三十分ほどいて頂上を辞した。少し下った所で、下から登ってくる二人の若い女性に出あった。麦藁《むぎわら》帽子をかぶり、山靴を穿《は》いて、大きなリュックを背負っている。今夜は頂上の無人小屋に泊まるのだそうだ。勇敢なお嬢さんたちである。

あぶない岩石地帯を過ぎると、私たちは足早になった。五時半に岳を出るバスに間に合いそうなので、馬力をかけた。一気に河原坊まで下り、そこで荷をまとめ、林檎《りんご》を一きれずつ食って、あとはまた時計を見ながら三人で競走のように歩いた。バスを留めておくように途中で息子を先に走らせた。ようやく岳部落に辿り着くと、まだ十分あまりの間があった。いつか晴れて、振り返ると遠く水上の空に早池峰山がすっかり姿を現していた。バスが出るまで私はその美しい山から眼を離さなかった。

野道をバスが走っているうちに日が暮れ、花巻に着いたのは八時すぎだった。私たちはそこから電車で花巻温泉へ行った。名の聞こえた温泉には経済的警戒をする家内の、安くも高くもない宿という交渉が成立して、一泊八百円[*8]の旅館に入った。気持のいい宿であった。出されたお茶菓子には「賢治最中《もなか》」と書いてあった。

翌朝はみごとに晴れ上がった。予定では、早池峰登山を済ましてあとは、平泉に寄って中尊寺見物であったが、こんな快晴の日に、遊覧客になってぶらぶらする手はない。山に限る。かねてから一度登りたいと思っていた姫神《ひめがみ》山にきめた。

朝食を終えてすぐ、盛岡行の直通バスに乗った。行手に大きく岩手山が現れる。右手に遠く見える山は早池峰らしい。

盛岡で汽車に乗って、三つ目の駅が姫神登山口の好摩《こうま》だとばかり思っていた私は、妻子を促してその駅で降りると、何となく様子が違う。それは渋民《しぶたみ》*9駅であった。そんな駅が新しくできたことを私は知らなかったのである。しまったと思ったが、その間違いのおかげで、私たちは思いがけなく啄木*10のふるさとを訪ねる機会にめぐりあった。

駅を出てしばらく行くと、陸羽街道に出て、すぐ北上川を渡った。川は幅いっぱいに水が流れていたが、赤い銹色に濁っている。みちのくを縦断する私の大好きな北上川が、盛岡市内で汚い赤色をしているのに失望したが、それがここでも同様であった。

渋民村へ着くまでの街道は暑かった。交通機関が発達して、近頃は日本のどこへ行っても、街道をてくてく歩くような者はいなくなった。どんな倹約な婆さんでもバスに乗る。まして八月末の暑い日盛りに、汗を垂らしてトラックの挨をかぶりながら歩いているのは、私たちよりほかに見出せなかった。しかし山が慰めてくれた。私たちは立ち留まって汗をふきながら、真正面にそびえる岩手山を倦《あ》かず眺めた。大きな裾を引いて、この岩手の名山はドッシリ座っていた。実に堂々たる山容である。街道筋から眼近に見える山で、これほど立派な山は珍しかろう。

反対側には姫神山がすっきりした姿勢で立っていた。これは文字通りのピラミッドで、鋭い頂上の三角から左右に引いた線が、胸のすくように美しい。昔から岩手山は男山、姫神は女山と呼ばれたそうだが、全く自然の対照の妙を現している。

渋民村は道路開拡の工事中だった。軒が破れ柱の傾いたみすぼらしい茅屋と、新しく建て直った家とが入り混じって、道の両側に並んでいた。この寒村が天下の渋民村となったのは、啄木のためである。彼が代用教員をしていた時ストライキを煽動して気勢をあげたという松林の丘、彼の下宿していた家、彼が子供の頃よく遊びに行ったというお寺、そして村の端れには彼が教えた小学校の古い校舎がまだ残っていた。若い時には誰でも一度はハシカにかかるように啄木を通過すると言った人があるが、私は今でも学生時代におぼえた彼の歌を、立ちどころに三十ぐらいは暗誦することができる。

村の小さな店へ氷水を飲みに入ると、そこの壁に啄木の歌の絵葉書が掲げられ、賢治の詩の暖簾《のれん》が吊ってあった。岩手県の自慢はこの二人を生んだだけでなく、二人が郷土をうたったからである。岩手山も姫神山も好摩ヶ原も北上川も、みんな二人の作品に出てくる。

街道から二百メートル離れた所に立っている啄木の歌碑へ行ってみた。陸稲の実った畑の隅の、クローバーに覆われた小高い所に、それは立っていた。

やはらかに柳あをめる
北上の岸邊目に見ゆ
泣けとごとくに
啄木

そこからすぐ下に北上川が見おろせて、その岸に楊柳が茂っていた。残念ながらその川もまた汚れた赤色であった。あとで知ったが、それは上流の鉱山精練所の流す濁りだそうである。それにしても郷土の風物詩の大きな資源である北上川を、どうして人々は汚れたままで我慢しておられるのだろう。

その赤い川を除きさえすれば、風景に申し分はなかった。岩手山は雄健に、姫神山は優美に、相対して、その間に広々と北上の野が拡がっている。こんな美しい自然の環境に育ったことは、啄木の幸福であった。まことに「ふるさとの山に向ひて言ふことなしふるさとの山はありがたきかな」である。

渋民村を離れて街道を北に向かって歩いて行くと、道端に「姫神山登山口」と書いた小さな棒杭が立っていた。私たちはその脇道へ入って、ようやく街道のトラックやバスの挨から逃れたが、暑さに変わりはなかった。道は人影のない寂しい丘陵地帯に通じていた。上り下りの多い曲がりくねった道である。姫神山はすぐそこに見えながら、なかなかその麓まで到り着かない。

前田という部落まで行くと、そこから山へ向かって、材木を運びだすため新しいトラック道がついていた。角のある割石が道いっぱいに敷きつめられて、それはトラックには好都合かもしれないが、人間の足には残酷であった。癪《しゃく》にさわるほど歩きづらく、長たらしい廻り道のだらだら登りであった。

やっとその道を行き尽くして、山麓の広い斜面の軟らかな土を踏んでホッとした。見晴らしのよい斜面の上に小屋があって、その脇から登山道が始まっていた。もう四時だった。小屋の人は今から登るのを危うんだが、私は暗くなる前に帰って来られる見当をつけて、小屋に荷をあずけ軽装で山にかかった。

最初は赤松の林の中のすごい急坂だった。それがナラ林に変わって、美しい木洩れ陽の斑点を浴びながら登って行くと、頂上から北へ伸びた尾根に取りつく。それからあとはその尾根伝いに、白樺の混じった林の中の道を一途に辿る。

樹木帯を抜けると、草地のちょっとした台に出て、今まで木で隠されていた遠い展望が再びひらけ、すぐ頭上には岩で積み重ねられた頂上が見えた。灌木の茂った道を岩伝いに登って行く。上に行くに従い大きな岩だらけで、その岩を踏んで頂上のすぐ下を捲くように道が通っていた。

息子は両親をはるか後ろにして、すでに頂上に立ったらしい。大きな声で呼んでいる。ついで私が立ち、おくれて家内も登ってきた。頂上からの眺めは、私が今までに経験した登山の中でも、すばらしいものの一つだった。すっかり晴れ渡った夕方、眺めるものが多すぎた。今日一日仰ぎ続けてきた真向かいの岩手山は、この高さから見るといちだんと立派さを増した。その右には八幡平《はちまんたい》の連山が並んでいる。中腹に煙をあげているのは松尾鉱山だろう。岩手山の左には、秋田駒ヶ岳から南へ続く山々が数えられた。

北方には遠く八甲田山から下北半島の恐山まで見え、東側は、まるで波濤をあげた大洋のように、広大な北上高地が限りなく続いている。その中の目立った山を私は地図上でしらべるのに忙しい。何よりの獲物は、南側の山波の上に浮かんでいる早池峰山だった。この奥深い山をこんなによく眺めたのは初めてだった。昨日登ったばかりの山、そしてその頂で果たせなかった展望を、今日姫神山の頂から貪るように私は得た。頂上には小さな古い石の祠《ほこら》があって、その前の倒れかけた石塔は、もう地面に夕方の長い影を引いていた。

すばらしい大観にすっかり満足して、私たちは下山の途についた。下りかけの岩だらけの所で、ちょっと怪しいと思ったが、道のあるままにどんどん林の中を駆けるように下った。道を間違えたらしいと感づいた時はおそすぎた。引返すにはあまりに下りすぎていた。見晴らしのきく小高い所へ上ってみると、右に見えるはずの頂上が左に見える。しまった、まるで逆の方へ降りてしまったのだ。困っていると、材木搬出の仕事帰りの人が通りあわせて、道を教えてくれた。

姫神山の裾を捲いて先の登山口の小屋まで出る夜道の長かったこと。行けども行けども真っ暗な道が続いた。やっと小屋に着いて荷物を受け取り、それから午後の往路を引返したが、途中で好摩駅へ出る峠道を探しださねばならなかった。懐中電灯を振りながらその峠へ分かれる道を見つけたが、それは細々した山道だった。それを辿って陸羽街道に出、ようようの思いで好摩駅へ近づくと、南無三！　最終十時半の汽車が出て行くところだった。

仕方なく好摩駅前の宿屋に泊まった。ドアと窓のついた広い洋間に畳を敷いた部屋に通された。この宿屋は、家の構造と言い、大きな五右衛門風呂と言い、万事が明治の文明開化調で、昔はハイカラな誰かの持家だったのかもしれない。夕飯に就《つ》いたのは夜の十二時であった。家内も息子もグッタリ疲れて、ほんのわずか口に入れたきりで、横になった。

●早池峰山（はやちねさん・一九一七メートル）　一九六〇年八月の山行。夫人、次男との三人で、前年の北海道の山旅と同じ。冒頭、上野発の夜行で網走行きの小母さんと一緒になるのは志賀直哉の短篇『網走まで』を思わせる。

＊1　二等（旧三等）……「斜里岳」の補注＊2参照。どんな姿勢をとっても、という状態はいまも変わらない。

＊2　標高は一九一四メートル……これは三角点の標高（一九一三・六メートル）で、現在は一九一七メートル（測定点）。

＊3　「滝の上に水……」……俳人・後藤夜半（一八九五〜一九七六）の作。高浜虚子に師事。「ホトトギス」同人。

＊4　『遠野物語』……日本の民俗学を築き、文化勲章受章の柳田國男（一八七五〜一九六二）の代表作のひとつ。遠野の人・佐々木鏡石（喜善）から聞いたとしてこの地方の民間伝承をまとめたもの。今西錦司は、山に登るのなら読んでおくべきだと、柳田國男の『山の人生』とこの著作を挙げている。

＊5　垢離場……原テキストも、こうりば、とルビがあるが、ふつうは、こりば、と読む。水《みず》垢離《ごり》（冷水を浴び、汚れを去って清浄にすること）をとるところ。次にある垢離頭《こうりこうべ》は頭垢離とも書く。

＊6　宮沢賢治……詩人（一八九六〜一九三三）。盛岡高等農林学校卒。近代日本の代表的詩人。岩手県各地を題材にした作品が多い。

＊7　床板の半分は……燃料に化していた、というのは、不届き者が暖をとるために燃やして

しまった、ということ。

＊8　一泊八百円……一九六〇年当時の民宿の平均宿泊料は千二百円だった。

＊9　渋民駅……当時の東北本線は盛岡から厨川・瀧（滝）沢・渋民・好摩だった。現在のIGRいわて銀河鉄道線で盛岡から好摩は六つ目、渋民は五つ目。

＊10　啄木……石川啄木《たくぼく》（一八八六〜一九一二）。岩手県日戸村（現盛岡市玉山区）に生まれ、渋民村（現盛岡市玉山区）に移る。盛岡中学中退。与謝野鉄幹の知遇を得て「明星」に詩を発表して登場。三行書き短歌で、ふるさとの盛岡周辺を題材にするほか多数の作品を生んだ。職を探して東京、函館、釧路など各地を移る。近代短歌史上の大歌人。

守門山

三月も終わりに近くなると、多くの人はスキーに振り向かなくなるようである。シーズン初めにあれほど熱狂した人たちが、あっさりあきらめてしまうのは、せっかちなジャーナリズムがもう囃《はや》し立てなくなるからだろうか。

しかしスキーの醍醐味はそれからである。彼岸を過ぎると、日は長くなる、空気の中に春の光が溢れる。もう寒風に身をそむけることもなければ、かじかんだ手で締具を外すこともない。全身に明るい陽を浴びて、日いっぱい滑り廻る。

まだそんなに雪がある？　あるとも。ただしそれはリフトのある普通のスキー場ではない。山である。シールをつけて登る山である。都会は花便りでも、東北や北国の山の上はまだ銀世界である。麓の道をスキーを担いで行く労を嫌わなければ、四月はおろか五月になっても滑ることができよう。

山は四季いずれの候に登ってもそれぞれの味があるが、しかし時期を選ぶことによって、より愉快な登山のできる山がある。例えば本州中部の二千メートル以下の山は、夏を避けるのが賢明である。汗をかきに行くようなものだから。上信越あたりの藪の深い山は残雪のある頃が一番よい。道のない所を歩こうと思ったら、雪を踏んで行くほかない。

守門《すもん》山という越後の山、その名前を知ったのは随分以前のことである。日本山岳会の機関誌『山岳』[*1]第一年第二号に、その登山記が出ているのを読んだのが最初で、その後わが親しき先輩藤島敏男[*2]さんが、やはり『山岳』第十九年第三号[*3]に、守門、浅草、御神楽《みかぐら》の三山に登った紀行文を書いておられる。それはもう三十年も前のことで、ほとんど道らしい道のない山を、五月の残雪を踏んで頂上に立たれた。

それから後、ボツボツ守門山に登ったという人の話を聞き、スモンという奇麗なひびきを持った名前とともに、私の憧れの山の一つになりながら、久しく訪れる機会を得なかった。

三月も終わりに近くなった。この冬は二度スキーに出かけたが、二度ともゲレンデ。だいたいリフト利用のゲレンデ・スキーは私の性にあわない。私のスキーは山登り用であって、大きな山を舞台に滑るのでなければ甲斐がない。スキーを楽しむ山、私の頭にすぐ浮かんできたのは守門山であった。

日本山岳会の有難いことは、各地にその地方の山に詳しい会員のいることだ。守門山には、もうこの山に三十年も打ちこんでおられる稲田豊八さんのあることを聞いて、私は問合わせの手紙を出した。小屋、寝具・薪炭の有無、コース、積雪量、それから適当な人夫が雇えるかどうか。折り返し親切な詳細な返事があり、ことに最後の私の注文に対しては、はなはだ適切な一人の青年を推薦してくださった。その青年とは帰省中の明大生で、柔道二段、体格雄偉、しかも山とスキーが好きで、この冬になってからもう数回守門山に登ったという。こういう結構な道連れを得た以上は、守門山だけで帰ってくるのはもったいない。私はついでに浅草岳へも登る心組みで東京を出発した。

上野発夜の十一時五十分新潟行という列車は、どんな小さな駅も一つ残らず停車して行く鈍行であるが、翌朝目的の下車駅にあまりに早く着きすぎないという利点で、上越方面へ志す登山者に多く利用されている。私の車内にもかなりの数が乗っていた。一眠りして眼をさますと、清水トンネルを過ぎたあたりらしく、外は一面の雪景色で、細かな雪が横なぐりに降っていた。さらに一眠りして起きた時には、もう車内に登山者の姿はほとんどなく、汽車は春めいた魚沼の野を走っていた。七時半長岡着。スキーを抱えてホームに降り立った客は、私のほかには見当たらなかった。長岡で三十分ほど待って栃尾《とちお》鉄道*4に乗り換える。このローカル線にはちょっと驚いた。普通より狭軌の電車だが、今どき日本にもまだこんな車が走っているのかと訝《いぶ》かしまれるくら

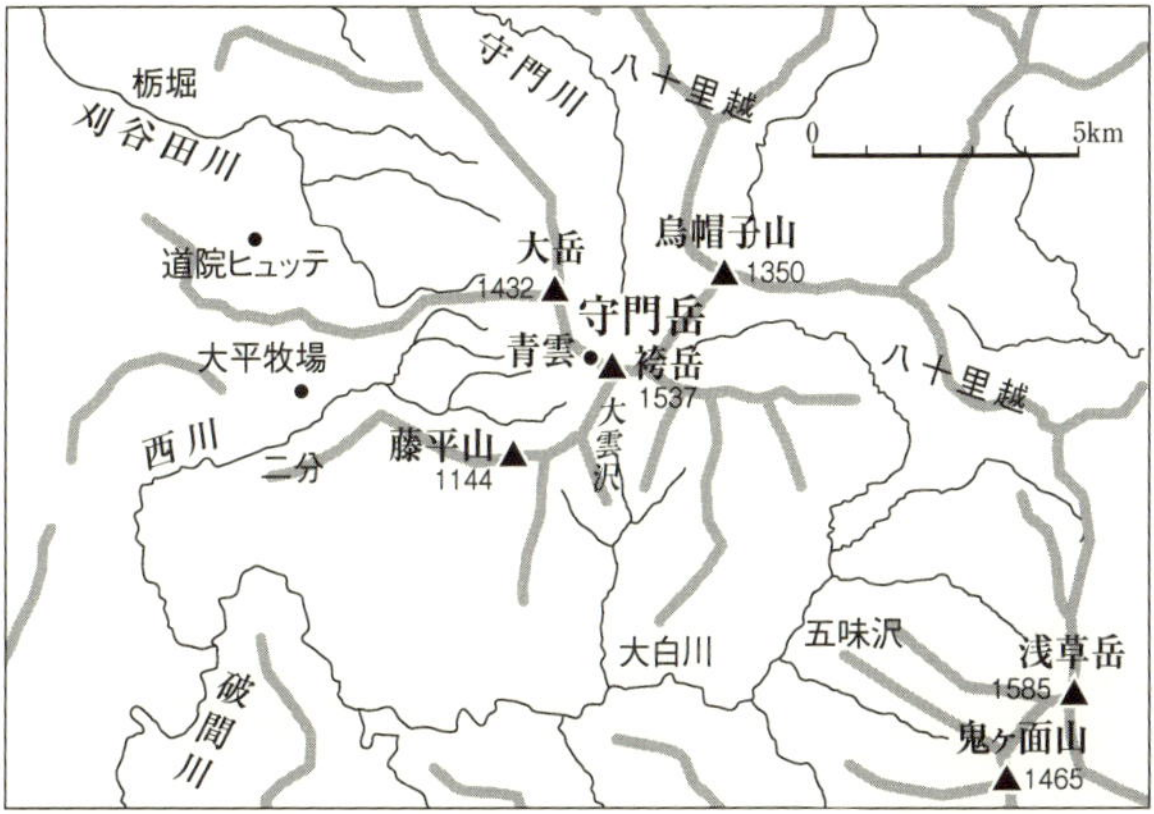

五万分の一地図　守門岳

い、それは旧時代の遺物的存在であった。客車というより箱に近い。その箱で約一時間運ばれて終点栃尾に着く。

　駅まで迎えに出てくださった稲田豊八さんに連れられて、稲田さんの店に行き、栃堀行バスを待つ一時間、いろいろ山の話を伺っているうちに、私と行を共にする明大生の佐藤玄作君が来た。なるほど立派な体格で、真面日そうな青年である。そのお父さんの金一さんもみえた。佐藤金一さんはやはり日本山岳会員で、越後の山のエキスパートである。その薫陶《くんとう》を受けて玄作君は山とスキーの経験を積んだらしい。

　みんなで相談の結果、私の行程がきまった。今夜は道院ヒュッテ泊まり、明日もし晴天ならば守門山の主峰を極めて、反対側のノコギリ尾根を下って五味沢《ごみさわ》に出る。このコースは栃尾山岳会の人が少数通っているだけだそうである。そしてその翌日五味沢から浅草岳へ往復して帰京、という計画である。優秀な羅針盤を持つ大舟に乗った心持で、私は万事任せた。私にはただ玄作君に付いて行く体力さえあればいい。

栃尾から栃堀までバスで約三十分、神社の前で降りると、そこからもう雪が敷いていた。部落を出はずれるとすぐ登りになる。踏跡がついているのでスキーを担いで行く。佐藤君は初老登山家の苦労を黙って見過ごすほど気の利かぬ青年ではない。奪うように私のスキーを取って彼の肩に載せる。

栃尾では小雨模様だったのに、いつか天はきれいに晴れて、梨ノ木平という所で弁当を拡げた時には、ジリジリ顔の焦げるのが分かるような明るい陽ざしになった。日本海方面を振り返ると、駱駝《らくだ》の背のような形の山が見えるのは、弥彦山であろう。

そこから一奮発、急坂を登り切って尾根の上に出た時、最初の感動が私に来た。眼の前に純白の守門山が立っていたからである。守門山は、大岳（前守門）、青雲（中守門）、袴《はかま》岳（奥守門）、東守門から成っているが、ここから見えるのは大岳と青雲である。千五百メートルの山とは思えぬくらい立派に見えるのは、雪という魔法の衣を着ているほかに、広々とした前景を控えているせいだろう。雪の起伏がはろばろと[*5]続いて、その果てを画しているのが守門山であった。

貪るように山を眺めてから、私たちはそこでスキーを穿《は》いた。そこから尾根伝いに道院ヒュッテまでは一滑りであった。

ヒュッテは二階建てで、番人が常住し、寝具・薪炭の備えがあり、風呂まで付いている。食料だけ持参して自炊すればよい。ヒュッテの前の細長い窪地は夏は池になってボートが浮かび、付近はバンガローの多いキャンプ地になるそうである。しかし今はすべてが深い雪の下に埋もれて、見渡す限りただ大まかな雪の起伏があるばかり。誰かが「雪の沙漠」と呼んだそうだが、全くその通りで、砂丘の代わりに雪丘が続いていると思えばいい。

私たち二人は夕刻までのあいだ、その雪の沙漠にスキーを進めた。一つの雪の円頂に立った時、第二の感動が来た。南に当たってズラリと立てめぐらしている雪襖《ゆきぶすま》は、八海、駒、荒沢の諸峰、その左に並んで未丈、大鳥、毛猛《けもう》の連山、その奥に遠く微かに双耳峰をもたげているのは尾瀬の燧岳に相違ない。それらの雪嶺を数えながら、私にはまだまだ登るべき山の残されているのを感じた。

その夜、道院ヒュッテには、私たちのほかに、二組の学生パーティがそれぞれ二階の二室を占めていた。その一組は立教のワンダー・フォーゲル（略してワンゲルと呼ばれる）の部員で、ここに三日も降りこめられていたが、今日ようやく晴天を得て守門に登ってきたという。いきなり挨拶をされたのは、昨年の秋私はそのワンゲル主催の講演と映画の会に呼ばれて山の話をしたので、顔を見覚えられていたのである。私と佐藤君は番人と三人で下の部屋に寝た。

その晩、鏤《ちりば》められた星空を仰いで私の幸運を祝福しながら床に就《つ》いたにかかわらず、夜中に幾度か烈しい風音に眼ざまされた。家が吹き飛ぶのではないかと思うくらいの荒れかたである。

翌朝風は収まったが、怪しげな曇天であった。それにめげず、六人組の学生のパーティは準備を整えて山へ出かけた。それに続いて立教ワンゲルも、これは下山のためヒュッテを発って行った。この方は五人で、うち二人は女性である。男に劣らぬ重装備の大きなリュックを背負っていた。

私と佐藤君は一番あとから出た。この天候ではノコギリ尾根へ下る望みはないが、ともかく登れる所まで登ってみようという心組みである。スキーにシールをつけて、雪の沙漠へ踏み出す。目ざす守門山の上半身は白い雲に包まれて見えないが、下の方は晴れている。雪丘を上ったり下ったり、それでも次第に高度を稼ぎながら山へ近づいて行った。

同じような雪の起伏が広々と続いているから、吹雪に襲われたら見当がつかなくなるだろう。地勢に明るい佐藤君でさえ、数年前の三月末、猛吹雪に会って方角が分からなくなり、雪洞を掘って二十四時間も晴れを待ったそうである。このように一面の雪原になったのは、炭を焼くため木を伐り払ってしまったからだという。もちろん更代[*6]が成長しているのであろうが、今は雪の下で、伸びのいい樹木だけがところどころ頭を現しているにすぎない。

長峰という、その名の通り長い平らな尾根に取りついて、緩く登って行くと、ようやく保久礼《ほっきゅうれ》に着いた。この妙な地名は仏教の発起折《ほっきおれ》の宛字だそうで、ここで沢沿いに登ってくる夏道に合する。小屋があるそうだが、それも今は雪の下である。ヒュッテからここまで二時間あまりかかった。

保久礼からにわかに急な登りになる。一休みして元気をつけて、その急坂にかかった。片側は樹林、片側は雪庇《せっぴ》、その間の尾根をあえぎながら登って行くうち、やがて樹林は切れて、私たちは雲の中へ入った。

白い煙幕に包まれて、身の廻りしか視界がない。幸い、赤く塗った長い竹竿が、三十メートルか五十メートルの間隔に立っていて、一本の竿をすぎると、次の一本が行手におぼろに現れてくる。それを頼りに登って行く。これは過日新潟県の滑降距離選手権大会がここで行われた時の標識で、ヒュッテから大岳の頂上まで続いていた。頂上をスタートして、栃堀のゴールまで十五キロのコースを、今年の大会で四十五分という新記録が出たとのこと。

竹竿に交じって折々赤い旗の立っているのは、今朝早く発って行った学生パーティの標識であった。その学生たちの下ってくる声だけが霧の中に聞こえ、やがて滲《にじ》む影のように現れてくるのに擦れ違った。

身の廻りにいつも白い朧《おぼろ》の雪の斜面があるだけで、いったいどのくらい登ったのか見当もつかない。少し傾斜のゆるい台地らしい所へ出たので、そこで立ったまま弁当を食った。さすがにじっとしていると寒い。魔法びんの熱いお茶。世の中に何がうまいといって、寒い雪の上で飲む、のどを焼く熱い茶にまさるものはあるまい。

それからまた登りを続ける。まだだいぶあるだろうと覚悟しながら行くと、

「ほら、吊鐘が見えます」

と、先に立った佐藤君が指さした。眼の前に、雪面上二、三尺突き出た棒の先に、欠けた鋳物の鐘が下っていた。それが大岳の頂上だった。あまり不意に頂上だったので、ちょっと拍子抜けしたが、しかし嬉しかった。

頂上に祠《ほこら》があるそうだが、それも雪の下だ。依然としてわずかの半径を持った周囲

しか見えないので、ここが頂上だという実証を得るためには、あたりを少し歩き廻ってみて、もうこれ以上登りがないことを確かめるよりほかなかった。主峰の袴岳へは、ここからいったん百五十メートルほど鞍部へ下り、それからまた二百五十メートル登り直さねばならない。こんな天候にそこまで行ってみる意志は、もちろん私には消えていた。守門山の一峰を獲得したことに満足して、私はスキーのシールをはずした。

下りは早い。と言ってもふっ飛ばすほど私のスキーはうまくない。*7 ゲレンデでは人真似で流行のパラレルとやらをやってもみるが、私の技倆では、ここでそんなものを使ったら雪庇から落ちてしまうだろう。急斜面にかかると、私はもっぱら私の奥の手の杖ボーゲンに頼った。それでも時々転倒は免れない。それから時々立ち留まって息を入れなければ続かない。しかしスキーは有難い。登りは保久礼から頂上まで二時間半ほどかかったのに、下りは休みながらでもその五分の一の時間ですんだ。

雲から脱して、保久礼から下は、にわかにあたたかい。春スキーののんびりした気持で、再び雪の沙漠を渡って小屋に戻ってきた。

その夜、もう一晩道院ヒュッテに泊まった。袴岳を越えて五味沢へ下るのを断念した私たちは、翌日下を廻って五味沢に行き、そこから浅草岳へ登ることにした。

翌日も曇天だった。朝八時すぎ小屋に別れを告げて、大平牧場へ出るコースを採った。沙漠中の一雪丘万太郎山（六六五メートルの三角点）から南に伸びた尾根を、その突端まで滑り、急斜面を沢へ下って対岸へ登ると、目の下が大平であった。残雪期の有難さは、天気さえよければ、方向をつけてどこへでも行けることである。雪の上いたるところが道になる。

大平牧場は広々とした平らな雪原で、十ばかりの家が点々と散在して、その中に目立つ唯一つの二階建ては村の分教場であった。その雪原を横切って、急な崖を下り、橋を渡って二分《にぶ》の部落へ入った。この山奥の村はまだ家の半分は雪に埋まっていた。小雨が降ってきた。私たち二人が村の背後の峠みちに登りかけようとすると、傘をさしたおかみさんが後《あと》を追ってきて、もう昼どきだし、雨も降ってきたから、家へ寄って行きなさいと勧める。先を急ぐので厚意は辞したが、親切な村人である。私は道院ヒュッテで番人から聞いた話を思いだした。ある渡り者が、連れにはずれた登山者を装って、二分の部落で千円捲きあげて行ったという。素姓も知れない者に千円貸す純朴さがこの村には残っているのだろう。ここからも守門山への登山道が通じているが、この村へ達するまでが不便なので、土地の人以外に利用する人はごくわずかだそうである。

雨は峠の上で晴れた。そこから横根に下り、道地を過ぎ、只見線の入広瀬《いりひろせ》駅の近くまで、ほとんど滑り放しであった。駅へ着いたのは十二時四十五分。按配よく二十分ほど待って終点大白川《おおしらかわ》＊8行の汽車が来た。只見線は、上越線の小出《こいで》から分かれるローカル線で、はじめは南会津の只見川に沿う柳津《やないづ》まで通じる予定で只見線と名づけられた。しかし現在は大白川までで工事中止になっている。数日前の新聞によると、国鉄には赤字のひどい支線が五十線あって、それらは近いうちにバスに切り換えられるそうだが、その中に只見線もあげられていた。

　いかにも雪の深い山国を走る汽車らしく、客車の中央にはストーブが取りつけてあった。越後から会津に越す街道に、昔は守門山の北に八十里越《ごえ》＊9、浅草岳の南に六十里越があって、その名を聞いただけでも人里離れた侘《わび》しい長い道中を思わせるが、それらの峠みちも今は通る人もなく、荒れ果てるに任せ、断続して、道跡を探し出すさえ困難な個所もあるという。会津から蚕の種売りが通ったという八十里越に、木ノ根茶屋という峠の茶店が地図に残っているのも、何か哀れである。六十里越は近年ようやく復活工事が始まったという話を聞いた。

　ともあれ越後と会津の国ざかいあたりは、山が深く雪が多いだけに、今まであまり知られていなかった。目立って高い山がないので見逃されてきたが、これからは残雪期の登山の対象として、興味のある所となるに相違ない。地図を見ているだけでも、楽しくなる地域である。

入広瀬駅から三つ目で終点大白川駅に着いた。駅を出るやもううず高い雪である。大白川の村はそこから約一キロ半、雪の上を踏んで行った。村の入口の橋の上で私は再び守門山に出あったが、今度はすっかり風貌が変わっていた。あの広々とした前景を持った遥かな守門山ではなく、ここからは直ちに仰ぎみる守門山であった。前に見たような優しい線を持った純白の山ではなく、ごごしい岩を混じえて切り立った屏風であった。道院あたりから望めなかった別の頂上の線が、こちら側に現れているのであった。主峰袴岳の直下に落ちこんでいるのは大雲沢と呼ぶ嶮絶な沢で、まだこの沢を忠実に登った人はないという。同じ山でも、それを望む方面によって、これほど性格の違う山になる。しかしどちらも守門の立派さに変わりはない。

さらに私をひどく喜ばせたのは、同じ橋の上から、守門と反対側に浅草岳を仰いだことだった。この山には私は初対面である。しかも明日私はそれに登ろうとしている。守門山と浅草岳。このあたりでは断然頭角を抜いているこの二峰を交互に眺めながら、私の興趣は尽きることを知らなかった。

今日は五味沢まで行くのをやめて、大白川村で佐藤君の懇意の大丸屋に泊まることにした。平石川と、守門から流れ出す大白川との合流点に、大白川の部落がある。栃堀に巣守神社があったように、ここには守門神社があった。守門登山道はこの村からも通じている。こちらからの道は距離は近い代わりに、胸を突く急峻だそうである。大丸屋の二階の一室のこたつに、私たちは寛《くつろ》いだ。夜の食膳に、トッピ茸《だけ》という、この地の名物の珍しい茸《きのこ》がついた。天気予報では強風警報が出ていると、佐藤君が下のラジオで聞いてきた。

翌朝眼がさめると、風は吹いていないが、シトシト雨が降っていた。晴れそうにもみえるので、私たちは幾度も窓をあけて空をうかがいながら、様子を待った。その甲斐もなく、とうとう浅草岳は断念せざるを得なくなった。

しかし、まあいい。初めての山に来て、すぐ成功しようとは虫がよすぎる。登りそこねて、思いをあとに残しながら山を去るのも、また一風情である。浅草岳も私の未来の楽しみ[*10]に残しておこう。

荷物をまとめて雪の道を大白川駅に引返し、只見線に乗った。小出に着いたのは正午、町を流れる魚野川は雪どけの水を満々と湛えて、川幅いっぱいに流れていた。

●守門山（すもんやま・一五三七メートル） 一九六〇年三月の山行。現在国土地理院地形図では守門岳。

＊1 『山岳』……日本山岳会（一九〇五年・明治三十八年創設）の年報機関誌。一九〇六年に創刊。第一年、第二年と年版方式。深田久弥は全巻を所有し、所蔵する本の中で一番

値打ちがあり、大きな喜びと書いたことがある。第一年第二号は、一九〇六年六月発行。「守門嶽ニ登ル記」（突貫紀行の一節）として大平晟の紀行がある。

＊2　藤島敏男……「御座山」の補注＊2参照。

＊3　『山岳』第十九年第二号……一九二六（大正十五）年二月発行。「五月の山旅」。藤島敏男『山に忘れたパイプ』（茗溪堂・一九七〇年刊）に収録。

＊4　栃尾鉄道……新潟県悠久山から長岡経由栃尾への鉄道。藤島敏男も「まだるっこい軽便鉄道」と記している。その後全線廃止で、越後交通のバス路線に転換。

＊5　はろばろと……はるかに、はるばると。

＊6　更代《こうたい》……改まること。次の世代が代わって成長している状態。

＊7　私のスキーは……うまくない、と書かれているが、富士山頂から滑り降りる（一九三九年三月）着実な腕前と度胸は持っていた。

＊8　終点大白川行……只見線が全通している現在はもちろん終点ではない。

＊9　八十里越《ごえ》……新潟県三条市（旧南蒲原郡下田村芳ヶ平）と福島県南会津郡只見町叶津を結んでいる峠道。守門岳と浅草岳を結ぶ県境尾根の鞍掛峠（九五二メートル）を越える。長さ約八里（約三二キロ）あり、峠越えにはその十倍も苦労するから、という説がある。荒廃していたが、現在国道二八九号の工事が進んでいる。六十里越《ごえ》は、新潟県魚沼市（旧北魚沼郡入広瀬）と福島県南会津郡只見町を結ぶ峠道。六里の道が十倍の苦労、という八十里越と同じ語源説がある。新道がトンネルで抜けて国道二五二号になっている。

＊10　私の未来の楽しみに……浅草岳には一九六四年四月に五味沢からスキーで登った。

安達太良山

万葉集に出てくるような山は、昔から有名であったと見なければなるまい。みやこに近い山の詠まれるのは当然だろうが、そのころはへんぴだったに違いない遠い国の山の歌が出てくると、私はほほうと思う。

安太多良《あだたら》の嶺《ね》に臥す鹿猪《しし》のありつつも吾は到らむ寝処《ねど》な去りそね*1
みちのくの安太多良真弓弾《はじ》き置きて撥《せ》らしめきなば弦著《つらは》かめかも*2

叙景の歌ではないから、この安太多良が果たして今の安達太良山かどうか判じがたいが、ともかくそんな昔に、すでにこの山の名の聞こえていたことが、私の心をとらえた。

安達太良《あだたら》山に心を引かれるようになったその次の文学作品は、高村光太郎*3の詩である。この詩人と絶対愛に結ばれた妻の智恵子*4は、その山の麓の二本松の作り酒屋に生まれた。彼女は東京に居ると病気になり、田舎の実家に帰ると健康を恢復《かいふく》するのが常であった。その彼女のあどけない言葉を、詩人はうたった。

智恵子は東京に空が無いといふ、
ほんとの空が見たいといふ。
……
智恵子は遠くを見ながら言ふ。
阿多多羅山《あたたらやま》の山の上に
毎日出ている青い空が
智恵子のほんとの空だといふ。

そしてこの詩人夫妻が二本松の裏山の崖に腰をおろして、パノラマのような見晴らしを眺めた時の絶唱「樹下の二人」の一部に、

あれが阿多多羅山、
あの光るのが阿武隈川。

ここはあなたの生れたふるさと、

あの小さな白壁の点点があなたのうちの酒庫《さかぐら》。
それでは足をのびのびと投げ出して、
このがらんと晴れ渡つた北国《きたぐに》の木の香に満ちた空気を吸はう。
………
あれが阿多多羅山、
あの光るのが阿武隈川。

私の憧れであったその安達太良山へ出かけたのは、「樹下の二人」と同様、「ただ遠い世の松風ばかりが薄みどりに吹き渡っ」ている秋の末であった。十一月十四日（一九六〇年）、朝の準急で上野を発ち、二本松市に着いたのは正午。市役所商工観光課の青山秀哉さんに案内されて、ちょうど霞ヶ城公園に開催中の菊人形を見に行った。昔の石垣がまだ一部残っている城趾に、菊人形の舞台が二十ほど並んでいる。「壺坂霊験記」とか「雪之丞変化」とかいう中に、「皇孫誕生」「智恵子抄」などというものもあった。薄ら寒い曇天にもかかわらず、お祭りのような賑やかな人出で、小屋がけのおでん屋やみやげ物屋が繁昌していた。秋一と月に亙《わた》って行われるこの菊人形は、近在のお百姓さんたちが、楽しみにしている名物の行事らしい。

私たちは城趾の上の見晴らしのいい所へ上った。そしてそこで初めて私は、ようやく雲の取れた安達太良山を眺めた。それは晩秋の代赭《たいしゃ》色に変わった広い丘陵の起伏の彼方《かなた》に立っていた。それは一つの独立峰の形ではなしに、幾つかの峰の連なりに見えた。そして、その中央に乳首のような円錐峰があって、それが安達太良の頂上であった（だから俗に乳首山とも呼ばれる）。「あれが安達太良山」と私はつぶやいた。「あの光るのが阿武隈川」はどこだろうと反対側を振り向くと、福島県を縦に貫く凹地帯を隔《へだ》てて向こう側に阿武隈山脈が連なり、その麓に阿武隈川が流れていた。

私は再び安達太良山に眼を返した。乳首の右に、鉄山、箕《み》ノ輪《わ》山と並び、さらに遠く離れて、もうすっかり白くなった吾妻山が輝いていた。山を見ていると私は倦《あ》かない。ことにこれから登ろうとする山には、胸がときめく。明日、私はあの山頂からこちらを眺めおろすことができるのだ。

しかし、ゆっくりしてはおられなかった。私たちは今日のうちに、安達太良山のすぐ下のくろがね小屋まで登ることになっている。霞ヶ城公園は丹羽十万石の城址だけあって、林泉のおもむき[*5]に風情があり、しかも今凋落《ちょうらく》寸前の絶頂期の紅葉で彩られていた。その美しい庭園に心残りをおぼえながら、私は公園の入口で待っている市の自動車に乗った。

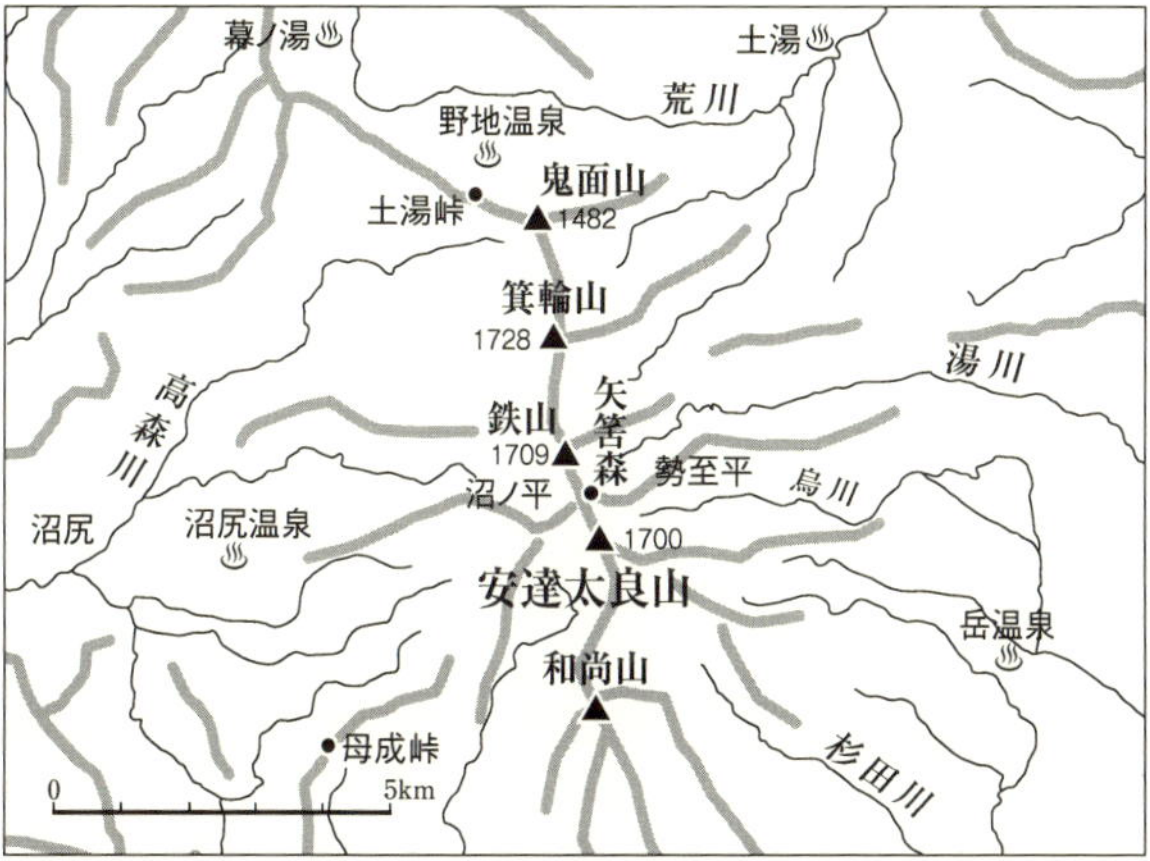

五万分の一地図　二本松、磐梯山、郡山、猪苗代湖

自動車は、さっき私が眺めた代赭色の丘陵地帯を、岳《だけ》温泉に向かって走った。次第に位置が高くなり、三十分後に、傾斜地に旅館や売店の立ち並んでいる温泉町に着いた。

岳は海抜六百メートルの高原にある、見晴らしのいい温泉である。安達太良の表登山口であるとともに、背後に広大なスロープを持っているので、正月休みにはスキー客が宿の廊下に寝るほど溢れるそうである。

磐梯、安達太良、吾妻の一大山群は、その中に、湖あり、渓谷あり、高原あり、森林あり、温泉ありで、おそらくこれだけ変化に富んだ地域は、内地では珍しかろう。北の信夫《しのぶ》高湯から裏磐梯まで有料道路ができて、行楽の季節には自動車の列が続くと聞いた。この大山群の外縁には、岳、熱海、白布高湯などの温泉があり、ここは日本有数の豊富な自然を持った観光地と化しつつある。

岳温泉の西山荘の一室で土地の人たちと話しあったので、出発は午後二時になった。温泉からすぐスキー場への登り道になる。私には二人の好伴侶が与えられた。郡山《こおりやま》市役所商工課の藤森英二君と岳温泉の佐藤竜一郎青年で、いずれも安達太良周辺はわが庭の如く心得たエキスパートである。シーズンには花やかな色どりで賑わうスキー場も、今は寂しい風に吹かれて狐色に枯れた一枚の大斜面に過ぎない。その斜面の中央を真っすぐ登り切ると、そこから道は林の中に入る。初めは赤松であったが、それが水楢《みずなら》になり、やがて白樺の林に変わる。近道を採ったので、ずっと急な登りの連続であった。

やっと平坦な場所へ出て一休憩する。ここが滑降レースのスタート地点だという。それからはダラダラ登りで、やがて右手に烏川《からす》を見下ろしながら、中腹を辿《たど》る平らな道になった。晩秋の山は明るい。というのは、道の両側を目隠ししていた木々の葉が落ち尽くして、見透しが利くからである。

烏川の上流で対岸へ渡ると、また登り道になって、それが終わると、勢至平《せいしだいら》と呼ぶ原へ出た。晴れていたら、さぞ気持よさそうな所に思われたが、あいにく山は雲に隠れ、うそ寒い[*6]風が身に沁《し》む。そこから渓流に沿う道を進んで、くろがね小屋へ着いた時は、もう暗くなりかけていた。

だいぶ古びた小屋だが、何よりの取り柄は熱い温泉の湧いていることである。岳温泉の湯もここから引いている。登り道で時々地面に顔を出していた木の樋《とい》は、その輸送路であったのだ。が、それだけの湯では足りないので、小屋のそばで別の新しい源泉を試掘していた。

小屋には私たちのほか登山者はいなかったが、登山期には屋内に空間が見当たらないほどの満員になるそうである。常住の小屋番大内清さんは、ヒゲに囲まれた浅黒い顔で、欠け歯の目立つ口で、こたつを囲んで夕食を終えた私たちに、いろいろの型の登山者の話をした。安達太良には遭難が多い。中には自殺や心中をしに来る者もある。そういう事件にいちいち大内さんは携わってきたので、話にはナマの現実性があって面白かった。藤森君の大きなリュックからたくさんの御馳走が出た。

寝しなに熱い温泉に入り、毛布を幾枚もかぶって三人枕を並べて横になった。あけがたまでぐっすり眠った。

翌朝眼をさますと、「雪が降っていますよ」と声をかけられる。ゆうべは星が出ていたのに、当てにならないのは山の天候である。晴れるのを待つ間に、また温泉に浸る。これだけ豊富な湯に恵まれながら、浴場の小さいのはもったいないようである。近く小屋を改築の予定だそうだが、この位置（海抜一四〇〇メートル）で快適な浴場をそなえた、簡素で清潔な小屋ができたら、登山者は倍加することだろう。

待っていても天気は回復しそうもないので、十時頃出発した。細かい雪が風に舞っている。小屋から上はずっと雪を踏んで行く。雪の下に隠れた道を、しかも霧で視界の利かない中を、間違わずに登って行けたのは、佐藤青年の先導のおかげであった。

雪と岩の急斜面を登り切ると、風当たりの強い稜線へ出た。鉄山と矢筈《やはず》ノ森との鞍部である。ここから反対側に沼ノ平を見おろすと、その旧火口底を取り巻く物凄い岩壁が立っていて、誰しもあっと驚かずにはいられないそうであるが、残念ながら私はその絶景を眺めることができなかった。白い霧の世界を歩いていたからである。

鞍部から馬ノ背を辿って、大きな岩の立っている矢筈ノ森（森などないのに、どうしてこんな名がついたのだろう）を越えると、稜線はゆったりと広くなる。寒い雪の上を進んで行くと、やがて乳首の下へ出た。鉄梯子《ばしご》のかかっている岩場を登って安達太良山の頂上へ出た。

霧に包まれて眺望はなかったが、しかし憧れの山の絶頂を踏む嬉しさは格別である。

ミカンを食べながら、何ということなしに十五分ほど、ただその頂上にいた。
乳首と矢筈ノ森との間の鞍部まで引き返し、そこから岩代熱海[*7]の方へ下る道を採った。相変わらず白い気体の中をただ先導について行くだけで、どんな景色の中を歩いているのか分からないが、どうやら沼ノ平の南側の火口壁の上を辿っているらしい。やがて急な下りになった。火口壁を離れて保成峠[*8]の方へ下って行くらしい。

道が樹林帯に入ると、もう地上の雪は無くなり、熊笹の間を行く。この道は二、三年前に開かれたのだそうで、まだよく踏まれていなかった。濡れた笹を分けるようにして行くので、ズボンがビッショリになった上に、しばしばその切株が逆茂木《さかもぎ》[*9]のように地面に突き出ていて、足元を狂わせる。やっとそこを抜けて、広闊な原野へ出た。振り返ると、安達太良山は雲の中だが、その南斜面の森林が一面に樹氷をつけて、美しい眺めであった。

伸び伸びと拡がった原を足任せに下って行く。空は幾らか明るくなって、彼方《かなた》に磐梯山が現れてきた。谷を隔《へだ》てて向こう側にも広い台地が見える。五万分の一の地図ではそちらに赤木平と記入されているが、その名前は今は、こちらの気持のいい原に移されている。春、秋のピクニックには好適の所だ。

枯草の間に煙が上っている。熱海町役場の阿部泰治さんたちが焚火をして、私たちを待っていてくださったのである。火を囲んで濡れたものを乾かし、お茶を沸かしておそくなった昼食を食べた。

そこから自動車の待っている所までわずかの距離だった。勇敢な自動車はデコボコの山道を克服して、往還[*10]へ出た。この往還は熱海から保成峠を越えて沼尻へ通じるもので、戦前は馬車も通った古くからの道だそうだが、今は荒れて車の峠越えはできなくなったという。しかし熱海から磐梯国立公園へ入る観光ルートとして、この道路の復活も間もないことだろう。

私たちの自動車は、もとの福島県種畜場の脇を過ぎ、休業スキー場（というのは、ここにリフトまで設けてスキー場を開いたのだが、暖冬の雪飢饉のため閉鎖したという）の前を通って、熱海温泉へ下った。

その夜は清楚な新築の公営ホテルに泊まった。夕食には、阿部さんのほかに町長さんも見えて、着々発展しつつある温泉町の現在と将来の抱負について語られた。そう言えば、私がスキーを携えて、この温泉へ立ち寄ったのは、もう二十年ほど前だが、その時と比べて見違えるほどの繁栄ぶりであった。

翌朝は打って変わった快晴であった。私たちは朝の汽車で郡山市へ行った。市の経済部長有江勝忠さんに迎えられて市役所を訪ねた。明治時代にできたという重厚な建物である。天井の高い、壁の厚い市長室には、郡山とその周囲の鳥瞰図が掲げられていた。お目にかかった市長さんの構想は、百万人都市にあるらしい。

郡山市の占める位置の重要さから推して、それは夢ではあるまい。一旅行者の眼にもこの都市の生々躍動ぶりが見て取れる。古いものと新しいもの、落ち着きと性急さ、高雅と粗野、そういう対照物がぶつかりあい揉《も》みあって、盛んな成長をしているような印象である。東北のシカゴと言われていることも肯《うなず》ける。

市長室に朴訥《ぼくとつ》な一人の年配者が現れた。郡山市の西に隣る逢瀬村*11の助役増戸治助さんであった。逢瀬村は広大な村有林を持った富裕村だそうだが、今度その地内の山の背にハイキング・コースを開いた。今日はそこへ助役さん自ら私を案内して下さるというのである。

そのコースを大たい地図の上で言うと、猪苗代湖の東南部に、千メートル内外の高さで南北に走る丘陵山脈がある。そのうちの御霊櫃《ごれいびつ》峠から三森峠まで約六キロの尾根伝いが、今日私たちの歩こうとする新コースである。

逢瀬村のジープで出立《しゅったつ》した。有江さんも麓まで行こうと言って、同乗された。郡山を抜け出ようとする広い街道の左手に、安積《あさか》高等学校の古い木造の校舎があった。

「あれは明治時代の創立当時のままが残っているのですよ」と有江さんに教えられる。

私はなつかしい思いでその校舎を眺めた。というのは、その前身安積中学校は、久米正雄[*12]さんや中山義秀[*13]君の出身校として、私はずっと前から話を聞かされていたからである。まだ紅顔の久米さんや中山君が通った中学校、そう思うだけでなつかしかった。

その校舎と往来を隔てて開成山公園があって、そこに、

松柏の嵐の底や返り花　　三汀

の句碑が立っているそうである。その句ができた頃、私は鎌倉の久米さんの近くに住んでいて、始終句会を開いていた。太平洋戦争も末期に近づいて、松柏の嵐の底にいるような時代であった。三汀とは久米さんの俳号である。

ジープが郊外に出ると、西のかた真正面に、額取《ぬかとり》山から高旗《たかはた》山に続く丘陵山脈が眺められた。額取山とは安積山のことであって、万葉集に、

安積香山かげさへ見ゆる山の井のあさき心をわが思はなくに[*14]

と出て以来、多くの古典文学に歌枕として現れる名前である。

御霊櫃峠のすぐ下まで車が入った。有江さんはそこから引返され、私は助役さんの先導で峠への登りにかかった。そのへん一たいはツツジの名所で、その盛りの頃は、郡山あたりから眺めて山肌が赤く見えるそうである。

明るい峠の上へ出ると、北にあたってすぐ安積山が立ち、遠くに安達太良山、その左に新雪に輝く吾妻山が見えた。磐梯山のあざやかであったことは申すまでもない。昨日の天候の不運を今日一度に取り返したような展望である。西の眼の下には猪苗代湖の一部が現れ、東の方は、郡山から二本松の方へ続く、福島県の中通り*15の平野が手に取るように一望できた。すべてが落ちついた晩秋の光の中にあった。

中通りから会津へ越す峠、昨日の保成峠も、今日これから向かう三森峠も、戊辰《ぼしん》の役の古戦場であるが、御霊櫃峠もやはりそうで、会津勢の死守した堡塁《ほるい》の跡がまだ残っていた。

その峠から、上り下りの多い尾根の切り明け道を、幾つか峰を越えながら、南の三森峠まで辿るのに、三時間ほどかかった。初めに踏んだ峰の上からは猪苗代湖の全貌が見えた。最後の峰から振り返った時磐梯山の形が美しかった。こんな立派な磐梯を眺めたのは初めてだった。私たちは林の中へ入ったり、見晴らしの利く灌木の原へ出たりした。そして、その道筋には、下駄小屋とか馬待場とか、いろいろ由緒のありそうな名前が掲げられていた。

出発が昼すぎだったので、三森峠へ下り着いた時は短い秋の日はもう夕方の色を帯びていた。この峠は古くから郡山から会津へ抜ける要路であったらしく、八幡太郎義家の伝説が残っていた。しかし海抜八〇八メートルの高さでは現代の交通路として不適当なのであろう、目下峠の下にトンネルを掘って、道路改修の大工事が進行中であった。これが完成すれば郡山市と若松市をつなぐ近距離の幹線が通じることになる。

工事中の道を下って行くと、さっきのジープが迎えに出ていた。有江さんの顔も見えた。車は新休石《やすみいし》温泉の三森荘まで私を届けた。谷川に臨んだこの温泉は近ごろ掘り当てたもので、逢瀬村の村営で観光宿舎を建てた。それが三森荘である。

私は半日のハイキングの快い疲れを温泉で癒した。助役さんの御自慢だけあって、浴場は近代的なスッキリした建てかただった。湯から上がってスキ焼きの御馳走になった。ビールを飲みながら、

「どうです、郡山市でこの温泉を引き取ってくれませんか」と、逢瀬村の助役さんは笑いながら言った。

「そういうことも考慮中です」と、郡山市の経済部長さんもまた、笑いながら答えた。

虚々実々というところであろう。第三者の私にはその時、市長室で聞いた百万人都

市という言葉が浮かんだ。

暗くなってから、再び逢瀬村のジープをお借りして、郡山市までの夜道を走った。

●安達太良山（あだたらやま・一七〇〇メートル）　一九六〇年十一月の山行。

＊1　安太多良の嶺に臥す……『万葉集』巻十四－三四二八。安太多良の嶺に住む鹿猪はいつも同じところに臥す（寝る）というから、いつもの寝処（寝場所）にわたしは行く。寝場所を変えないでください。

＊2　みちのくの安太多良真弓……『万葉集』巻十四－三四三七。安達太良山麓周辺でつくられた真弓の弦も外してしまえばまた弦をつけることはできないだろう、つまり疎遠になればもう縒《よ》りをもどすことはできないだろう、の意。参考資料・楠目高明『万葉の山旅』草思社・一九八四年刊。

＊3　高村光太郎……詩人、彫刻家（一八八三〜一九五六）。東京美術学校彫刻科卒。ロンドン、パリに学ぶ。詩集『道程』『智恵子抄』『典型』など。「智恵子は東京に空が無いといふ、」以下の引用は「あどけない話」。「樹下の二人」とともに『智恵子抄』に収録。

＊4　高村智恵子……長沼智恵子。一九一二年、犬吠埼で光太郎と出会う。一九一三年八月、光太郎と上高地滞在、一九一四年、光太郎と結婚。一九二九年、二本松の実家が破産。一九三一年から精神分裂症が現れる。翌年自殺未遂。一九三八年、粟粒性肺結核で歿。五十三歳。

＊5　林泉のおもむき……木立や泉のある庭園の味わいのある様子。

＊6　うそ寒い……なんとなく寒い。うすら寒い。

＊7　岩代熱海《いわしろあたみ》……岩代は一八六九年、陸奥《むつ》国を分割して生まれた旧国名。現在の福島県中央部・西部。岩代熱海はいまの郡山市磐梯熱海。

＊8　保成峠……現在の母成《ぼなり》峠。戊辰《ぼしん》戦争の舞台のひとつ。荒れて車の峠越えはできないが、観光ルートとして復活も間もないだろう、と書かれているように、現在は母成グリーンラインが走っている。

＊9　逆茂木《さかもぎ》……先の尖った木の枝や竹槍などを束ねてつくった防護柵。

＊10　往還……往来、往復の意だが、街道、幹線道、主要道のこと。

＊11　逢瀬村……現在の郡山市逢瀬町。

＊12　久米正雄……小説家（一八九一〜一九五二）。東京帝大卒。夏目漱石に師事し、菊池寛などと同時期に作家活動。小説『父の死』など。深田久弥は鎌倉文士時代に親交があった。

＊13　中山義秀《ぎしゅう》……小説家（一九〇〇〜一九六九）。早大卒。『厚物咲《あつものざき》』で芥川賞。『テニヤンの末日』など。鎌倉文士時代に親交があった。

＊14　安積香山かげさへ見ゆる……『万葉集』巻十六－三八〇七。安積香山《あさかやま》にある、物の影が映る清水の池のように、浅い気持ちであなたのことを思ってはいない。

＊15　中通り……福島県中央部、白河、郡山市から福島市へ、阿武隈川沿いの地方の通称。太平洋側は浜通りという。

雨飾山

雨飾《あまかざり》山という山を知ったのは、いつ頃だったかしら。信州の大町から糸魚川街道を辿《たど》って、青木湖を過ぎたあたりで、遥《はる》か北方に、特別高くはないが品のいい形をした山が見えた。しかしそれは、街道のすぐ左手に立ち並んだ後立山《うしろたてやま》連峰の威圧的な壮観に眼を奪われる旅行者にはほとんど気付かれぬ、つつましやかな、むしろ可愛らしい[*1]と言いたいような山であった。私はその山に心を惹かれた。その後、後立山連峰に行く毎に、いつもその可愛らしい山を視界の中に探すことを忘れなかった。雨飾山という名前も気に入った。

初めてそれに登ろうとしたのは、一九四一年六月の初めだったから、まだ太平洋戦争の始まる前である。私は毎年五月末の父の忌日に郷里へ墓参に帰るのを常としていたが、その年もそのつとめを果たしてから、家業を継いでいる弟を誘って、雨飾山へ向かった。私の郷里は石川県の大聖寺という小さな城下町で、上野行の北陸線は学生時代からもう数十回往復している。それに乗って郷里を発ち、午後糸魚川《いといがわ》に下車した。

日本海に曝《さら》された越後の糸魚川と信州の山の町大町とをつなぐ大糸線は、その頃まだ完成していなかった。越後側は糸魚川から駅が三つ目までしか進んでいなかった。私たち兄弟は、その二つ目の根知《ねち》という小駅まで行った。

地図（小滝）では、雨飾山には道がついていない。ただその北麓に、梶山新湯[*2]という温泉の記号がついている。そこまで行けば登山路の様子も分かるだろう、漠然と私はそんな気でいた。根知駅から梶山新湯まで、地図で計って約十二キロくらいである。その途中の山口という部落まで幸いにバスがあった。その終点で下りて、話を聞くと、梶山新湯は夏場だけの湯で、まだ人が入っていないという。仕方なしその日は山口で泊まった。

雨模様だった空が、思いがけず夕方になって晴れて、私は初めて越後側からの雨飾山をあざやかに仰いだ。それはすぐ眼の前に美しい形で立っていた。左右に平均の取れた肩を長く張って、その上に、猫の耳のように二つのピークが並んでいる。山が近いせいか、実に堂々としていて、しかも品のある姿勢である。夕日が頂上を染めて、まだところどころの襞《ひだ》に雪が白く残っていた。私は歓喜した。そして薄暗くなり、その美しい山の形が空に消えるまで見惚れていた。

翌朝早く宿を発ち、山道を辿って梶山新湯へ着くのに三時間あまりかかった。粗末

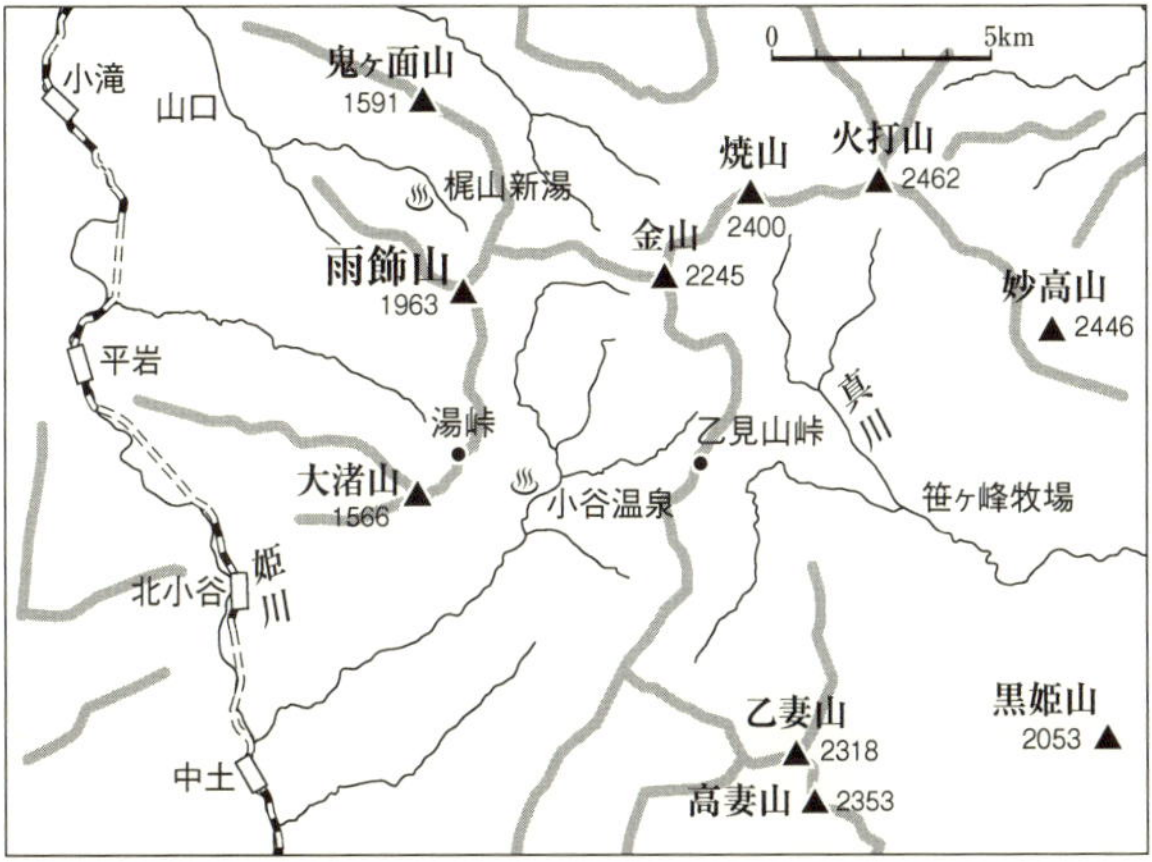

五万分の一地図　小滝、妙高山

な一棟の山の湯で、無人と思っていたところ、前日上ってきたばかりという小母さんが一人番をしていた。親切な小母さんだったが、雨飾山へ登る道については何も知らなかった。

　私たちは谷川に沿った道を登りかけたが、間もなく、毀《こわ》れた炭焼き窯が二つ三つころがっている所まで行って、その道は消えてしまった。それから数時間、登路を見つけるために、あちこちへ当たってみた。藪の中を掻きわけたり、大きな岩を越えたり、残雪を渡ったりした。しかしすべての努力も徒労だった。午後になって曇ってきて、一面の霧に取り巻かれた。それが退却のいい口実になった。私たちは断念して、元の谷川へ引返した。

岩の間から流れ出る熱い湯がドラム罐に溢れていた。岩の上に着物を脱ぎ棄てて、その原始的な湯に首まで浸ることが、取り逃がした雨飾山のせめてもの代償であった（戦後、梶山新湯からハッキリした登山道がつけられたそうである）。

それから二週間ほどして、六月の中旬、私は連れ*3と二人で再び雨飾山へ向かった。今度は南の信州側から登ろうと考えて、大町から出る未完成大糸線に乗った。終点は中土《なかつち》である。そこから約十二キロの道を登って、小谷《おたり》温泉に着いた。この温泉は、梶山新湯と違って、ちゃんとした宿屋が三、四軒あり、私たちの泊まった山田旅館は、構造のガッチリした、気持のいい宿だった。宿の主人は早稲田出身で、山やスキーに堪能な人である。

ここからも雨飾山への登山道はなかった。しかし谷川を溯《さかのぼ》って行けば、登れないことはないという。下の部落に山に明るい人がいるというので、私はその人を道案内に呼んで貰うよう頼んだ。ところが、温泉に着いた翌日から、ずっと天気が悪かった。私たちは四日待った。朝起きてまず見上げる空は、いつも私たちをガッカリさせた。頼んだ案内人も天気にあきらめをつけたか上って来ない。しかしその四日間も退屈はしなかった。私たちはしばらくの晴れ間を盗んでは、散策に出た。温泉の近くには、鎌池・鉈《なた》池と呼ぶ静かな沼や、すばらしく立派なブナの原始林や、髯剃《ひげそり》滝という奇妙な名前の美しい滝があった。

五日目、とうとう私はまたも雨飾山を断念して、帰途につかざるを得なくなった。が、ただでは帰らなかった。私たちは雨飾山の裾を巻いて、湯峠を越え、越後へ出る道を採った。ずっとブナの原始林の中を行くこの峠みちは、思いがけない収穫であった。越後側へ越えてから伐採の飯場が一個所あったきり、長いあいだ人ひとり出あわぬ静かな道であった。

私たちは再び山口へ出て、二週間前と同じ宿に泊まった。翌日、あざやかに晴れた。雨飾山はその広い肩の上に二つの耳を立てて、相変わらず気高く美しかった。向かって左の方が心持高い二つのピークが、睦まじげに寄り添って、すっきりと青空に立っていた。

左の耳は
僕の耳
右は　はしけやし[*4]
君の耳

そんな即興が口に出てきたのも、私のその時の連れのせいであった。山口から糸魚川に出るバスの後ろ窓から、私はいつまでも雨飾の頂上をみつめていた。やがて左の耳が次第に高くなって、あの美しい均勢が崩れてしまうまで。
糸魚川に出て、町の角に貼ってあるビラで、初めて私たちは独ソ開戦のニュースを知った。

山は一度で登ってしまうよりも、何度か登りそこねたあげく、その頂上に立った方が、はるかに心持が深い。雨飾山がそうであった。その後長い間私は雨飾山を心の底であたためながら、ついに訪れる機会がなかった。そして戦争という暗いトンネルを経て、十六年後についにその望みを果たした。

一九五七年の秋、私は大町南高等学校の文化祭に講演に招かれた。その機会を私は逃さなかった。十月の下旬、北安曇野《きたあづみの》は、稲が黄金色にみのり、柿の実が赤々と村々を飾って、今が秋の絶頂かと思われる美しい日和であった。講演をすました私は、その日の午後のバスで小谷温泉に向かった。仲間は、友人の画家山川勇一郎[*5]君と、大町南高等学校の先生の丸山彰さん、それに十六年前私の連れであったフラウ[*6]が加わった。

中土から小谷温泉まで、今度はバスが通じていて、私たちは座ったままで、山田旅館の玄関前まで運ばれた。戦後のバスの発達はおどろくべき勢いである。昔私たちが一日がかりで歩いたような所へも、たいていバスがはいりこんでいる。便利にはなったが楽しみも少なくなった。山の麓へ辿りつくまでの道中——これから登ろうとする山が、前山のうしろに隠見するのを、心をときめかせて眺めながら歩いて行くあの道中。時には暑くて長くてうんざりすることもあったが、しかしそのあいだに、私たちの心持に、登山に対する一種の気構えがおのずから出来上がるのであった。そのプロセスを省略して、バスの発達した現在ではただちに登山に直面させられる。野球で言えば、フリーバッティングもシートノックもなく、いきなり試合のサイレンが鳴るようなものである。と言って、バスのある以上、誰が追い越されて行く車の埃《ほこり》をかぶって歩いて行く気になるものか。すべて性急[7]が現代文明の特徴で、登山もそれから逃れられない時勢になった。

さすがヒマラヤは悠長で、出発点から山の麓まで、キャラヴァンと称する長い道中がある。ジェット機が地球を幾廻りかするあいだに、ようやく目ざす山の下へ着くのである。私たちがジュガール・ヒマールへ行った時、この道中に十一日かかった。苦しいこともあったが楽しかった。

山田旅館は昔と変わらなかった。どっしりとした家の作りや、熱い豊かな湯が滝になって落ちている浴場まで、もとのままであった。ただあるじの山田さんだけが、すっかり銀白の美しい髪に変わって、ゆとりのある風格になっていた。私たちは手厚く迎えられ、秋の珍味が晩餐の卓に溢れた。

三度目の雨飾山は、ついに私に幸いした。翌朝は拭《ぬぐ》うたような快晴である。私たちが朝飯を食べているうちに、昨日頼んでおいた道案内が下の部落から上ってきた。小柄な老人である。老人と言ったが、あとで聞くと私と同年であった。室谷福一という名前で、四歳の時、父は地図測量班に従事中山で亡くなったそうだ。息子は成長して今はスキー登山の案内もするという。つまり親子三代、山につきあっているわけである。

この案内を先に立てて、私たち四人が宿を出たのは八時前だった。いきなり急坂であるが、それを登りきると、緩やかなトロッコ道に出る。これは近年東洋紡績の伐採が入って、その材木を運び出すために作られた道らしい。

空のどこを探しても一点の雲もない。見渡す限りの山々は広葉樹に覆われていて、それがいま紅葉の真っ盛りである。私たちはただ、奇麗だな、奇麗だな、を繰り返すよりほかなかった。その広葉樹林が一地域すっかり伐採されている所があった。この調子で行ったら、全山裸になってしまいそうな無漸《むざん》な伐採ぶりである。私たちは登山者の単純さで資本主義を呪ったが、行くうちに、前面に雨飾山がキッと頭をあげているのに出あうと、もう文句は無くなって、その立派な姿を讃えるだけの単純に返ってしまった。雨飾山は中腹以上いかめしい岩で固められて、越後側では見られぬ別のきびしい面を現していた。

やがてトロ道に別れて、右手の細々した道に入った。それは灌漑用の用水に沿うていたが、その水の取入口まで行くと、あとはもう道らしいものはなかった。私たちは大海《おおみ》川の河原に下りて、それから先はその流れを溯《さかのぼ》って進むことになった。流れはゆるやかであったが、右岸へ左岸へと徒渉[*8]を繰り返さねばならなかった。先頭の道案内は地下足袋で、器用に石の上を飛び移りながら川を横切る。続くわがメム・サーブ[*9]も初めはそれを真似ていたが、そんな軽業が出来ないと悟ると、キャラヴァン・シューズのままジャブジャブ水を渡る方針をとった。山に慣れた山川・丸山の両サーブは、登山靴を濡らさず、足場になる石を選んで対岸に移る熟練を持っていた。

徒渉は十数回に及んだ。河原の広くなった所に、太いドロノキが数本まばらに立っていて、そのサビを帯びた木立[*10]の風情は、あたりの景色を妙に古典的にしていた。私たちは一番太い幹を計ったが、三人の手でやっとそれが巻けた。

大海川が二つに分かれる所まで来た。私たちはその左を採った。今まで比較的ゆるやかだった谷が、にわかに急な沢になった。やがてその沢はまた二つに分かれた。その右手へ入ると、すぐ滝で拒まれた。横幅の広い、見ごたえのある滝で、黒滝と呼ばれているそうである。なるほど岩が黒い色をしているので、滝まで黒く見える。私たちは引返して、左手の沢へ入った。しかしこの沢も容易ではなかった。岩を飛び越えたり、へつったり*11、滝を避けるために傍らの藪の中を高捲きしたり、せねばならなかった。高捲きするため滑りっこい急斜面を攀《よ》じる時には、山川君の持っていたピッケルが役に立った。彼は山行にはエチケットのようにピッケルを携えるのを常としている。雪を切るためのこの道具が、ジメジメ湿った崖に足場を作るために役立とうとは、思いがけない効用であった。

沢の中途で昼食にした。こんなに遅々とした進行では、今日中に頂上へ着けるかどうか、少し怪しくなった。

沢筋に水の流れが無くなると、あとはゴロゴロした大きな石を踏んで行くだけになった。その大きな奴は、失礼にもメム・サーブが山川サーブの頑丈な肩の上に乗って、乗り越えねばならぬものもあった。珍しい紫色をした可憐なナデシコの一株を見つけたのは、そのへんであったろうか。もう森林帯は抜け出て、見晴らしが展け、すぐ頭上に岩壁が見えてきた。それはフトンビシと呼ばれる巨大な岩で、その岩のあいだを、まるで廊下のように細い隙間が通じている。

私たちはその咽喉《ゴルジュ》*12を通り抜けて、上に出た。もう沢の源頭まで来ていた。あとは稜線までの急斜面があるだけである。今までに見たこともないような大きな一枚岩《スラブ》の横を通って、私たちはそれぞれ自分の一番歩き易そうな個所を選んで登って行った。枯れた草つきの急傾斜のガレ場は、私たちの最後の辛い努力を要求した。ようやくあえぎながら稜線に辿りつくと、ハッキリした踏跡がついていた。それは梶山新湯の方からひらかれた登山道であった。それから頂上まで、急ではあったが、一登りにすぎなかった。

ついに私は長い憧れの雨飾山の頂に立った。しかも天は隈なく晴れて、秋の午後三時の太陽は、見渡す山々の上に静かな光をおいていた。私はそれらの山々の名前を数えあげて、読者をわずらわすことを差し控えよう。なべての頂に憩いがあった。*13 梢にはそよとの風もなく、小鳥は森に黙した。待て、しばし、……私たちは頂上に置いてある、風化で磨滅した石の祠《ほこら》と数体の小さな地蔵尊の傍らに身を横たえた。古い石仏は越後の方へ向いていた。日本海を越えて、能登半島まで見渡せた。

一休みしてから、私たちはもう一つの耳の上へ行った。案外近く、三十メートルほどしか離れていなかった。下から眺めてあんなに美しかった、その二つの耳の上に立った喜びで、私の幸福に限りがなかった。

もう思い残すところもなく、私たちは頂上をうしろにした。登る時はさほどに思わなかった稜線の下のガレ場は、下る時にはちょっと気が怯《ひる》むほどの急傾斜で落ちていた。石でガラガラの空沢を辿って、水のある所まで下りたが、沢筋の難場を嫌って、帰りは左岸の尾根に取りついて、尾根伝いに下ることにした。しかしこれもさほど賢明な策でなかった。道のない藪の中を掻きわけて行くのは、道のない沢を下るのと、おっつかっつの苦労である。深い藪は、梢に手が触れる毎に落葉の雨を私たちの上に振りこぼした。枝を押しのけたり、潜ったり、またいだり、リュックが引っかかったり、トゲに刺されたり、……それでも途中でシシタケの群れを見つけて土産に持って帰るという幸運もあった。

やっとのことで、美しい紅葉の牢獄を抜け出て、河原に下り立った時は、もう夕暮れになっていた。大海川の徒渉は薄暗がりの中だった。暗いために河原の広い所で道を誤って、灌漑用水の取入口を探しあてた時には、もうすっかり暗くなっていた。

すばらしい星空であった。銀砂子《ぎんすなご》*14のあいだに白鳥座がハッキリと真上にかかっていた。まさかこんなにおそくなるとは予期せず、私たちの持っていた明かりは、山川君の万年筆型の電灯だけだった。その小さな灯りを頼りに、細い畦《あぜ》のような道を辿っている時、わがメム・サーブは傍らの溝に落ちた。引っぱりあげられたが、擦《す》り傷をこしらえた。

宿へ帰りついたのは八時をすぎていた。玄関へ迎えに出た人々の間に、古原和美君[15]の顔があった。大町の保健所長の古原君は、今日奥さんを連れてここへやって来たのである。「やあ、おめでとう」と私に手を差しのべたのは、私の雨飾山への長い憧れを知っていたからであった。

翌日、私と古原君の二組のアイン・パール[16]と山川君の五人で、乙見山峠《おとみやま》を越えて笹ヶ峰牧場へ出ることにした。朝の澄んだ晴れ工合は、今日一日の晴天を確実に約束していた。髯剃滝のそばを通り、登りにさしかかって、まず私たちが歓声をあげたのは、すぐ北にそびえている雨飾山の立派さであった。フトンビシの岩壁に鎧《よろ》われた雨飾山は、紅葉の氾濫の上に、厳として立っていた。

峠みちは山の中腹を縫って、緩い上りで林の中に続いていた。秋の爛熟で、すべてのものは花やかな色に覆われていた。ブナやナラが多いから、全体の色調は樺色だが、それを地にして、ナナカマドやウルシの真紅、大きな葉を持ったトチの真っ黄が浮き出ている。派手な色模様をつけた、渋い好みのジュウタンを見るようである。古原君の手にした八ミリが活動した。

林間酒ヲアタタメテ紅葉ヲタク、[17]という詩にうってつけの、丈の高い広葉樹に包まれた明るい林の中で、私たちは落葉の上に腰をおろした。一休みのつもりが、あまりに風情の美しさに魅されて、つい長い座談会になった。酒は無かったが、採ってきたヤマブドウの実をしゃぶりながら、話は、近づいた冬の山登りやスキーや、ヒマラヤのことに飛んだ。山川画伯はスキーでスネの骨を四つに折った詳細を披露した。この画伯と古原ドクターと一緒に、半年後にヒマラヤへ出かけることになろうとは、その時はまだ夢にも思っていなかった。歓談する私たちの頭に、背に、膝の上に、絶え間なく木の葉が降った。

乙見山峠に着くと、小さな祠があり、その前で四人の女子大学生が弁当を開いていた。彼女等は今朝笹ヶ峰牧場の小屋を発って、反対側からこの峠へ登ってきたのである。私たちも昼食にした。それが終わらぬうちに、やはり反対側からドヤドヤと登山者ならぬ一団が登ってきた。中に一升ビンなど下げたのもいる。彼等はこの地方の何か町村団体の代表者らしく、今夜小谷温泉で会議を開くため、紅葉見物かたがた乙見山峠越えを選んだのだそうだが、すっかりこの峠の悪路にヘキエキしていた。

小谷温泉へ戻る山川君と別れて、私たち二組の四人は笹ヶ峰牧場の方へ下る道についた。さっきの一団が盛んにこぼしていた通り、あまり上等の道ではなかった。坂が急な上に、所どころぬかるんでいる。背丈ほどあるクマザサの中を掻きわけて行く所もある。しかし紅葉は相変わらずみごとだった。真川という谷川を渡ると、そこから笹ヶ峰牧場が始まった。私はかねてからここを、日本で一番美しい高原の一つに数えている。伸び伸びとした大きな地の傾斜で、一面にきれいな芝が敷きつめ、その間に点々と白樺が立っている。芝生に寝ころんで山を眺めていたら、一日でも退屈することはあるまい。見える山々の中では、黒姫山が一番みごとであった。私たちは落陽を浴びながら、夕方の光でいっそう美しさを増した高原の中を歩いて行った。

笹ヶ峰まで夏分は下からバスが通うそうだが今はそれがない。薪木を運び出すためのトラックがその代用をつとめているが、トラックに山のように積まれた薪木の、その上に乗っかるのだと聞かされると、私のフラウは怖気《おぞけ》をふるって、歩行を主張した。

高原の果てまで歩くと、遠く夕闇の中に野尻湖が浮いていた。それがこの行の美しいフィナーレであった。五八木《ごはちぎ》から杉野沢部落までは遠かった。バス道を離れて間道を選びながら、駆けるように下って行った。杉野沢に着いた時はすっかり暗くなっていた。杉野沢発の最終のバスに間にあって、妙高温泉に着き、お馴染《なじ》みの小林旅館へ入った。熱い湯に浸り、心づくしのおそい夕食を食べ終わると、もう動きたくなかった。しかし夜行で帰京せねばならぬ用事があった。一泊する古原夫妻を羨ましがりながら、私たちがあたたかい丹前を汚れた登山服に脱ぎ代えるには、相当の勇気を必要とした。

●雨飾山（あまかざりやま・一九六三メートル）　一九五七年十月の山行。志げ子夫人同行。
深田久弥にとって、雨飾山は特別な思い入れのある山だった。

＊1　可愛らしい……石川欣一『可愛い山』に雨飾山を可愛い山と説明してある。深田久弥にはこの文章の残影があったのかもしれない。

＊2　梶山新湯……現在の雨飾温泉。

＊3　連れ《い》……連れについては二ページ後で明らかになる。

＊4　はしけやし……愛《は》しけやし。いとおしい、愛すべき。

＊5　山川勇一郎……画家（一九〇九～一九六五）。東京美術学校（現在の東京藝術大学）卒。安井曾太郎に師事。山岳画家として知られる。一九五八年、深田久弥たちとネパール、ジュガール・ヒマール踏査。中央アンデスの氷河でクレヴァスに転落死去。深田久弥と同郷（石川県大聖寺）、墓地も同じ寺院内にある。

＊6　フラウ……ドイツ語のFrauで、成人の女性一般だが、ここでは夫人・細君のこと。二ページ前で連れ《い》と書かれている。深田久弥は旧制高校出で、旧制高校生はドイツ語を独自に変型して隠語的に仲間内で使っていた。ゲルとかメッチェンとか。その名残。「後方羊蹄山」の補注＊7参照。

＊7　性急……せいきゅう。あわただしく急ぐ。せっかち。

＊8　徒渉《としょう》……沢を歩いて渡ること。「笊ヶ岳」の補注＊7参照。

＊9　メム・サーブ……サーブはネパールのシェルパ言葉で客、または旦那の意味。登山隊の隊員はシェルパにとってサーブであり、女性であればメム・サーブである。sahib サヒ

ブが正しいとされるが、日本ではサーブが一般的。

＊10 サビを帯びた……寂のことであろう。わび・さび。物静かな。枯淡・閑寂の趣。

＊11 へつったり……へつる。岩場や沢の廊下状の壁を横にはい伝うこと。トラヴァース。

＊12 咽喉《ゴルジュ》……フランス語でのど gorge のこと。峡谷や沢の両岸がせばまっているところ。

＊13 なべての頂に……これはゲーテの詩『旅びとの夜の歌　二』（『漂白者《さすらいびと》の夜の歌』）の変型借用で一種の本歌取り。深田久弥はこの詩が好きであちこちで借用しているが、すでに『わが山山』所収「朝日連峰・大鳥池」（一九二六年七月の山行）でも「Über allen Gipfeln ist Ruh（なべて嶺《いただき》にのみ安息《いこい》あり）――僕はそういうゲーテの言葉を口ずさんでみるのであった」と書いている。茅野蕭々訳では「すべての山巓に／安息あり。／すべての梢に／そよ風も／感ぜられず。／小鳥等は森に黙す。／ただ待て、しばし、／汝もまた休まん」。このゲーテの詩にはシューベルトが曲をつけている。

＊14 銀砂子《ぎんすなご》……銀箔を細かく砂状にしたもの。

＊15 古原《こはら》和美……前記山川勇一郎と同じく、一九五八年、ネパール、ジュガール・ヒマール踏査時の仲間。医師。一九六四年、長野県山岳連盟ギャチュン・カン登山隊隊長。

＊16 二組のアイン・パール……ドイツ語の ein Paar（ひと組、一対）から夫婦のこと。

＊17 林間酒ヲアタタメテ……八世紀、唐の詩人白居易（白楽天）の詩。林間煖酒焼紅葉／石上題詩掃緑苔（林間に酒を煖《あたた》めて紅葉を焼《た》く／石上に詩を題して緑苔《りょくたい》を掃《はら》う）。

火打山

今年（一九六〇年）三月下旬、白馬山麓へスキーに行った。八方尾根の大繁昌ぶりにおどろいた私は、翌日佐野坂へ向きを変えた。近年開かれたばかりのこのスキー場には、リフトもなく、茶店もなく、空は青く日はサンサンと輝いているのに、スキーヤーの影一つ見えなかった。

私は誰にも煩《わずらわ》されず、スキー場を一人占めにして、怪しげなシュプールを引いていたが、スキーがうまくなることより、雪の山を眺めることが目あての私には、まことに幸福な日であった。

スキー場のてっぺんから私は倦《あ》くことなく山を眺めた。普通の人にはただの白い山の連なりに見えようが、私にとっては一つの峰一つの鞍部にも意味がある。かつて登ったことのある山には記憶を呼びおこし、遠くの不確かな山はハッキリしないと気がすまない。だから暇がかかる。

一応山の閲兵[*1]を終わってからも、しばしば私の視線を惹《ひ》く山があった。それが火打《ひうち》山である。北にあたって三つ並んだ山が見える。まん中が火打で、左右は妙高山と焼山である。妙高と焼は丸い富士型であるのに、間の火打は長い稜線を引いた不整三角形である。人々は整ったものにはすぐ注目するが、そうでないものには迂潤である。火打は後者で、その雄大な山容に魅せられた眼を左右に移すと、妙高《みょうこう》や焼《やけ》の纏《まと》まりはかえって見劣りがする。三山の中では火打が最も高い。のみならず、緯度的に言うと、わが国で火打より北に火打より高い山はない。標高二四六二メートル。

三月下旬ではまだすべての山が雪を置いていたが、取り分け火打が白かった。どんなに雪が降り積もっても山のすべてを覆うわけにはいかない。雪を払い落とす崖や岩壁がある。ところが火打だけは完璧に白かった。こんなに一点の汚れもなく真っ白になる山は、私の知る限り加賀の白山と火打以外にはない。

だがそれより何より心憎いのは、火打山が私に向かって昂然と頭をあげていることだった。彼はまだ私にお辞儀をしない。両脇の妙高と焼山の頂上には私の足跡が印せられている。火打だけがまだ不落を私に誇っているのである。山の連なりを眺めて、そこに取り残した山のあることは、山気違いにとっては一種の苦痛である。今年こそ火打に登ろう。私は堅く決心してスキー場を離れた。

文筆業者の冥加《みょうが》*2なことは、たとえ数は少なくても、本当にこちらを信頼してくれる愛読者のあることである。私のような者にもそれがあった。高田市に住む荊木《いばらき》久弥という私と同名の青年で、私たちの間には、顔も知らないのに数年前から手紙の往復があった。私の書くものを集め、読み、そしてよく記憶している荊木君は、彼の地元の山へ行こうとする私を、黙って見逃しはしなかった。それどころか、私の志を知るや、荊木君はわざわざ山の検分に出かけ、同志を糾合し、ただ私がフラリと高田に下車するだけですべての登山態勢が整っているという、結構なお膳立てを作りあげてしまった。私はありがたくその厚意を受けた。

私は近頃の登山者がいきなり麓まで乗物で行き、早足で登り、下りしてくるとすぐまた乗物で退去する、あの駆け足的登山をあまり好まない。登山はスポーツと言われるが、スポーツの枠外に出るものをたくさん持っている。登ればいいというものではない。未登頂で終わったが登頂よりもっと楽しい思い出を待った山行きを、私はいくつも経験している。

そういう私の好みを察して、荊木君はゆっくり山を眺める一日を用意してくれた。六月十九日朝高田に着くと、私はまずわが国スキーの発祥地金谷《かなや》山に連れて行かれた。そこから見た妙高・火打・焼の、いわゆる頸城《くびき》三山[*3]の眺めが一番いいというのである。あいにく曇天でその自慢の景色は得られなかったが、ホトトギスのしきりに啼《な》く丘の

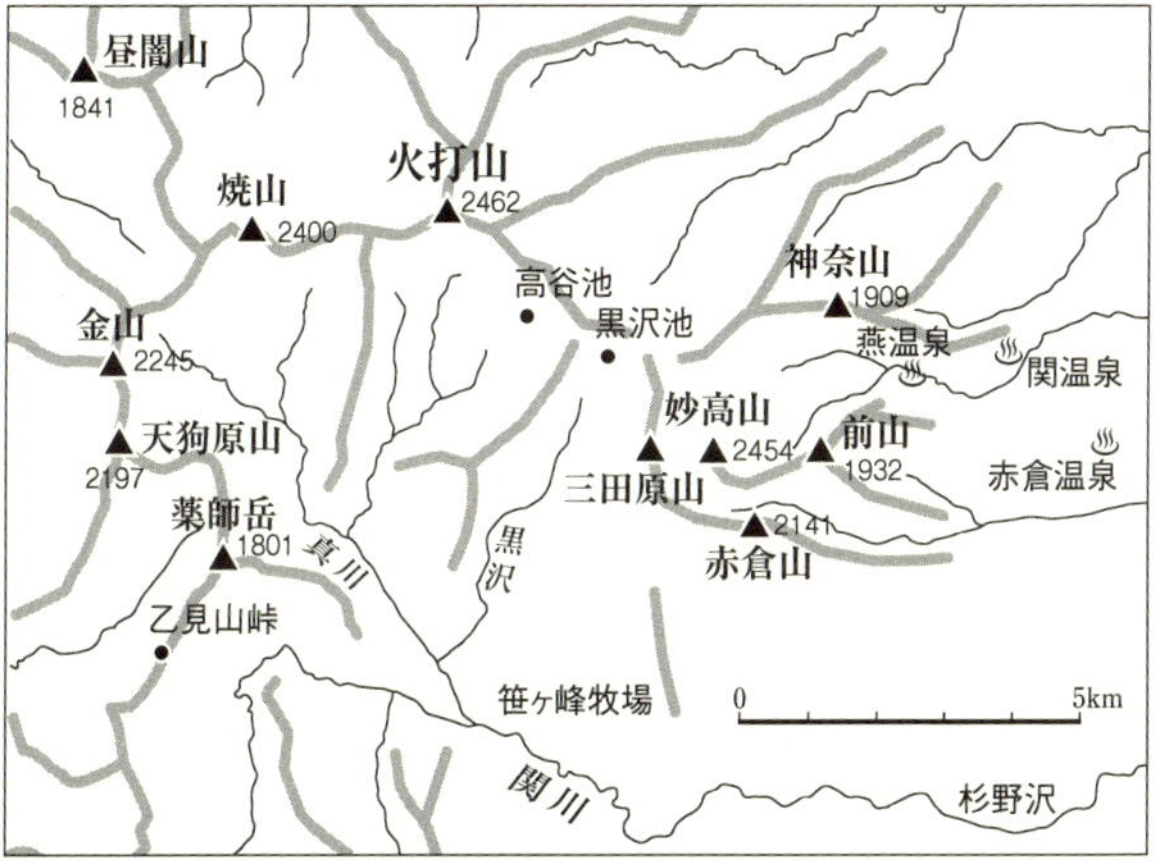

五万分の一地図　高田西部、妙高山

上に立って、緑の豊かな南葉山を眺めただけでも、明日の火打登山の前奏曲として十分であった。

それから上杉謙信の居城であった春日山へ行った。山全体が一つの城郭を形成している、日本で代表的な山城で、謙信全盛の頃は人口六万余、全国屈指の都会であったという。上杉氏滅亡後春日山城は廃され、今の高田市に築城して、松平忠輝七十五万石の城下町となった。

私たちはさらに越後の国分寺址の五智に行き、そこにある荆木君の別荘に入ってビールを飲んだ。日本海まで歩いて五分、広々した林泉[*4]を控えた涼しい家であった。

こういう歓待のお返しとしては、私が

高田市でした山岳講演の下手糞を恥じねばなるまい。上越山岳会[*5]（上越国境の上越ではなく、越後を上越、中越、下越に分かつ、その上越である）の副会長で、頸城山群に委しい饒村義治さん、最近できた高田山の会の会長斎藤三郎さんのお二人に、終始お世話になったことも忘れてはなるまい。

前置きが長くなった。しかし私は思うに、日本は山頂と山麓のつながりが深い。西洋のアルピニズムなどという勇敢な登攀行為だけで済まされないものが、日本の山にはある。その山を明け暮れ仰ぐ麓の住民の歴史や風俗を結びつけて、山の味わいはいっそう深いのである。

高田の静かな宿で一夜をあかして出発の用意をしているところへ、東京から夜行でわが山妻がかけつけてきた。山妻は私の山行きの五度に一度はついてくる。もちろん家庭の経済と二人の子供の留守番を顧慮してからだが、そのほかに「その山、私でも行ける？」という質問に、私が安心を与えた上でのことである。

高田から汽車で田口まで逆戻りして、その駅頭で私たちのパーティが勢揃いした。高田山の会の斎藤三郎さん、荆木君、中山哲夫君のほかに、上越山岳会の永高賢《えいたかまさる》君、山口徳明君、松川太賀雄君、横田利八郎君の猛者《もさ》連が加わる。みんな元気な青年で、でっかいリュックを担いでいる。山妻は少し怖気《おじけ》づいた。気休めになるのは中年の斎藤さんだけである。斎藤さんは高田に風雅な工房を持つ陶芸家で、その飄々《ひょうひょう》とした風格から推して、猛者連のブレーキになるものと期待したのだが、誤算であった。ムッシュウ[*6]は芸術家に似ず山でもなかなか強かった。

九人から成るこの賑やかなパーティは、まだ時期が早くて笹ヶ峰までバスが通わないので、トラックで運ばれた。田口から杉野沢を経て、九十九折《つづら》のバス道路を登って行くと、やがて広々とした笹ヶ峰牧場の一端へ出た。この高原は私には三度目である。二十年前最初に来た時は、まだバス道路もなく、高原を貫く細い道を辿《たど》ったが、ちょうど紅葉の真っ盛りで、私はその美しさに恍惚とした。今日は残念にも雲が多くて、この高原を引き立てる黒姫山も三田原山も見えなかったが、しかし眼のさめるような青々した芝生の拡がり、そこに点々と立っている白樺、遥か下の方に遊んでいる牛や馬の群れなど、やはり美しい牧場風景であった。日本で一番美しい高原の一つに、私はいつもこの笹ヶ峰牧場をあげる。

トラックは高原の中を走って、火打登山口の道標の所で一行をおろした。もうそこはどこへ寝ころんでも構わぬ気持のいい原である。私たちは小さな流れのそばまで行って弁当を開いた。食後に枇杷《びわ》が出る。その種を一人が地面に埋めると、みんなそれに見ならった。数年後このあたりが枇杷の叢林になろうという談議で、まず私たちは歩き始めから賑やかであった。

緩い登り道を辿って馬柵《ませ》*7の門を通過すると、緑の爽かな林の中に入る。途中諸君が脇の藪を掻き分けてタケノコを採りに入ったのは、今夜私たち夫婦に新鮮な山菜料理を供するためであった。黒沢という冷たい水の流れを渡る所で一休み。それから十二曲がりの急坂にさしかかる。道端に続くシラネアオイの薄紫の花が、喘《あえ》ぎながら登る私たちを慰めてくれる。美しい大輪ながら、風にも堪えがたい風情の、たおやかな花である。

ジグザグを登りきって尾根筋へ出ると、眺めが展けた。笹ヶ峰牧場の美しい絨毯《じゆうたん》が眼の下に拡がっている。しかし急坂は大きなブナの林の中にさらに続く。二ッ沢の水場で地面に雪が出てきた。急坂はそこで終わりになって、あとは緩い登りをずっと雪を踏んで行く。

上越山岳会の横田、松川、山口の三君は、今夜の設営のため一足先に行ったので、残りの私たちはゆっくりと休みながら登る。休むたびに何かおやつが出る。広葉樹に針葉樹が混じってきて、そのまばらな林の中を行くのだが、道は雪の下に消えているから、もしこのあたりをわが庭のように心得ている永高君の先達がなかったら、迷ったことだろう。

やがて林を抜けてすばらしい雪の平面へ出た。富士見平と呼ばれて、そこで初めて私は豊かな残雪をおいた火打山と、それに続く焼山を見た。全く息《いき》を呑むようなすばらしい景色だった。少し前から空はすっかり晴れて、その澄んだ水色をバックに、火打は実に潔い姿で立っていた。何と懐《ふところ》の広い山だろう。その手前には、高谷《こうや》池の高地がゆったり拡がっている。これは起伏のあるプラトーで、森林と雪のモザイクがまことに鮮やかで美しい。ちょっと類のない山上景観であった。私たちの来た季節もよかったのだろう。振り返ると妙高外輪山の三田原山が大きく、その広大な斜面を一気に笹ヶ峰牧場まで下ろしている。三田原山の左肩に、妙高山が岩の頭を覗かせていた。私はしばらくそのみごとな眺めの虜《とりこ》になっていた。これだから山登りはやめられない。

富士見平から黒沢岳の腹を捲いて、高谷池へ着いたのは五時二十分であった。池はまだ雪に覆われていたが、岸辺の雪解けのあとには、もうコバイケイソウが簇々《そうそう》[*8]と芽をもたげていた。池のふちに立っている二階建てのヒュッテが、今夜の私たちの宿である。

小屋番の原田さんはシベリア出兵[*9]の勇士だというから、もう六十をとっくに越えているはずだが、そんな年にはみえぬ元気のいい若さで、何か答える時には直立不動の姿勢をとる謙遜で実直な人柄であった。前日小屋へ上ってきたばかりだそうだが、ひどい奴もいるもので、まん中の柱が切り取られていたという。冬のスキーヤーの仕業である。

一行の若い諸君の大きなリュックの内容は、大部分が今夜の宴にそなえた材料であった。各自手分けして料理に従事している間、私は付近を散歩した。一年中で一番日の長い頃である。真っ赤な夕映えの中に陽が沈んでからもまだ明るかった。

ヒュッテは私たちの独占である。二階へ御馳走が運ばれて、みんなでそれを囲んだ。ドライアイスを詰めて下げてきた新しい日本海の甘海老《あまえび》、種々の材料の入った野菜サラダ、大鍋いっぱいの牛鍋、それから謹直な登山家には眼をつぶっていただきたいが、ビール十本とトリス大瓶二本。こういう豪勢な献立で、ただで済むわけはない。愉快に騒ぐのは私の大好きなところで、たちまち座は独唱・合唱、歌のルツボとなった。一行のほとんどが、この地方の名門、昔の高田中学、今の高田高校の出身であったから、相馬御風[*10]作詞の校歌も披露された。

妙高山は峨々として　千古の白雪天をつき
日本海は旺々と[*11]　万里の波濤空をうつ

山水霊なる越の国　学びの友垣一千余

私が立って踊りだす頃は、宴いよいよ酣《たけなわ》で、興尽きる果ても見えなかった。モウロウとして、たしか十二時まではおぼえていたが、あとは何にも知らなかった。

翌朝五時に起こされると、私はゆうべ飲んでいた場所に布団をかぶって寝ていた。演芸はあれからなお一時間も続いたそうである。にもかかわらず皆早起きして、朝食前に火打の頂上を極めてこようというのである。

軽装で全員ヒュッテを後ろにして火打山へ向かった。高谷池を渡って爪先上がりに進むと、上にもう一つ雪の原があった。それを越えて斜面を登って行く。酔後の登りの辛さを補うものに山の眺めがあった。何という天恵であろう。高くなるにつれ続々と旧知の山々がせり上がってきたのだ。遠くにズラリと北アルプスが出てきた。非常な高曇りで、そのため光線の反射がなく、いっそうよく山が見える。私は立ち留まって息を入れる毎に、それらの山々を数えた。

やがて稜線に取りつく。頂上までの尾根伝いは、ハイマツの太い根の入り組んだ道で、私たちは幾度も花盛りのチシマザクラの脇を過ぎた。道を辿りながら、携えてきた一升ビンの水がしきりに甲から乙へと渡る。口づけにゴクリゴクリとうまそうに飲む。さすが高田健児も酔いざめの水は必要とみえる。

ハイマツ帯を出て、雷鳥の遊んでいる岩のゴロゴロした最後の坂を登ると、そこが頂上だった。ミヤマタンポポが咲き、隅に石の不動さんがおいてあった。私はあらためて周囲の山々に挨拶を送った。すぐ前に焼山のドームが立っている。それに続いて金山・天狗原山の平たい尾根。焼と金山の間には、わが愛する雨飾《あまかざり》山がつつましく姿を現していた。そしてそれらの上に遥か北アルプス。その北アルプスから幾度私はこの火打を眺めたことだろう。今こそそのお返しができた。

南に移ると、眼に立つのは高妻《たかづま》に乙妻《おとづま》、私の久恋の山だからである。東の方は、これはもう数えだせばきりがないが、中で苗場山と岩菅《いわすげ》山が顕著であった。そして眼近の妙高山、外輪山の上に王冠のような頂をもたげていた。

往復二時間あまり、ヒュッテへ戻ってくると、もうあつい味噌汁が煮えていた。朝食をたべ、荷をととのえて、私たちは今日の行程についた。朝の運動と新鮮な空気で、もう私のからだから酔いが消えていた。

少しの登りで、小屋の背後の稜線に出る。崖っぷちの上につけられた尾根道を、妙高山の方へ向かって歩いて行く。火打の北側の谷の様子がよく見え、容雅山とか不動山とか、千五百メートル級の山が立っている。私には初めて聞く名前の山だが、上越山岳会の連中にはホーム・グラウンドらしい。

やがて下りになって黒沢池に出た。ここも気持のいい原で、池のへりの雪の消えた所には、可憐な白色の水芭蕉が咲いていた。私たちは草地に尻をおろして長い一休みをした。九人もいるから絶えず誰かがしゃべっていて、談笑の切れることがない。斎藤旦那と私たち夫婦をのければ、あとは全部二十代であるから、話はしぜんお嫁さんへ行く。いつも集中攻撃を受けるのは、新婚の中山君である。弁明すればするほどやりこめられる。訓示、新婚後決して悪童どもと山行きを共にしないこと。

黒沢池から、妙高外輪山の三田原山と大倉山の鞍部までの登りは、急な雪の斜面だった。アイゼンをつけない靴では、一歩一歩靴底で雪を踏み叩いて登らないと、滑り落ちそうな気のする個所もあった。

ようやく鞍部に着くと、すぐ眼の前に、岩でゴツゴツした妙高山が厖大なマッスで突っ立っていた。鞍部からその頂上まで橋でも架けられそうな近さである。が登るには、いったん狭い火口原まで下らねばならない。私たちの最初の計画は、妙高にも登ることになっていた。しかしここから見ただけで、計画を断念することに誰も異存はなかった。登山家の自尊心を傷つけないよい口実に、空模様も怪しくなってくれた。

鞍部で弁当を食べ、火打山の見納めをして、火口原（というより火口溝とでも呼ぶべきか）への下りにつく。これがまた、先の登りに倍した雪の急傾斜であった。猛者連にはグリセードという離れ技があるが、哀れなのは、わが山妻である。今朝火打からの下りで、彼女は永高君からグリセードのやり方を教わっていたが、この登山技術はそんな即席で間にあうものではない。気の毒だったのは、彼女に命の綱とつかまえられた永高君で、仲間がグリセードですっ飛ばして行くのを見送りながら、山妻の手を引いたりステップを切ったり、のろのろと一歩一歩導いて行かねばならなかった。私はグリセード組に加わった。山妻がよく友達に向かって「山へ行くと、とても不親切なのよ」と私のことを言うのは、たぶんこういう場合を指すのだろう。

深い廊下の底のような火口原へ下り着いた。そこから燕温泉まで昨年新しい道が開かれた。みんな初めての道である。雪解けのジメジメした湿地を踏んで、長助池の近くまで来て休憩をした。ミルクが沸かされ、バナナが配給される。

燕までの下り道は、絶えず妙高山を仰ぎながら、その土台を捲くように通じていた。ところどころ雪を踏みながら下って行くうち、すばらしい水芭蕉の大群落に出あった。純白な花（本当は苞《ほう》だそうだが）は道端の雪解けの湿地に溢れ、橋代わりに並べた板の間からも首を出し、道のまん中まで進出して、それを踏まずに歩くことは困難なくらいであった。

道はやがて谷川を右手に見おろしながら、外輪の山腹を辿るようになる。ツバメオモトの星形の花が道端を綴《つづ》る。花は小さいが輝くような白さだ。若い諸君は私たちの土産に、藪へ分け入ってたくさんのタケノコを採ってくれた。山ウドを見つけるとそれも逃さなかった。

温泉まであと半道[*12]というところで、とうとう小雨が降りだした。まるで天が私たちの山旅の終わるまで待ちこらえていてくれたような雨だった。グングン下って燕温泉に着く。楽しい登山は終わった。あとは赤倉まで行って温泉に浸るだけである。

燕から関見峠のトンネルまで二十分ほど歩くと、そこに赤倉ホテルの御主人村越厚文さんが、自らジープを運転して迎えに出ていて下さった。トンネルから赤倉まで立派な道路が通じていた。

赤倉ホテルで、私たちは別れの晩餐を共にし、ビールの祝盃をあげた。上越山岳会は尖鋭分子だが、高田山の会は、高田市では生花の会や謡曲の会と並んで文化団体に取り扱われているという話で大笑いになった。それも会長斎藤三郎さんの会らしくておもしろい。どんな山の登りかたがあったっていい。

私たちのための贅沢な兵站部《へいたんぶ》[*13]はそこで解散して、ムッシュウ斎藤と荊木君と私たち夫婦はその晩そこで泊まった。赤倉ホテルの御主人は荊木君と縁続きだそうで、その恩恵が私たちに及び、大へん手厚いもてなしを受けた。

翌日も小雨模様で妙高山は隠れていたが、ヴェランダから見渡せる広々とした高原の鮮やかな緑一色の中に、赤い屋根の点在が美しかった。私たちは晴れ間を見て、岡倉天心*14の記念堂を訪れた。平櫛田中*15作の天心像が安置されている堂の前には、「亜細亜は一なり」と刻まれた石が据《す》えてあった。

亜細亜は一なり、か。この天才の予言をつぶやきながら、私は大きく傾いた裾野に眼を楽しませていた。

●火打山（ひうちやま・二四六二メートル）　一九六〇年六月の山行。志げ子夫人同行。

＊1　閲兵《えっぺい》……整列した将兵を上級将官が検閲すること。並び立つ山々を仔細に眺めやることをそうたとえた。
＊2　文筆業者の冥加《みょうが》……冥加は、神仏の加護、また、とてもありがたいこと、幸運なこと。
＊3　頸城《くびき》三山……頸城は、妙高市、上越市など新潟県南西部地方（西頸城）。
＊4　林泉……「安達太良山」の補注＊5参照。
＊5　上越……新潟県南西部。上州・越後の上越とは違う。越後国は京都に近いほうから上越・中越・下越とする。
＊6　ムッシュウ……フランス語のMonsieurで、英語のMr.に同じ。斎藤さんが陶芸家（芸

術家）なので、敬意を表したのであろう。
＊7　馬柵《ませ》……牧場の柵。馬塞。
＊8　簇々《そうそう》と……むらがっていること。
＊9　シベリア出兵……一九一八〜一九二二。第一次世界大戦の後、ロシア革命に対して米英仏など諸国とともに日本もシベリアに軍隊を出した事件。
＊10　相馬御風《そうまぎょふう》……詩人、評論家（一八八三〜一九五〇）。新潟県糸魚川出身。早大卒。早稲田大学校歌も作詞。
＊11　日本海は旺々と……汪汪と書く。水面の広く深いこと。
＊12　あと半道……一里の半分、約二キロ。また全行程の半分。しかし正確な距離表現ではなく、もうすぐ、というような気分的な意味合いもある。
＊13　兵站部《へいたんぶ》……戦場の後方で、装備・弾薬・食糧などの補給に当たる基地。深田久弥は陸軍少尉で中国戦線にいたので、軍隊用語が出てくる。
＊14　岡倉天心……美術家、思想家（一八六二〜一九一三）。横浜出身。明治期、日本美術界をリード。日本美術院を創設。ボストン美術館東洋部長など。著作『茶の本』ほか。赤倉温泉で亡くなった。
＊15　平櫛田中《ひらくしでんちゅう》……彫刻家（一八七二〜一九七九）。岡山県出身。一九三七年文化勲章受章。

武尊山

武尊をホタカと読める人は、山の好きな人以外にはあまりないだろう。山の会話では、穂高と混同されないように、上州ホタカなどと呼んでいる。山名は日本武尊《やまとたけるのみこと》から来たと言われている。果たして然りや。信用すべき文献はない。何かの当て字ではないだろうか。

日本武尊の東征と山とは縁が深い。大和の大台ヶ原山、恵那山の神坂峠、秩父の武《ぶ》甲《こう》山、両神《りようがみ》山、信州の四阿《あずまや》山など、みなこの古《いにしえ》の武将の言い伝えが残っている。そして武尊《ほたか》山に至っては、名前まで同じである。

武尊山が古くから信仰の山であったことは、山中のあちこちにあるモニュメントによっても察しられる。大たいわが国で行者の宗教的登山で栄えた山は、共通の性格を持っている。それはたいてい厳《いか》つい岩山で、その難所を通過することが修行になっている。関東の両神山や庚申《こうしん》山、信州の戸隠山、関西の大峰山、四国の石鎚《いしづち》山など、みなそうである。そしてその岩場には物々しい鎖や鉄梯子《てつばしご》が取りつけられている。それらは登攀を容易ならしめるためより、むしろ参拝者に畏怖の念を起こさせるための道具立てのような印象さえ受ける。信仰の山は嶮しくなければ有難味がない。わざと道筋に危険な場所が残してあったりする。

武尊山の信仰登山の表道は花咲口《はなさき》からである。村の端れの小祠には、以前は武尊講の札がたくさんかけてあったそうである。祠の傍の花咲石は「花咲ける如き紋様あり、故に花咲石」とあるが、この石も日本武尊に因《ちな》んだ伝説に残っているという。登山道の途中には、大正初年まで籠堂《こもり》があって、石仏が二基あり、その一つの背に、御山開《かい》闢　木食上人普寛行者《びゃくもくじきしょうにん》の文字が認められたというから、武尊山は普寛行者が開いたと見なしていいかもしれぬ。きれいな清水の流れている御沢《みさわ》は、登拝の白衣の信者が斎戒沐浴した所だと伝えられる。

しかしそれらのことを知ったのは後のことで、私がまず武尊山に強く惹《ひ》かれたのは、そんな人間臭い場としてではなく、すばらしく立派な自然としてであった。上州の山から東の方を望むと、長大な障壁のような山が見える。それは一つの独立したピラミッドとして注目されるのではなく、その大きな壁全体として私の眼をおどろかすのであった。

その壁は、沖《おき》武尊、川籠《かわご》岳、家《いえ》ノ串《くし》、剣ヶ峰、前武尊などの連なりから成っている。

そしてそれらの峰頭がすべて二千メートルを下らない高さで並んでいる。その大きく立ちはだかった障壁を眺めながら、いつかそこへ登ろうと志すこと年久しい。しかしあの長い尾根を歩くには相当のアルバイトを要する気がして、何ごとでも取りつきにくい問題は後廻しにするように、今日まで延ばしていた。

その宿願をとうとう果たしたのは、昨年（一九五九年）の六月であった。六月という月は、日が長く、山上の寒気もゆるんで、登山にはもって来いの時節だが、ただ一つの難点は、梅雨という厄介物に付きまとわれていることである。しかしこの梅雨も降りずくめというわけではない。時たま晴れがつづく。その時たまをねらって、私は家内を伴って出かけた。

武尊の登山口を、歴史的な表口の花咲ではなく、裏口とでも言うべき上《うえ》ノ原《はら》に選んだのは、私たちの体力を顧慮してのことであった。出発点の標高が高ければ、それだけ助かる。道のりは長いのだから、少しでも登りに得をしておかねばならぬ。それには上ノ原の国鉄「山の家」[*2]に泊まって、そこから踏みだすのが得策である。

私たち二人が朝の汽車で上野を発ったのは、降りつづいた雨があがって、ここ二、三日、天も一息つきそうな気配を見せた、六月下旬のある日だった。上越線の水上《みなかみ》駅で降りたのは昼すぎ、駅前に待っていた宝川温泉行のバスに乗って、上ノ原へ向かっ

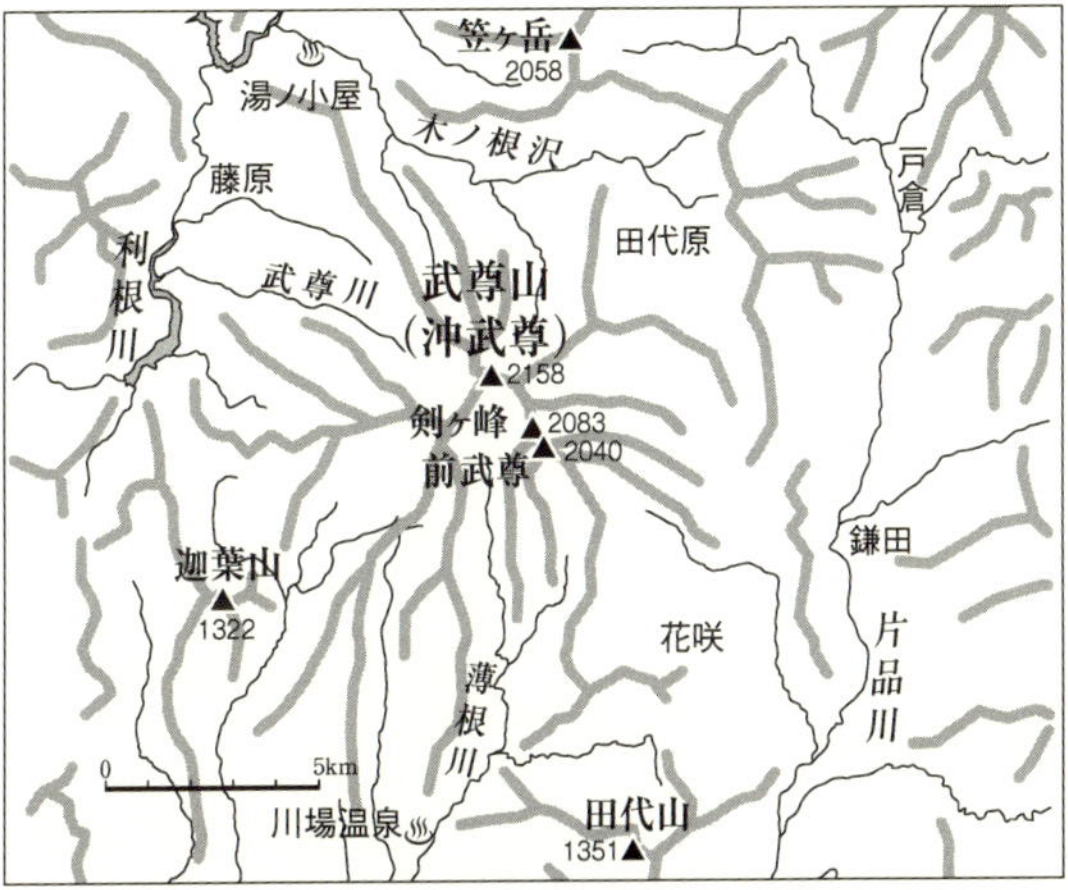

五万分の一地図　藤原、追貝

た。

利根川の谷へ入るのは三十数年ぶり[*3]であった。学生時代以来である。その頃は上越線もまだ沼田までしか通じていず、私たちはそこから鉄道の建設列車に乗せて貰って大穴まで進み、それから利根川に沿って歩きだしたものである。それがどうだろう、全く昔の面影がない。バスが利根川のへりを上って行くにつれ、私は窓外の景色に眼をやって懐旧の情に浸ろうとするのだが、おどろいたことには、川を堰《せ》きとめた大きなダムが現れ、その上は満々たる水を湛《たた》えた湖になっている。岸辺にボートなどつながれ、すっかり観光地風景である。このあたり一帯、藤原と呼ばれている土地は、平家の残党が隠れ住んだと伝えられたほどの、以前は山間の静寂な部落であった。桑田変じて碧海となる。*4 まさしくその言葉通り、私が昔辿《たど》った道などは、とっくに水面下に没してしまっていた。懐旧の情どころではない。

藤原の郵便局の前でバスを下りた私たちは、そこに新しく出来た雑貨店で菅笠《すげがさ》を二つ買った。田植笠のような形のいい笠で、それからあとはずっとそれを被《かぶ》り通した。軽く、風通しがよく、日除けにも絶好であった。

菅笠を被ったわれら夫妻は、そこから上ノ原に向かって上って行った。最後の人家を出はずれて、高原状の土地に踏み入った。ウグイスとホトトギスがしきりに鳴く。学生時代に私がこの高原を通過して湯ノ小屋へ行ったのは、秋のさ中で、小雨の降る日、栗を拾いながら細々した道を辿って行った思い出があるが、今は材木搬出のためのトラック道路が通じている。今にも降り出しそうな曇天で、遠くの山の景色は何にも見えない。とうとうパラパラ落ちてきた時、よい都合に国鉄「山の家」に着いた。

山の家は、冬はスキーで、夏は林間学校の合宿で、混むそうであるが、季節はずれの今は森閑として、私たちに顔を見せたのは留守番のオネエチャンだけだった。ガッシリした、掃除の行き届いた建物で、私たちは見晴らしのいい二階の一室に通された。風呂に入り、夕食にビールを一本飲んで、その夜は早く寝た。

夜中にはげしい雨の音を聞いて案じたが、翌朝は曇天ながら時々青空も見えそうな気配だった。食堂で二人きりの朝飯をすまして、六時半、出発の靴を穿《は》いていると、オネェチャンは心配そうな顔である。武尊を縦走なさるかたは、たいてい朝三時か四時にここを出発なさいます、とゆうべ私たちに教えていてくれたのである。武尊などよして、湯ノ小屋へでも行ってお帰りなさい、と言いたげである。私たち二人とも五十を過ぎている。私はどんな意味においても「老」という形容が私の上に付くのを嫌がっているが、客観的には、オネェチャンの眼には、心細そうな老夫婦に写ったのかもしれない。案内書によれば、今日の歩程は十三時間三十分（三十三キロ）、健脚向、と書いてある。

私はオネェチャンの不安を取り除くため、ちょうど玄関に下げてあったカレンダーを示した。それは風見武秀君[*5]撮影のヒマラヤの写真のついたカレンダーで、氷河の上のテントの横に立っている点景人物は私であった。オネェチャンは安心した。

私は山を飛脚[*6]的に登り降りするのを好まない。そんな強行の体力にも欠けている。長い行程を今日一日で歩けるとは初めから思っていなかった。どうせ途中で日が暮れるにきまっている。一晩野宿のつもりの簡単な用意もしていたので、リュックはお年の割には重かった。

材木トラックの通う緩い坂を上って行く。やがてそれを離れて沢に入りこむ。沢についてかなり上流まで行ってから、右手の尾根に向かって三十分ほど急傾斜を登り、名倉三角点と書いた標木の立っている所へ出た時は、九時十五分過ぎだった。そこからずっと尾根伝いの道になった。小さな上り下りを繰り返す。ゴゼンタチバナの可憐な純白な花が道ばたに咲き敷いている。迂《う》ノ首という標識のある鞍部へ出る。長い尾根のこの部分が鵜《う》の首のように細くくびれている意であろうか。

そこから樹林帯の中を登って行く間、実によくホトトギスが啼いた。すぐ私たちの頭の上へ来て、テッペンカケタカ！　と鋭い声を出す。マダカケナイヨ、と答えたくなるくらい、同じ啼声を繰り返した。その樹林帯を抜け出ると、シャクナゲの花盛りにめぐりあった。やがてハイマツが現れ、シャクナゲとハイマツのコンビネーションがまことに美しい。視界が開けてきたので、立ち留まる毎に私は地図を拡げる。すぐ眼の前に鋭い形で立っているのが剣ヶ峰山（西武尊）、その右に獅子ヶ鼻山が、名の通り長い鼻を伸ばしている。

北方を望むと、至仏山がおだやかな山相を見せ、燧《ひうち》岳が整然としたピラミッドで立っていた。さすが立派な山である。が、その二つに分かれた頂をハッキリ現したのは寸時で、それからあとずっと雲をかぶってしまった。

指すうちに夏雲隠す燧岳

これは近年俳句の手習いをしている愚妻の作である。彼女はこの山行中手帖に幾つも句を書き並べていたが、私の採点に辛うじて合格したのはこの一句だけであった。

ようやく武尊連峰の最高峰沖武尊の頂上に達したのは十二時二十分。普通山の家から四時間というところを、われわれノソノソ組は六時間近くもかかった。高度二一五八メートル、一等三角点があり、御嶽山大神と刻んだ石が立っていた。沖武尊[*7]はおそらく奥武尊の転じたものであって、表口から登ると、ここが一番奥の峰になる。もし快晴であったら、この頂上からの広闊な山岳展望は、どんなに私を狂喜させたことだろう。残念ながら東方の日光連山、南方の赤城山は雲に閉ざされていたが、西方の谷川岳連峰、北方の利根水源の山々が、雲の動きに見え隠れしながらも、まだかなりの雪をおいて、私の眼を楽しませてくれた。

すぐ前には、これから辿ろうとする武尊連峰が伸びている。中でガッシリした屋根形の剣ヶ峰が立派であった。午後一時、私たちはその方へ踏みだした。足に任せて下り、窪地のような地形に残っていた雪を二、三ヵ所渡って、川籠岳の中腹の熊笹の中を南に捲いて行くと、やがて稜線の上に出た。そこから尾根伝いに家ノ串まではわずかだった。家ノ串のクシは棟の意味で、山の形から名づけられたものだろう。東を望むと、広々とした豊かな緑の原が拡がっている。地図を見ると牧場原と記入してある。

家ノ串から剣ヶ峰にかかると、痩せた岩稜になって、所どころに鉄の鎖がついている。大して難場というわけではないが、素人登山家の家内の心胆を寒からしめるのに十分であった。

剣ヶ峰の岩の頂上には普寛霊神が祀ってあった。一休みしてから、また鎖のある急坂を下って、前武尊山に向かう。その頂上へ着いた時はもう四時になっていた。そこには高さ四尺くらいの、あまり芸術的とは言えない銅像が立っていた。日本武尊の像らしい。花咲の表口から登ってくると、ここが最初の頂であるから、こういう記念物がおかれているのであろうが、逆に奥の方から辿って来た私たちには、前武尊はあまり見栄えのしない頂上であった。

さてここから下山道は二つある。花咲道と川場道。どちらを採ろうか迷った。どちらにしても今夜中にバスのある所まで出れそうもない。結局後者を選んだのは、川場の温泉に惹かれたのだが、しかしこれは賢明な選択とは言えなかった。予期以上の悪路だったからである。初め林の中をグングン下る坂道もあまりよくなかったが、その上に思わぬ伏兵が現れた。私たちは厄介な岩場は剣ヶ峰で済んだものと思っていた。

ところがそれよりもっと手強い奴が連続していた。一つの岩を乗り越えて、次にかかろうとしている私のところへ、家内が追いついてきて、

「また、岩?」

と後から心細そうに訊《き》く。

「大したことはないさ」

「また、クサリね」

彼女はガッカリした声である。初心者を恐怖させるような鎖や鉄梯子がいくつもあった。蟹の横匍《ば》いと称する、崖っぷちを鎖を頼りに渡る個所もあった。

ようやくその難所を通過して、広い尾根の歩きいい道になった。夕闇が迫ってきた。家内は追われるように先に立ってトントン足早に急ぐ。西《さい》ノ河原という掲示の立っている、気持のよさそうな草地を過ぎ、深いクマザサの中を分けながら進んで行くと、やがて森林帯に入り、急な下り道になった。谷川の近くまで下ると、もうすっかり暗くなった眼の前に、ひょっこり薄白く小屋が現れた。

私たちはその無人小屋に泊まることにした。汗になった下着を着換えて、取っておきの罐詰のビールを飲んだ時のうまかったこと。焚火をしようとしたが、しめった薪はどうしてもうまく燃えつかない。あきらめて、食事を終えると、ありったけの防寒

具を着こみ、グラウンド・シートをかぶって横になった。小さなネズミが枕元に寄ってくる。枕にした食糧をねらってくるらしい。懐中電灯で追い払ってもまたやってくる。疲れているので間もなく眠った。夜中にフト眼がさめたのは、私たちの足元にネズミが跳梁《ちょうりょう》しているからであった。その次に眼がさめたのは寒さからであった。ガタガタ震えるほど寒く、もう眠っておられないので、起きあがって、今度はメタに火をつけて慎重に焚火を育てた。そのうち次第に夜が白んできた。私たちは熱い湯に蜂蜜を溶かして飲みながら、明るくなるのを待った。

夜明けとともに私たちは小屋を出発した。すがすがしい空気の中を、清冽な谷川に沿って下って行くと、やがて川場谷との合流点へ出た。数棟のバラックの飯場小屋が立っていた。そこから川の右岸沿いに、まだ土色の新しい、トラックの通う道が開かれていた。山村木賊《とくさ》を対岸に見ながら下って行くその道は、すでに初夏の太陽で暑かったが、正面に大きく横たわっている赤城山が私たちの眼を慰めてくれた。ほどなくバス道路に合する。その分岐点に「武尊山登山口」と書いてあった。

宿屋が一、二軒あるだけの小住温泉[*8]を川を距《へだ》てて眺めた時、よほどそこで休もうかと思ったが、頑張って川場温泉まで歩いた。川場は温泉場というよりも養蚕の山村といった風景だった。バスの時間までに三十分ほどあったので、私たちは教えられて無料の村営浴場へ浸りに入った。男女二つの湯の一つには、村の女たち数人が大きな声で話しながら洗濯をしていた。

川場からバスで沼田へ着いたのは正午すぎ。そこから汽車で帰京した。登山ブームというが、私たちは上りの登山口から下りの登山口まで、一人の登山者にも出会わなかった。家内の勘定によると二人の総費用三千円[*9]ちょっと。私たち夫婦の年齢としては、まず質実剛健な旅行と称していいだろう。

●武尊山（ほたかやま・二一五八メートル）　一九五九年六月の山行。志げ子夫人同行。

＊1　普寛行者……普寛《ふかん》（一七三一～一八〇一）。御嶽《おんたけ》講の祖。武蔵秩父出身。木食《もくじき》行者（米穀を断ち木の実などを食して修行する行者）となり諸国をめぐる。寛政四年（一七九二）、木曾御嶽に登拝、御嶽講を開く。

＊2　国鉄「山の家」……国鉄（日本国有鉄道・現在のJR）の前身組織が登山者誘致のために山岳地の山麓や高原につくった宿泊施設。谷川岳北麓の土樽山の家（現在の高波ヒュッテ）、吾妻山の吾妻小舎など各地にあった。上ノ原の施設もそのひとつ。

＊3　三十数年ぶり……深田久弥は一九二六年、東京帝大に入った二十三歳の秋、上ノ原から湯ノ小屋・狩小屋沢をへて至仏山に登り尾瀬に入った。それは『わが山山』の「至仏山を越えて尾瀬へ」に説明されている。この時以来、の意味であろう。

＊4　桑田変じて碧海となる……桑田《そうでん》変じて滄海《そうかい》となる、または、滄海変じて桑田となる。桑

畑が青い海に変わってしまう、世の中の移り変わりのはげしいことをいう。唐初期の詩人・劉希夷の言から。

＊5　風見武秀……山岳写真家（一九一四〜二〇〇三）。深田久弥がこの前年、一九五八年にネパール・ヒマラヤ踏査に行ったときの仲間。写真集『山を行く』『ジュガール・ヒマラヤ』『世界の優峰』など。

＊6　飛脚……江戸時代に発達した、手紙や小荷物を早駆けで運ぶ職業の人。

＊7　沖武尊……谷川岳の耳二つの山頂も、オキの耳、トマの耳と呼ばれる。オキは奥、トマはとば口、つまり手前のこととされる。

＊8　小住《こじゅう》温泉……川場温泉の上流。当時は宿泊できたが、現在は日帰り入浴のみ。

＊9　総費用三千円……一九六〇年頃の民宿料金は一泊二食で千二百円、早稲田大学の入学受験料が三千円だった。交通費などを含めればずいぶん安い費用。

皇海山

高等学校の生徒の頃、私は本郷通りの古本屋の店先に、『太陽』[*1]という雑誌の臨時増刊号を見つけて買った。その古雑誌が私にこの上なく貴重であったのは、その中に木暮理太郎氏[*2]の「東京から見える山」という記事が載っていたからである。記事の上段には、数ページに亙《わた》って、東京から見える山々の見取図が出ていた。それによると、山に縁遠いように思われているこの首都から、実は、二千メートル以上の山が六十座以上も見えることになっていた。

この見取図と地図と磁石とを持って、私は幾度都内の高い建造物や見晴らしの利く台地へ上って行ったことだろう。そこから望む遠くの山々の連なりは私を狂喜させた。この奇妙な道楽は今でも続いている。雨上がりの風の強い朝、私は近所の明治大学和泉《いずみ》校舎の四階建ての体育館屋上へ足を運ぶ。いつかそこで山を眺めていると、後からこっそり守衛に蹤《つ》けられたことがあった。誰もいない朝のコンクリートの屋上へ上って行く私を、怪しい人物と見たのであろう。

皇海山《すかい》という山を初めておぼえたのは、その木暮さんの見取図からであった。それは赤城山と男体山の中間に、錯綜した前山の奥に、ドッシリした山容を覗《のぞ》かせていた。しかし私は実際に東京からこの山を眺めたことはない。どんな快晴の日を選んでも、煤煙《ばいえん》とスモッグはこの遠い山を私の眼から遮っていた。

その後、古い『山岳』誌上で、[3]皇海登山記を読んだ。筆者はやはり木暮理太郎氏で、藤島敏男さんと二人、登山路を探し求めながら頂上に達した紀行である。それは大正八年（一九一九年）十一月のことで、その頃はまだ日本にも、どこから登っていいか分からない山があったのである。今ではもうそんな山はなくなった。指導標がたち、山小屋ができ、ガイド・ブックが氾濫している。自分で道を見つけ、迷い、野しゃがみ[4]をし、そしてようよう頂上に立つ、という楽しさはなくなってしまった。

そんなに開けてしまった山々の中で、皇海山などはまだ見落とされている山だろう。木暮さんはその紀行の最初に書いておられる。「皇海山とは一体何処にある山か、名を聞くのも初めてゞあると云ふ人が恐らく多いであらう、それも其筈である。此山などは今更日本アルプスでもあるまいといふ旋毛《つむじ》まがりの連中が、二千米を越えた面白さうな山はないかと、蚤取眼[5]で地図の上を物色して、此処にも一つあつたと漸く探し出される程顕著でない山なのである。」

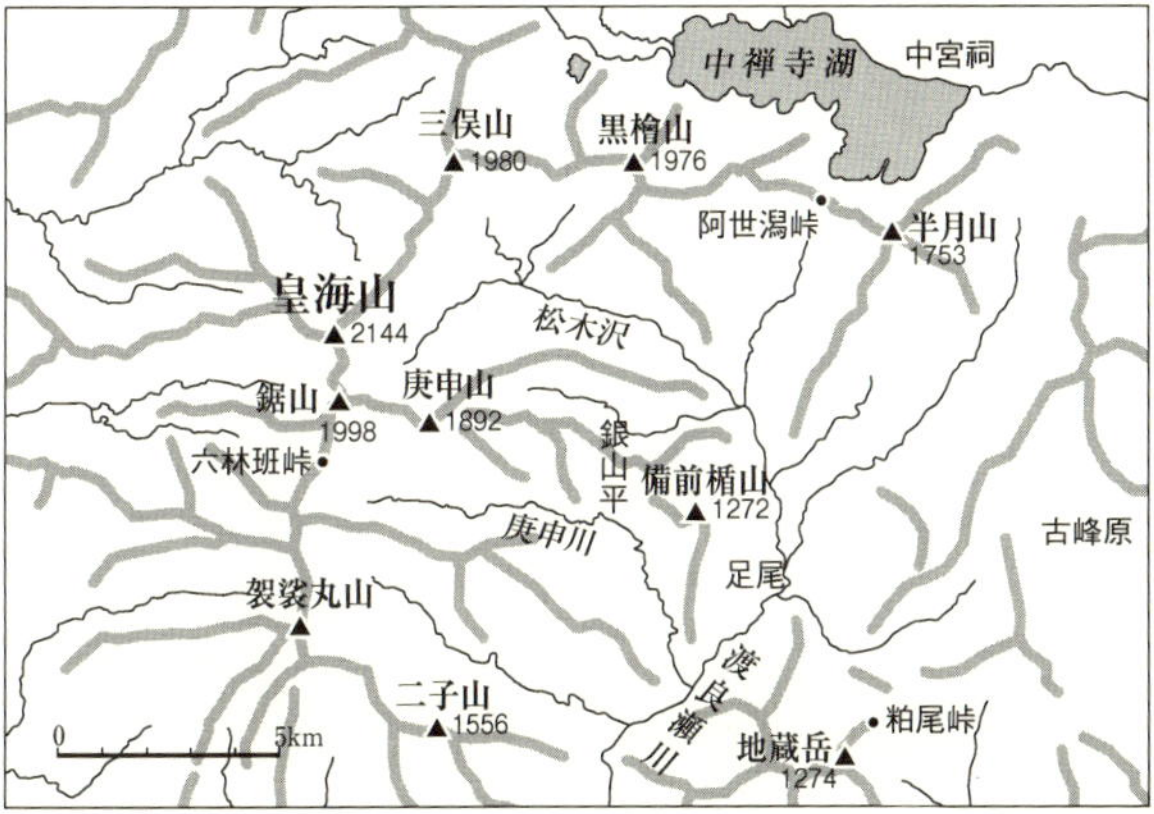

五万分の一地図　男体山、足尾

この言葉は、四十年後の今日でも、まだ幾らか通用する。皇海山は今なお静寂の中にある。私は旋毛《つむじ》まがりではないが、流行の山は嫌いである。雑踏の都会を逃れて雑踏の山へ。そんな趣味があるかもしれないが、私は御免である。混みそうな山へは、季節をかえて空いた時に出かける。皇海山も図に当たった。五月初めの飛石連休だというのに、この山は完全に私たちだけのものであった。

それほど以前から皇海山を知っていながら、訪れる機会がなかった。それを与えてくれたのは、私の近所に住む年少の友人小野尚俊君[*6]である。小野君は足尾銅山の近くに親類を持ち、その便宜もあって、渡良瀬《わたらせ》川上流の山々には大へん明るい。彼は私を訪ねて来る毎に、皇海山や袈裟丸山《けさまる》などの写真を見せ、それら隠れた山々の良さを口を極めて推賞して、そして付け加えるのだった。

「早く行かないと、開けてしまいますよ」

出発は五月二日（一九六〇年）にきまった。同行は小野君を先導に、日本山岳会長日高信六郎[*7]さん、同じく会員の古沢肇君、それに私を加えての四人であった。

早朝五時半の電車に乗るのは、私の日常では山行以外にない。東武電車の浅草駅では、幸運にも日光行特急に四人揃った席を取ることができた。濃い靄《もや》のかかった関東平野を貫いて、二時間で終点へ着いた。駅頭は観光客で賑わっている。

「外国人が日本に来るときっと日光見物をしますが、いったいどこがいいのでしょう」

元イタリア大使だった日高さんに質問すると、答は一言であった。

「分かり易いからですよ」

日光駅で四十五分待って、足尾行のバスに乗った。バスは町を離れ、中禅寺湖行の道と分かれて、グングン登って行く。カーブの連続[*8]である。登り詰めた所が細尾峠で、そこから足尾に向かって下りになる。途中、神子内《みこうち》あたりの山村は、いま桃、梨、桜など一せいの花ざかりで、まことにのんびりと美しい眺めであった。

足尾着十一時。小野君に導かれて、足尾山岳会長神山保治氏の運動具店に立ち寄る。神山さんから山の話を伺っていると、町役場の新《しん》義雄氏も見えられ、銀山平まで自動車を出して下さることになった。

足尾銅山は戦時中の乱掘が災いして、近年は廃坑に近い状態になり、町も大いに寂れた由である。その栄枯盛衰のおもかげを、私たちは自動車の中から見た。銀山平まで行く途中、昔小滝銅坑として栄えた所がある。しかし今はポンペイ廃墟のように、いたずらに残された石段や石垣が盛時を偲《しの》ばせるだけで、猫一匹見えない。山を段々に拓いてあるのは、以前は住家で賑わった所だろう。建物はすっかり取り払われ、シンと静まったあたりの空気は、無気味なくらい死の匂いを漂わせていた。

銀山平で自動車を棄てる。ここにはお宮があり、境内は小公園になって、バンガローなど立っている。私たちがそこで弁当を食べていると、後から七、八人の女だけの登山グループが来た。エーデルワイス・クラブの人たちであった。

そのエーデルワイス組と前後しながら、私たちは山ぎわにつけられた爪先上がりの道を辿《たど》って行った。片側はずっと下を庚申川が流れている。まだ木々は芽ぶいたばかりで、私たちの眼隠しをするほど繁茂していないので、歩きながら始終その美しい渓谷を見おろすことができた。流れの急な所は滝となり、光風ノ滝、双眼ノ滝などという名がついていた。もちろん私たちは滝見物に名を借りて一服することを忘れない。

二時間ほどで一ノ鳥居に着いた。ここで私たちは今までの谷川と別れて、庚申山荘へ登る道に就いた。真正面に壁のように立ち塞がっている庚申山が望まれた。

さっきから時々バラバラと小雨に見舞われていたが、鏡岩という大きな岩まで来ると、それが本降りになった。雨はしだいに烈しくなり、雹《ひょう》まで混じえた。あまつさえ急な坂が続いて、喘《あえ》ぐ呼吸と、雨と汗に濡れた身体で、ようよう山荘に辿り着いたのは、五時を過ぎていた。

山荘は庚申山の岩壁をバックに建っていた。二階建ての余裕のある建物で、下の部屋の床の間にあたる所は神棚になっていた。この土地に明るい小野君の説によると、昔庚申山が栄えた頃は、もっと大きな建物があって、よく博徒の集まる所となっていたそうだ。

南総里見八犬伝[*9]という厖大な伝奇小説を通読されたかたは少なかろうと思うが（私も本の名前を知っているだけである）その八犬伝にはこの庚申山が舞台になっているそうである。それほど昔から注目された関東の一名山であって、講中の登山が盛んに行われた。その往時の繁栄も今は寂れて、もっぱらハイカーの目ざす山となった。

翌早朝、背後の庚申山岩壁の上辺をバラ色に染めた光線と、私たちの二階の部屋から真正面に望む古峰原《こぶがはら》連山のクッキリしたシルエットが、今日の快晴を確実に予約していた。エーデルワイスの女性群は、私の寝ているうちに発ってしまったらしい。われらの年若きリーダー小野君は五時半出発を宣言していたが、それより三十分おくれて私たちは山荘を後にした。今日の行程は長い。まず庚申山頂に登り、それから鋸の歯のように岩峰を並べた尾根を伝ってその最高峰に達し、さらに皇海山まで歩を伸ばさねばならぬ。

山荘の裏手からすぐ急な登りになる。古来信仰登山の対象となる山はたいてい奇岩怪石で装われていて、それが昔の人の趣味にかなっていたらしい。南画などの影響かもしれない。庚申山もその例に洩れない。少しでも異様な形の岩は、その形に応じていちいち名前がついている。それらの岩石群の間を巡回するのがお山詣りであった。しかしそんな趣味を有しない私たちは一途に頂上へ向かった。

位置が高くなると、われわれ近代派を喜ばせるのは広闊な展望である。逸早く、遥か南方秩父連山の上に富士山が姿を現した。輝くばかりの純白である。すぐ眼近には袈裟丸連峰が屏風のように長々と高低のある尾根を延べている。

岩石地帯を通り抜けると森林になり、やがて庚申山頂であった。新しく奥日光の山々が浮かび出る。男体山、その左に奥白根、続いて錫《すず》ヶ岳。奥白根はまだ多量の雪を被《かぶ》って、さすがに立派である。

この山頂を第一峰として、それから越えて行かねばならぬ山稜上の大小の峰を数えると、ちょうど一ダース、皇海山は第十二峰となっている。そしてその峰には一つ一つ名前がついている。第一峰と第二峰との間のコブの上に立った時であった。私たちは息を呑んで眼を見張った。すぐ眼の前に、皇海山が思いがけぬ大きさで立っていたからである。

「脱帽ものだね」

日高長老の言を待つまでもなく、私たちは帽を取って一揖《いちゆう》した。*10 おのずから頭がさがるほど、それは堂々としていた。さすが皇海は私たちをあざむかなかった。来た甲斐があった。

第二峰（御岳山という名がついている）の上でも、私たちを驚かせる眺めが待っていた。西にあたって、疎《まばら》に雪をおいた浅間山と四阿山《あずまや》との間に、遠く白銀の一線を張っているのは、紛《まご》うかたなく穂高から槍に続く日本最高の山稜であった。ここへ幾度も来ている小野君さえ、こんなに鮮やかな北アルプスを望むのは初めてだという。何という幸運に二人の新参者は恵まれたことか。

第二峰から大下りになって、笹に覆われた鞍部に着くと、そこからまた取返しの登りになる。第三、四、五、六峰と小さな隆起を越えて、いったん下り、次の第七峰（白山）の上に達した時、またしても私たちの幸運を倍したのは、南アルプスの展望であった。こんな所から南の雪嶺が一、一指摘できようとは期待しなかった。近くの赤城、榛名、妙義、その他を数えだしたら、この紀行は山の名で埋まってしまうだろう。

第七峰あたりから尾根が痩せて、岩かどや木の根にすがって上下しなければならぬ個所が出てくる。七峰と八峰の鞍部は野猿谷、十峰と十一峰の鞍部は蟻地獄と呼ばれて、クロアール状[*11]の細い雪の沢が、ほとんど垂直に近い傾斜で、松木沢の源頭へ落ちこんでいた。

第十一峰鋸山の頂上に立ったのは、十一時四十分。予定より二時間もおくれたのは、私以外の三人はいずれもカメラの名手であって、この好天気にむざむざ撮影を犠牲にして先を急ごうとはしなかったからである。頂上から、岩菅《いわすげ》山、苗場山、谷川連峰、その他多くの山々が、私の眼を放そうとはしなかったが、しかし私の展望癖を読者に強いるのは、もうこれでおしまいにしよう。

皇海はすぐ真向かいにある。真向かいとは申せ中間が深く落ちているので、見たところは遠い。その山に特別の思召《おぼしめし》を持たない限り、たいていの人は鋸の頂上でそれを眺めただけで、引返したくなるだろう。皇海山が秘峰として静かに保たれているのは、確かにこの遠さにある。エーデルワイスの女性たちも皇海をあきらめて六林班峠《ろくりんぱん》の方へ下ったらしい。

鋸山の頂上から非常に急峻な雪の斜面が、皇海との間の鞍部へ下っていた。私たちは出発前リーダーからピッケルの携行を命じられた。私は普通この物々しい山の兵器を携えることを好まない。今度は命令だから致しかたないとは言え、いささか無用の長物視していたところ、ここで初めてそれが必需品であることがわかった。ピッケルの安心がなかったら、この雪の急斜面には怖気《おじけ》づいたに違いない。

雪の上を真一文字に下ったので、夏道よりはずっと得をした。下り着いてから、さらに隆起を二つ越えると、一面枯笹で覆われた鞍部へ出た。そこで私たちはおそくなった昼食をひらいた。

鞍部から皇海へ向かってただ一途の登りである。道を遮る倒木に悩まされながら、一歩一歩高くなって行った。中途で雪が現れ、それが頂上まで続いた。やや傾斜の緩くなった肩のあたりでは、膝までもぐるくらいあった。

頂上に立ったのは二時三十五分、四人は喜びの握手を交わした。木暮さんの紀行では、四方の開豁《かいかつ》な眺望が得られたとあるが、それから四十年たって周りの木が成長し、私たちの得た山頂は黒木に眼隠しされた静寂な小平地であった。そこに据えられた三角点の標石を、古沢君はやさしく掌で撫でた。その仕種は私たちの気持を代表していた。今日、五月三日、この快晴の祭日に、日本中の主な山の頂は山の好きな連中によって占められただろう。そして皇海山、君もまた例外ではなかった。私たち四人にだけ頂上の喜びを与えてくれた。

皇海山は、遠くから眺めた形から推して、昔は笄《こうがい》山*12と名づけられていた。そのコウガイが皇開と宛字《あてじ》され、それが皇海となり、皇はスメラとも読むから、皇海がスカイと呼ばれるようになったのだろう、というのが木暮理太郎説である。ともあれ、私は先に秘峰と呼んだが、優秀な山でありながらまだ多くの人に知られない点では、その名に値《あたい》しよう。

再び来る機会のありそうもないその山頂に三十分あまり休んでから、私たちは別れを告げた。一気に鞍部まで下り、例の雪の急傾斜をあえぎながら登って、鋸山の上まで戻った。そこからの帰途は、往路を取らずに、六林班峠の方へ向かった。稜線沿いのこの道はとっくに廃せられたとみえて、初めしばらく笹原の中に沢へ下る道があったが、それと別れると、ほとんど道らしいものはない。微かに踏跡とおぼしきものに出あうが、すぐ消えてしまう。トンビ岩と呼ぶ岩峰を越えるまでは、尾根が痩せているので、藪と戦う困難はあったが、迷う心配はなかった。気を使わねばならないのは、尾根がだだっ広くなってからだった。私たちは「こちらだア」「そちらだア」と道を求めて呼び交わしながら、深い笹の中を漕いだり、林を抜けたり、雪の原を渡ったりして進んで行った。

地図の上では一キロ半くらいしかない距離を、二時間もかかって、ようやく六林班峠の上へ出たのは七時、もうあたりは薄暗くなりかけていた。この峠はもと上州側で伐採した材木を足尾銅山へ運び出すために使われたので、峠の上に鉄索運転所の毀《こわ》れた跡が残っていた。

峠から庚申山荘までは長かった。初めの間ずっと、歩きにくい雪道を辿って行く。道は山腹を縫うように続いている。すっかり暮れて暗くなった中で、幾つも枝沢を渡ったり、深い林の脇を通り抜けたりした。おくれたついでだ、私たちは急がずゆっくり歩いて行った。

山荘へ越える最後の登りにかかる手前の、昼間だったらさぞ気持の良さそうな所に思われる原で、私たちは長い休憩を取った。早朝からのアルバイトで、皆かなり疲れていた。

山荘までもうあとわずかまで来た時、人の呼び声がした。庚申山へ遊びに来て山荘に泊まりあわせた五、六人の青年が、私たちを案じて迎えに来てくれたのだった。宿の玄関へ着いて時計を見ると十一時だった。随分かかったものだ。

翌日午前中は、付近を散歩したり、共通の山友達に寄書きしたりして、ゆっくり過ごし、早昼を食べて下山の途についた。来た道を引返す。下るにつれて次第に緑の萌えようが濃くなって行く。今日は曇天である。全く択《よ》りに択って最良の一日に、皇海登山を果たしたものである。偶然と言わず、天が私たちの熱意に応《こた》えてくれたと言おう。

銀山公園まで下ると、頼んでおいた自動車が迎えに来ていた。小滝の廃坑を通って足尾町へ帰り、そこの一丸旅館で靴の紐を解いた。夕食を共にしてから、古沢君と小野君とは足尾線の最終列車で発ち、日高さんと私の両老兵は泊まった。

翌五月五日早朝、「天気ですよ」という日高さんの声に眼がさめる。昨夜のラジオでは全く見込みのない天気予報だったのに、何という幸運！　今日は二人で古峰原を訪れようという予定である。

六時二十五分のバスに間にあうように準備したのだが、時刻が改正になって乗りおくれた。女中が時刻改正を知らなかったことに恐縮した宿の主婦は、迂闊さの代償に自動車を出してくれた。町を通り抜けて山道に入る。カーブの連続の登りになると、もう粕尾峠は近かった。

峠で車を棄てた二人は、そこから大まかな起伏で伸び上がっている高原状の山へ、緩い道を登って行った。広い新墾《にいばり》*13の道である。しきりに鶯が鳴き、所どころに八塩《やしお》つつじが色どっている。やがて前面に男体山が大きく現れ、奥白根・錫ヶ岳連峰の続きに、皇海山が鉄甲《てつかぶと》のような形でせり上がってきた。

私たちは高原逍遥といった態で、話しながらゆっくり歩いて行く。日高さんは外交官として海外の各地で生活されただけあって、話題が豊富である。山登りは学生時代に始められたが、その後長年外地で過ごされ、終戦後ようやく日本に落ちついて、登り残した山をせっせと片づけておられる。老いらくの恋のようなものですよ、と日高さんの山恋いは熱烈である。はっきりお年を申しては失礼だから、一八九三年生まれとだけ言い添えておこう。こういう意気盛んな老登山家の先例は、私の将来を明るくする。

美しい浅緑に萌えた落葉松《からまつ》の林を通り抜けて、三枚石に近づいた時、高原にいっそうの情趣を加えるかのように霧がかかってきた。三枚石は大きな自然石が三枚積み重なっていて、その下に社《やしろ》がある。古峰神社の奥ノ院だという。昔、勝道上人*14が日光山を開いた時の旧跡だと伝えられ、今でも修験道の行者が修行する小さな籠堂《こもりどう》があった。

三枚石から下りになって、やがて気持のいい広い原に出る。ここがいわゆる古峰原であって、鳥居が立ち、ヒュッテがある。今までは静かな山道であったのに、ここではあちこちに憩うている若い男女の姿もみえる。そこへ高校生らしい女学生の一団が下から登ってきて、いっそう賑やかな風景になった。

そこから古峰《ふるみね》神社への下りは、そのうちバスでも通いそうな幅のある新しい道が開かれていたが、割石の敷きつめられた歩き辛い道であった。天狗で有名な神社へ着いたのは一時過ぎ、大きな構えを持ったお宮である。さすが祝日だけあって、参詣客で賑わっていた。私たちはバスを待つ間、茶店に入って、山旅の終わりのビールを飲み、蕎麦を食った。そしてそこで日高さんから聞いた、ピレネー山中アンドラ小共和国訪問の愉快な話が、私たちの歓談の最後であった。

二時発のバスで鹿沼《かぬま》へ。下界では近代交通機関がわれわれを迅速に運んでくれる。三時間の後には、もう私たち二人は新宿駅で別れのあいさつを交わしていた。

●皇海山（すかいさん・二一四四メートル）　一九六〇年五月の山行。

＊1　『太陽』……博文館発行の雑誌。ここで言われているのは、創業36周年記念増刊・第二十九巻第八号・大正十二年（一九二三）六月発行のもの。「日本山水大観」特集。

＊2　木暮理太郎……日本山岳界の偉大な先駆者（一八七三〜一九四四）。群馬県太田の出身。東京市勤務。明治近代登山黎明期から南北アルプス、奥秩父、上越（利根川源流、尾瀬ほか）などの大きな山に探検的開拓の山登りをつづけた。毛勝山から剱岳北方稜線をへて赤牛・野口五郎・大町、槍ヶ岳から薬師岳・立山・剱、笛吹川東沢、朝日岳・白馬岳から鹿島槍ヶ岳・針ノ木峠をへて大町、上河内岳から聖岳・赤石岳・悪沢岳など、その足跡は大きく重い。山岳展望の世界をひらき、「東京から見える山」の展望図を残した。ヒマラヤ研究でも先駆者。日本山岳会第三代会長（一九三五〜一九四四）。著書『山の憶ひ出』上下（平凡社ライブラリー版は『山の憶い出』）は山岳文献の重要図書。

＊3　古い『山岳』誌上で……『山岳』第十六年第三号（一九二三年五月刊）に木暮理太郎の「皇海山紀行」がある。『山岳』については「守門山」の補注＊1参照。藤島敏男については「御座山」の補注＊2参照。

＊4　野しゃがみ……腰を落としてしゃがむ（うずくまる）ようにしている状態から生まれた表現か、予定にない状況でその場で夜を過ごすこと。野宿、ビバーク。『日本百名山』の「金峰山」の末尾に次の文がある。「頂上で一時間ほど休んで、鉄山へ向って尾根を進みかけたが、匐松《はいまつ》が深くて道がわからない。断念して川端下《かわはげ》へ下る道を採ったが、とうとう途中で日が暮れ、おまけに雨が降りだし、寒い野しゃがみの一夜を送って、翌日ようやく梓山へ出た。」

＊5　蚤取眼《のみとりまなこ》……ノミ＝ノミ目の昆虫の総称。体長三ミリ以下で、哺乳類に寄生して血を吸う。一九五〇年頃までは、家庭・旅館・山小屋などで珍しくなかった。かまれるとひどいか

ゆみがある。小さいので、それを捕るときの目つきが特有の鋭さを持つ。その状態の目つきのこと。

＊6 小野尚俊……世田谷の深田宅近くに居住、慶應義塾大学文学部卒で、渡良瀬川源流域や白馬岳周辺をよく歩いていた。後、パリ大学に留学、帰国後教職につく。

＊7 日高信六郎……外交官（一八九三～一九七六）。日本山岳会第九代会長（一九五八～一九六二）。少年時より山にあこがれ、十四歳で日本山岳会に入会した。旧制第一高等学校から東京帝大時代も山登りをつづけ、卒業後外務省に。パリ大使館勤務時の一九二一年、モン・ブランに登る。日本人初。第二次大戦中はイタリア駐在大使。著書『朝の山残照の山』一九六九年刊。

＊8 カーブの連続……これは旧道で、現在の細尾峠越えはトンネルの新道。

＊9 南総里見八犬伝……曲亭馬琴（一七六七～一八四八）作。仁・義・礼・智・忠・信・孝・悌の八つの玉を持つ八犬士が主家勃興に活躍する大長編小説。

＊10 一揖《いちゆう》した……軽く会釈すること。

＊11 クロアール状……フランス語 couloir から。廊下状、または溝状の斜面。

＊12 笄《こうがい》山……笄は髪を掻きあげるのに使う道具。櫛の部類のひとつ。

＊13 新墾《にいばり》の道……開墾したばかりの田、また、できたばかりの道。

＊14 勝道上人《しょうどうしょうにん》……七三五～八一七。下野《しもつけ》（いまの栃木県）出身。日光男体山を開山。中禅寺湖畔に神宮寺を開く。

雲取山

東京から甲府に通じる二つのルート、甲州街道と青梅《おうめ》街道。前者は八王子を経て、大たい中央線に沿って西へ進むが、後者は青梅を経て、多摩川沿いに山深く分け入って行く。むかしは甲州街道に対してこの青梅街道を裏街道と呼び、世をはばかる旅人がおもにこの道を採ったという。

裏街道——いかにもそれにふさわしい道であった。三十数年前、私が学生時代この方面へ旅した時は、その頃の汽車の終点青梅[*1]を出はずれると、もう世塵を離れた静かな谷川沿いの道となり、やや歩き倦《う》むと、のどかで素朴な山村が行手に現れ、それが果てしもなく山奥に向かって続いているといった風な、寂れた鄙《ひな》びた街道であった。おそらく中央線が通じて以来、もはやこんな道を通る人は、街道沿いの山村に住む人以外にはなかったのであろう。

その後、登山やハイキングの趣味が盛んになり、いわゆる奥多摩の山々が、東京から近いという便利もあって、しだいに開けてきた。汽車は氷川《ひかわ》[*2]まで延び、それから先もバスが通うようになった。

バスの発達！　文明の触手のように山村に延びて行くバス路線の、このわずか四半世紀間にふるった、猛威ぶりには驚嘆される。以前は、日本全国の山間に、その山村に辿《たど》り着くまでに、二日も三日もテクテク歩いて行かねばならぬような所があちこちに残っていて、静寂と素朴を愛する旅人を楽しませてくれたが、もはやそういう所はなくなった。道幅いっぱいの大型バスが、道沿いの生垣や立葵《たちあおい》や干し野菜を埃《ほこり》で真っ白にし、ささやかな橋や小川や古びた道しるべの石や、道ばたに遊ぶ鶏や、すべて田園風な可憐で愛すべきものを踏みにじるような勢いで、山間にはいりこんで行く。

一九五七年十一月の初め、私は三十数年ぶりで奥多摩に足を入れた。青梅線の終点氷川で下車して、まずその町の繁栄の象徴である駅前の活気におどろいた。待機していた数台のバスが降りたばかりの客を満載すると、次々と発って行った。小河内《おごうち》ダム[*3]行のバスが最も頻繁にほとんど三十分おきくらいに出る。

小河内ダム。この大仕掛けな近代的施設が、おそらく今後の奥多摩を一変するものとなろう。東京という大消費の都バビロン[*4]に、その生命源であるところの水を送るのが、この大工事の任務である。工事の企画されたのはもう二十年も昔のことで、当時社会問題を引き起こしたことをおぼえている。乏しいが平和に暮らしてきた山村の人々にとって、自分たちの先祖伝来の土地が湖底に没するということは、予想も出来ないような打撃であったに違いない。田舎の人の土地に対する執着は、葛飾区から簡単に杉並区に引っ越す東京人の考え及ばぬ根強いものがある。

工事は戦時中いったん中止されたが、戦後復活され、そしてようやくその大堰堤《えんてい》が竣工したばかりである。太古以来の山谷に人工の大改訂を加えた近代的施設、多摩川上流のすべての山々から流れ落ちる水を、洩れなくここで堰《せ》きとめた白亜の大ダム。たしかにこれは一見の価値がある。

東京の雑踏を逃れて、一日大自然の清気に接し、かたがたダムを見物しようとする人々が、にわかにふえてきた。小河内ダム行のバスは、氷川から二十分ほどで終点に着く。すぐ眼の前によくも人間の手でこれだけのことが出来たものだとまず単純におどろく大ダムが、まるで偉大な白い壁のように、谷幅いっぱいを真一文字に横切っている。見学の人々のために、かたわらの小高い丘へ登る道がついている。そしてその上から見下ろして、人々は驚嘆をあらたにする。ダムを仕切りにして、それから上は一面湖水のように水を湛《たた》えているからである。満水までにはまだかなりの時日を要するとのことだが、モーターボートが自由に走れるくらいの、広い面積を水が占めていた。かつては川ぶちに立っていた一つの小山が、今はその頭だけをわずかに水面に出

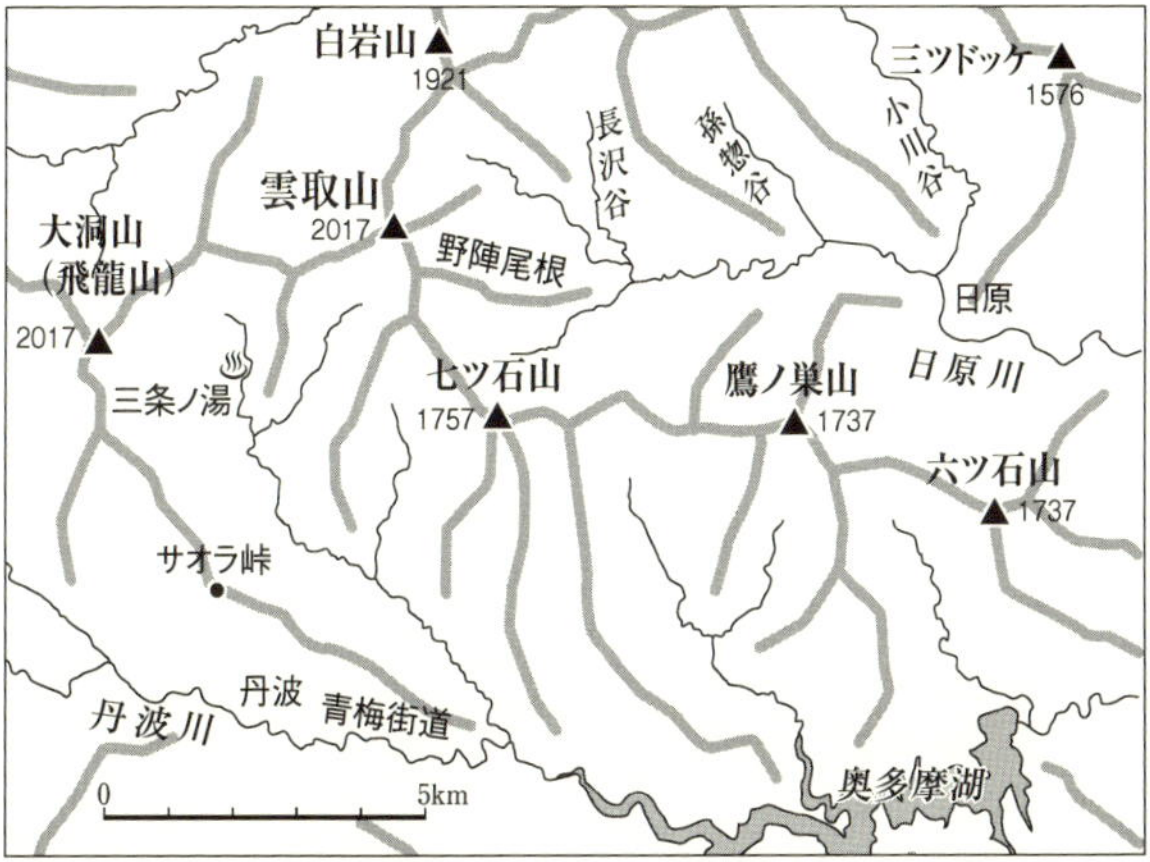

五万分の一地図　秩父、五日市、三峰、丹波

している。やがてはそれも永遠に没することであろう。

ダム見学をすまして、さらにバスに乗り、奥多摩の終点丹波《たば》に向かった。新しい道が山腹に高く通じており、下の方に旧街道が見え、すでに住人の立ち退いた家屋の残骸も見えた。それらはすべてダム満水とともに、湖底のものとなる運命にある。あの古い街道には長い年月の人生の営みが沁《し》みこんでいる。多くの旅人がそれぞれの哀歓を背負ってあの道を往き来したのである。永遠に滅びてしまうものに対する一種の感慨をもって、私はそれらを眺めた。次第に増してくる水量はすでにその道をも飲もうとしていた。

川っぷちの家を棄てた村人は、今は新

しい街道に沿って家を建てていた。その軒端に立てば、彼等は逐次湖底に沈みつつある旧恋の地を望むことが出来る。どんな感慨であろうか。いや、そんなことを思うのは、われわれのセンチメンタリズムで、彼等はもうとっくにあきらめをつけて、新しい明日に希望を抱いているのであろう。

バスは多摩川に沿って溯《さかのぼ》る。ダムから大よそ四キロ上流までが貯水湖となる由である。しかし上流の方はまだ満水には遠く、川が増水した程度であった。それでも小さな支谷には、もうヒタヒタと水がしのびこんでいた。バスの一番うしろの席に、村の顔役といった風の田紳タイプ*5が数人乗っていた。ある個所で、川に架けた橋が増量した水とすれすれになって、もう少しで水の下に没しようとしているのが見下ろせた。

「あの橋はあなたの村会議員の時新築したものでしたね」

「ええ、あれには x 十万円かかったんですよ」

そんな話を彼等はしあっていたが、その表情には微塵の感傷もなかった。

多摩川の上流は、東京都から山梨県の領域に入ると丹波川と名が変わる。バスの終点は、その流域の中心地丹波である。役場があり、宿屋があり、一通りの店が揃っている。昔は青梅街道はここから山道になり、大菩薩峠を越えて甲府に出た。しかしこの山越えはあまり難所なので、明治初年に廃せられて、もっと北方の川筋を迂回する道が採用された。それが現在の青梅街道である。武州から甲州に通じるこの裏街道にも、近い将来バスが完通するそうである。そうなったら、奥多摩から秩父にかけての山岳党のアプローチはいよいよ短くなる。

丹波で下車した私たちは、村の背後に突っ立っている山稜目ざして、急坂を登り始めた。今日は三条ノ湯まで行って泊まるつもりである。三条ノ湯へ行くなら、丹波よりずっと手前の親川でバスを下りて、後山《うしろやま》林道を辿った方が楽かもしれない。私があえて山稜を越えるコースを採ったのは、その山稜上のサオラ峠*6からの展望に期待したからであった。がこの期待は果たされなかった。汗を掻きながらジグザグの急坂を登って行くうちに、いつか軽い雨となり、峠の上に立った時は、一面の雨霧で閉ざされていた。

峠を越えると、道はずっと山の中腹を進んで行く。やがて後山林道と一つになり、そこから三条ノ湯までは間もなくであった。

三条ノ湯は、沢筋のふところのような場所に、眺めのよい位置を占めて、一軒だけポツリと立っている。浴場は別棟になって、鉱泉ではあるが、朝早くから夜おそくまで、熱い温度に沸かしてある。湯といっても山小屋の程度だから、食糧は携えて行って自分で炊事しなければならない。寝具と薪だけを提供して貰って、湯賃とも宿泊料百八十円[*7]であった。

翌日、雲取山の「山の家[*8]」まで行く途中、宿の人に案内して貰って、青岩谷の鍾乳洞を見物した。この鍾乳洞は不便な所にあるため、世にあまり知られていないが、全国の鍾乳洞めぐりをしているある人が、日本一の折紙をつけたそうである。洞内は自然のまま保たれ、まだ見物向きの手が加えられていないので、腹這《はらば》いになって通り抜ける所や、からだを横にしてトラヴァースする所や、迷路が幾筋もあって洞窟探検気分は十分である。それぞれの景観によって、ヴィナスの門とかメルヘンランドとか、いろいろの名前がついている。清流の流れている所もあった。最後の大広間と称する所に、上からは無数の鍾乳がさがり、下からは無数の石筍《せきじゅん》が生えている美観を堪能して私たちは引返した。この鍾乳洞はこれから先、まだどのくらい奥行きが続いているか分からないそうである。

鍾乳洞見物から元の道へ返って、雲取山に向かった。雲取から大洞山《おおぼらやま》[*9]に続く稜線上の鞍部に取りつく。秩父山脈特有の風致、すなわち南面の甲州側は明るいカヤト、北面の武州側は暗い森林、その対照がここにもあった。もとこの鞍部に甲州雲取小屋があったのだが、今はその跡だけしか残っていない。

鞍部の草原に寝ころんで眺望をほしいままにしてから「山の家」に向かった。道は雲取山の西側を捲いて、欝然と茂った大きな針葉樹の原始林の間を通じている。高い枝にはサルオガセが揺れ、太い幹は蒼古として白い粉をふいている。夕方近くなって静かな仄《ほの》暗い樹間には霧が流れてきた。足ざわりの柔らかな腐植土を踏んで行きながら、「あ、これが秩父だな」と感じた。実際この気分は他の山にはない。秩父独特のものである。

「山の家」は、その秩父の雰囲気の中に、ガッチリした木組みで建っていた。この山小屋もやはり自炊制で、寝具と薪がそなわっているだけだから、食糧は持参しなければならない。

翌朝、雲取山の頂上に立った。小屋から二十分ほどの登りである。東京都と埼玉県と山梨県と、三県の境目に位置するこの二〇一八メートル[*10]の峰は、東京都としては最高の山、奥多摩のどんづまりに聳《そび》えた山である。あいにく曇っていて視界は十分でなく、南方に富士山、北方に浅間山が雲の切れ間に見えたが、それも間もなく隠れてしまい、ただ眼前に、無神経なくらい尨大《ぼうだい》な白石山がデンと控えているのが、唯一の見ものであった。

下山路は新しく開かれた富田新道を採った。雲取山に通じる道は幾筋もあるが、いずれも距離が長かったり、途中危険な個所があったりするのが欠点だったので、「山の家」の主人富田治三郎さんが、安全で距離の短いコースを作ろうと念願して、独力で開いたのがこの新道である。

富田新道は、雲取山の明るい山稜を少し南に下った所から東に派出した野人《のじん》尾根[*11]伝いに通じている。私たちが行ったのはその開通式があって間もなくの頃で、新道の入口にはまだ杉の葉のアーチが立っていた。道は初め、刈ったばかりの笹の切株が残っていて歩きにくかったが、やがて秩父気分の満喫できる静かな針葉樹林の間を行くようになる。雲取山東面の大原始林は、東京の水道の水源地として保護されているもので、おそらくこれほど広大な斧鉞《ふえつ》の入らない[*12]深林は、ちょっと無いだろう。昨夜の小屋番の青年の話によると、猿、鹿、熊などが多数その中に生息しているそうである。

野人尾根から唐松谷に下りる所が、すこぶる急坂である。それにまだ道が新しく、よく踏まれていないので、この下りには同伴の山の初心者はひどく難儀をした。唐松谷は長沢谷と落ち合って日原《にっぱら》川となる。秩父は森林も良いが、谷も美しい。唐松谷も長沢谷もその谷の奥へ誘い入れられそうな魅力を持った美しい流れであった。日原川をずっと下に見おろして、道は山の中腹をうねうねと辿《たど》って行く。最後の急坂を下って河畔《かはん》に出ると、そこから自動車の通れる立派な新しい道がついていて、日原まで約六キロほどの道のりだった。三十数年前、本当の山間の寒村という印象だった日原が、活気のある町になっているのにも一驚した。日原から氷川までのバスから、この日原の谷にも大仕掛けの工事の施されているのが見えた。

●雲取山（くもとりやま・二〇一七メートル）一九五七年十一月の山行。

＊1 その頃の汽車の終点……汽車という言葉も死語になりかかっている気配だが、SL（蒸気機関車）に牽引される旅客・貨物列車。青梅線の立川―青梅（私鉄・青梅鉄道）開業は一八九四年、一九二三年に立川―二俣尾が電化なので、深田久弥の学生時代は汽車と電車の切り替わりの境目だった。ちなみに国鉄青梅線になったのは一九四四年四月。氷川まで延びたのは一九四四年七月。汽車という言葉は鉄道の代名詞としても使われた。

＊2 氷川……現在の奥多摩駅。一九七一年二月に改称。

＊3 小河内《おごうち》ダム……一九五七年完成。ダムができて湖底にいくつもの集落が沈んだ。石川達三の小説『日蔭の村』がそれを描いている。奥多摩湖。深田久弥が訪れたのはダム堤完成直後。

＊4 バビロン……メソポタミアの古代都市。古代世界の中心都市として栄えた。

＊5 田紳《でんしん》タイプ……田舎紳士のこと。やぼったい紳士。

＊6 サオラ峠……この峠越えは山岳展望に執着する深田久弥の姿勢がよく読みとれる。

＊7 宿泊料百八十円……一九五七年の槍岳山荘の宿泊料は六百五十円（米代金別途）だった。

＊8　雲取山の「山の家」……現在は雲取山荘。一九二八年にできた武州雲取小屋の後身。

＊9　大洞山《おおぼら》……飛龍山の別称。「雲取から大洞山に続く稜線上の鞍部」というのは現在の三条ダルミ。

＊10　二〇一八メートル……現在の標高は二〇一七・一メートル。

＊11　野人尾根……古い資料でも現在の地図・ガイド書でも野陣尾根。猟師（信州）言葉で、野営の場所をノジンバ・野陣場というとされるが（岩科小一郎『山ことば辞典』ほか）、関係あるかどうか。野人は誤記かもしれない。

＊12　斧鉞《ふえつ》の入らない……おのとまさかり。伐採、植林など人の手の入らない、原生状態の森。

御座山

朝の池袋駅の混み方には驚いた。どの通路も切れ目のない人の流れである。私は約束の七時に西武線のプラットホームで二人の友を待った。来ない。八時まで待った。来ない。変だな。やっとその時、私は池袋駅には東上線という社線もあることに思いついた。そちらへ行ってみたがいない。彼等もまたおそらく「変だな」を繰り返しながら発って行ったに違いない。池袋から秩父へ行くのに二つの線路がある。早合点で私の方が間違えたのだ。仕様ない、あとを追いかけてみよう。私は九時の急行[*1]に乗った。

電車の終点でバスに乗り換え、秩父の駅へ行ってみると、果たしてそこの掲示板に「深田久弥先生、どうした。日向大谷《ひなたおおや》で待つ」と書いてある。ともかく行先をつかまえたのでホッとする。

出発からこんな失策で始まったが、それからの五日間は実に楽しい山旅であった。最初の日を除いてあと全部晴天に恵まれ、登山者には一人も出会わず、私たち三人の間にはおしゃべりが絶えなかった。二人の友、その一人は私より六つ七つ年長、もう一人は十ほど年少、いずれも山にかけては古猛者《もさ》だが、彼等は名前の現れることを好まない。さりとてFだのMだの頭文字では感じが出ないから、仮に不二《ふじ》さん[*2]と茂知《もち》君[*3]と呼んでおこう。

秩父の駅で納宮《おさみや》へ行くバスを二時間待つ間に、私はラーメンを食い、登山帽を買った。それから徹夜で仕事を片づけて出てきたので、待合所のベンチで睡眠を補った。

途中で一度バスを乗り換えて納宮へ着いたのは三時すぎだった。そこから歩きだす。楢尾沢峠まで約五百メートルの急な登りである。坂の中途で小雨が降りだしてきたので、折畳みのコーモリ[*4]を拡げてさして行く。

峠の上はもう薄暗がりだった。細い道を谷へ向かって下って行くと、山の斜面に一軒の家が見えた。そこが日向大谷で、その家は両神《りようがみ》山の社務所であった。庭へ入って、灯のさした障子の前に立つと、中から聞きおぼえのある話声が聞こえる。

「不二さん」

声をかけると、先着の二人は飛び出してきた。八畳の座敷へ上がると、二人は火鉢で衣服を乾かし、手には擦り傷をこしらえている。聞けば、峠へ登る途中で道を誤り、気がついたが引返すのは業腹なので、濡れた藪の中を強引に掻きわけて峠を越えてき

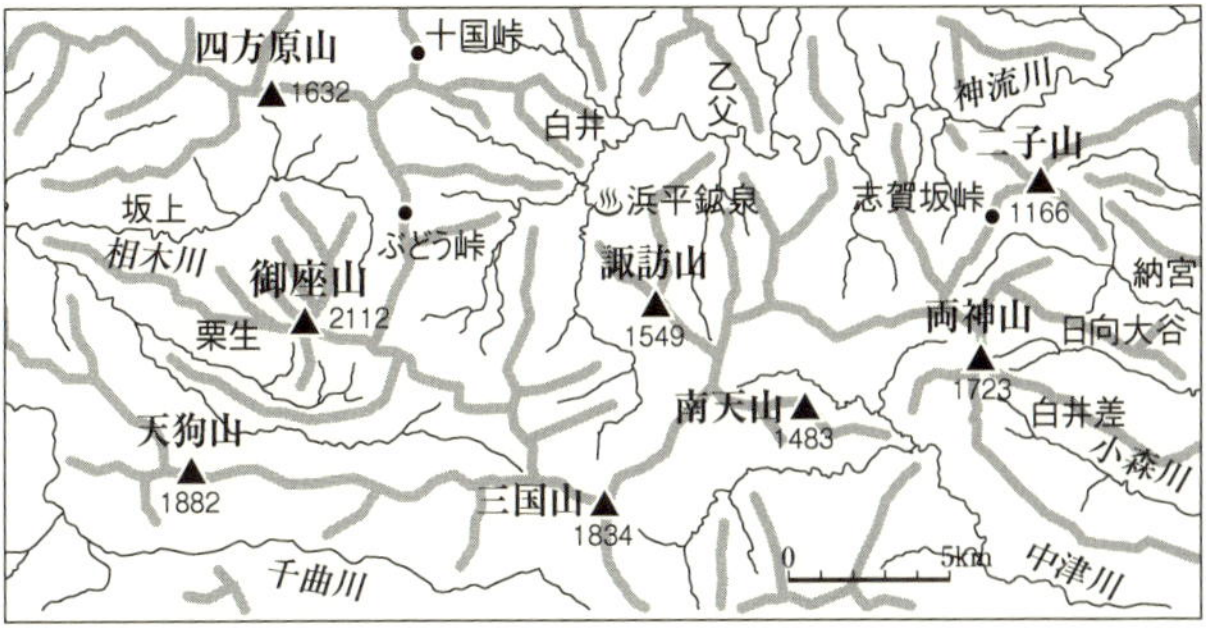

五万分の一地図　秩父、万場、十石峠

たのだという。年はとっても勇ましい人たちだ。

三人でウイスキーの小瓶をあけて、これからの旅程の前祝いをする。主目的は御座山《おぐら》である。この頃はどこの山へ行っても人混みでうるさい。誰も行かないような山を探して登るのが、三人の一致した趣味であった。不二さんはこれを避衆登山と呼んでいる。避暑、避寒という言葉があるのだから、避衆があってもよかろうという意見である。

御座山は二一一二メートルの高度を有しながら、ほとんど世に知られていない。山案内書にも見当たらないし、地図に道もついていない。かねてから私はこの隠れた山に眼をつけていた。だから二人に誘われると、一も二もなく賛成した。御座山だけでは物足りないから、まず両神山に登り、それから西へ向かって幾つもの鄙びた峠を越えて、御座山でとどめを刺そうというのが、今度の案であった。プラン

[*5]はこの地域に明るい茂知君がたてた。

翌朝は快晴で明けた。谷間から仰ぐ空には一点の雲もない。親切な社務所の人に礼を述べて、七時すぎそこを出た。今日登る両神山は一七二四メートル、[*6]昔から信仰登山で聞こえた関東の名山である。遠くからこの山を眺めると、岩の城砦のような厳めしい姿をしている。イザナギ、イザナミの二神を祀《まつ》るから両神山という説もあり、日本武尊《やまとたけるのみこと》東征の折、この峨々《がが》たる岩山を眺めること八日に及んだので、八日見山《ようかみやま》と名づけられたという説もある。いずれにせよ、この古城のような秀抜な山容は、昔から人の眼を惹《ひ》いて、信仰の対象となったのであろう。

登山道には、そういう信仰登山を物語る石碑の類がいくつも立っているが、そんなものに無関心な私たちは、秋晴れの山水を賞しながら、しかしまだ肩に慣れない荷の重さをかこちながら、谷川ぞいの道を登って行く。先頭は不二さん。苦もなげにさっさと登って行くさまは、還暦を越えた人とは思われない。弘法清水という所で一休み、さっそく私は林檎《りんご》を取り出す。少しでも重いものは、先に提出した方が勝ちである。

谷川を離れてジグザグの急坂を喘《あえ》ぎながら登りきると、尾根に取りつく。ここで初めて両神山の岩峰が正面に現れた。両神神社の本社は、そこから間もなくだった。社頭の狛犬《こまいぬ》は牙を剝《む》きだしたオオカミである。オオカミは両神の山神の眷属《けんぞく》*7だそうである。木暮理太郎*8さんの本（『山の憶ひ出』下巻）にその委しい謂《い》われが書いてある。

　本社からいったん鞍部に下って、富士見坂というのを登ると、岩で出来た頂上に出た。祠《ほこら》がある。その祠の裏の一坪ほどの場所で、まず四周の大観を終えてから、昼食にした。眺望はすばらしかった。南は秩父の連山、北は神流《かんな》川流域の山々、東は群山を越えて関東大平野、そして西の方遥かに、私たちの目ざす御座山も見えた。

　三人の山歴を併せると、それらの山々でわれわれの足跡を逃れたものはほとんど無かった。しかしこんな時である、私たちがひそかに胸の中で次の山行のプランを立てるのは。たとえばここから見える赤久縄《あかぐな》山には不二さんだけが登っていた。三国山には茂知君だけが登っていた。武甲山には私だけが登っていた。一人だけ登った山のあることは、あとの二人の沽券《こけん》に関するのである。

　昼食をすますと、不二さんは新しいパイプの火入れ式を行った。この先輩は昔から大のパイプ党で、パイプを啣《くわ》えない不二さんの顔は想像にむずかしいくらい、ニコチン嬢の崇拝者である。最近息子さん*9が海外旅行の土産に上等のパイプを買って帰られた。その火入れを不二さんは両神山頂まで待っていたのである。

　同じ道を引返すのは私たちの主義に反するので、下山路は八町峠*10の方へ採ることにした。頂上から北を見ると、尾根続きに四つ五つの岩峰が牙のように並んでいる。八町峠へ出るにはそれを越えて行かねばならない。見ただけでは大したこともなさそうに思われたのに、実際に当たってみると手強《てごわ》かった。牙と牙との間が深く落ちこんでいて、ところどころ木の根や岩角につかまって滑り下りるような難場もある。右手は切って落としたような急斜面の痩尾根だから、一つ一つ御丁寧に岩峰を踏んで行かねばならない。それらの峰頭には、東岳、西岳、行蔵坊などの名前がついていた。最後の峰頭を越えて八町峠へ下りついた時にはヤレヤレと思った。二度とこんな道は通りたくなかった。初め地図で按じた時には一時間くらいに考えたのに、実際は三時間半もかかって、峠の上はもう夕色が濃かった。

峠から北麓の里へ出るまでの下りがまた長かった。やっと下の広い往還*11まで辿《たど》りついて、道端に積んである材木の上に腰をおろすと、もう動きたくないくらい疲れていた。今夜の宿のある尾ノ内はそこから半道*12ほど下手だった。すっかり暗くなった道を電灯で照らしながら、重い足を引きずって宿に着いたのは七時すぎていた。

今日は終始山道の十二時間労働だったのでさすがにこたえたが、一風呂浴びて食膳に向かうと、私たちはまた口さがない談笑を取り戻していた。不二さんはわれわれ山仲間では毒舌で聞こえているが、その鋭鋒は疲れを知らなかった。世の中で一番くだらない人間は秀才という奴で、不二定義によれば、秀才とは学校の勉強以外に何もしなかった男である。どんなに立身出世しても人間に味がない。ことに銀行員にはそれが多い。日本では銀行員は有難がられているが、外国では低級な職業とされている。などとさんざん三人で秀才のコキオロシをやったが、豈《あに》はからん、不二さんは日本で最重要な銀行の監事をつとめて今はランティエ[*13]の身分であり、茂知君はこれも有名な信託銀行の東京都内某支店長の現職にあった。要するに今夜の結論は、山登りの楽しみを知らない者は世にも哀れな奴、ということに落ちついた。

翌朝はまたも快晴、七時に宿を出る。昨夜の往還を引返してまず志賀坂峠を越えるのが、今日の第一目的である。すぐ眼の前に、大きな岩山を二つに割ったような形で、二子《ふたご》山が美しい岩の色でそびえている。標高一一六六メートルで、昨日上から見おろした時にはさほどにも思わなかったが、いま下から見上げる位置に立つと、なかなか立派な山である。

峠にかかると細々した道になった。急な登りが続いて、もう上も近いと思う所まで来ると、そこはトンネル工事場になっていた。工事場の人は親切にも作業中のトンネルに私たちを通してくれたが、しかしこれは私たちには不本意であった。私たちはトンネルを潜りに来たのではない、鄙《ひな》びた峠の上に立ちたかったのだ。

そこでトンネルの向こう側に抜けると、逆に峠の上まで登り直した。その甲斐はあった。志賀坂峠は、いかにも山村をつなぐ昔からの峠らしい、なつかしさを持っていた。そこから見おろした河原沢川の谷には、昨夜泊まった尾ノ内やその他の部落が点々と見え、それが山奥の平和な隠れ里のような趣で、何となく心の和む風景であった。茂知君はこの峠の気分を現そうと、あちこちカメラの向きをかえながら撮影に苦心していた。

志賀坂峠から西へ下る道は、われわれ古典主義者にははなはだつまらない坦々とした新設の路線になっていた。間物《まもの》という部落まで下りると、私たちはその文明の道路を棄てて、再び昔の山道へ入った。標高八七九メートルのオバンド峠を越すのが、今日の第二目的である。初め沢沿いの道を行き、それから沢を離れてジグザグの登りになる。

オバンド峠も私たちの期待にそむかなかった。山間のひそとした峠で、小さな古びた祠が祀ってあった。ゆっくり休んでから峠を後にして下って行くと、山の斜面にチンマリした部落が見える。四周が山で、まるで桃源境のようなその静かな部落は明家《みようけ》と呼ばれて、戸数わずか三軒。明家から谷へ下って流れを渡ると、今日の最後の目的のハリマ峠にさしかかった。

アケビの皮の落ちている静かな峠みちを登って行くと、対岸の傾斜した畠で働いていた父娘《おやこ》が、大声でこちらへ呼びかけている。手で方向を指し示しているのだが何を言っているのか分からない。とうとう親父が斜面を駆け下って谷川を渡り、猿《ましら》のように藪を掻きわけて私たちのそばまで上ってきた。この先に道が二つに分かれる所がある。そこを迷わないようにわざわざ教えに来てくれたのである。親切な人もあったものだ。振り逃げるようにして戻って行くその人の手に、私は辛うじて飴チョコを握らせることが出来た。

ハリマ峠は明るく西に展《ひら》いて、紫のリンドウが咲き残った秋草の中に、風化した石の地蔵が立っていた。オバンドにしろハリマにしろ、地図（万場）には名も出ていないささやかな峠だが、今日の三つの課題を終えた私たちは、満ち足りた気持で野栗《ぬぐり》の方へ下って行った。

野栗から神流川に沿う十石峠街道まではわずかの道のりだった。街道へ出て、川上へ上るバスを待つ一時間に、三人ともおだやかな秋の日ざしの中でウツラウツラ眠った。

バスの終点は乙父《おっち》。予定では今日のうちに上流の浜平《はまだいら》鉱泉まで行くはずであったが、今朝から三つの峠越えで、もう歩きたくなくなっていた私たちは乙父に泊まることにきめた。旅籠宿の玄関でいくら呼んでも返事がない。少し上流の小春《おばる》に新しい宿屋が建ったことを他から聞いたので、そこまで歩くことにした。

新築の小春の宿屋は山村に珍しく小奇麗な建物で、調度も新しく清潔で気持がよかった。前夜も前々夜も一泊二食で一人三百円しか請求されなかったが、ここは五百円の宿料だけのことはあった。前夜の宿でありつけなかった酒も食膳について、三人のおしゃべりに勢いを添えた。

夕食後はきまって不二さんと茂知君は翌日の弁当作りをする。食パンを器用に薄く切って、それぞれ好みのドレッシングを塗りつける。私は無細工で面倒臭がりだから、持ってきた味つけパンで我慢することにしていた。

何という天の恵みか、快晴は翌日も続いた。今日の行程は長いので六時に出発する。道へ出ると茂知君は幾度も、

「モロにいい天気だなア」を繰り返した。

モロにという副詞は、茂知君の頻発する口癖である。私は平均一ト月に一回は山へ出かけるが、この一年どの山旅も天気に見放され続きでいる。それに引きかえ、不二

さんは今年数回の山行は全部アテたという。こう結果が歴然としていては、今度の連続晴天も、不二さんにアヤカッタと言われても仕方がない。

後ろから小型トラックが走ってくるのを止めて、乗せて貰った。さすが十月下旬早朝の山地の空気は、車の枠につかまっている手がつめたい。見おろす神流川は、次第に源流に近い相貌を呈してきた。砥根平《とねだいら》橋のたもとでおろされる。橋を渡って、白井で十石峠街道とわかれ、川ぞいの道を進んで行くと、また後ろからトラックが来た。見逃す手はない。三ッ又[*14]まで材木の積出しに行くらしく空車である。

三ッ又は、神流川の本流と北沢と中ノ沢の三つの流れの合する所で、ここが伐採の本拠らしく、飯場小屋があり、材木が積まれていた。私たちはトラックを下りて中ノ沢へ入った。向こうの峰には陽が当たっているが、谷間の細々した道はまだ日影である。頭上に褪《あ》せた半月がかかっていた。最奥の中ノ沢部落では、斜面になった畠に人人が働いていた。今頃の畠仕事は全部コンニャク玉の掘出しである。

部落を出はずれると、やっと私たちの所へも陽が差してきた。それから先の沢沿いの道は、ひどく荒れていた。かつてはこの沢からも伐り出したとみえてトロ道[*15]の跡がついているが、今は草に覆われ、桟道は崩れ落ち、道の定かでない所もあった。二代淵との合流点をすぎて、なおも悪路を進んで行くと、ようやく伐採の手の及んでいない樹林帯に入った。

それからずっとブドー峠[*16]までの沢道の何と美しかったことか。流れを右に左に渡りながら登って行くのだが、沢のふところはゆったりと広く、絶壁だの滝だのという、われわれの行手を脅やかす谷の付属物はほとんどない。一面みごとな広葉樹の原始林に覆われているが、それも密ではなく、梢を洩れてくる光がチラチラと水流に戯れている。三人の経験からしても、こんなに美しい沢は滅多にないという意見に一致した。私たちは幾度も流れのふちに休みながら、人々に見棄てられた、この亡び行く峠みちを嘆賞してやまなかった。

気持のいい沢伝いの道は、ほとんどブドー峠の真下まで続き、そこで沢を離れて急斜面を登っていた。高みに出て振り返ると、彼方《かなた》に両神山の岩の城砦が、青空をバックに厳《いか》めしく立っている。みごとな黄葉一色の樹林の中を進んで行くと、枝を鳴らす凄い風音が、もう峠の頂の近いことを知らせた。

その峠の上にひょいと出た時、思わず私たちは大きな嘆声をあげた。全く不意打ちの景色がそこに拡がっていた。今までの上州側の森林帯に引きかえ、信州側は眩《まぶ》しいような明るいカヤトだった。峠を仕切りに、あまりにハッキリした明暗のけじめが私たちを驚かせたのだ。新しい展望は広闊だった。空の果てを、硫黄岳から北八《きたやつ》ヶ岳に続く連峰が区切っていた。硫黄の頂は新鮮な雪で飾られていた。眼前には狐色の斜面が拡がり、その下の高原風な台地には、木次原《きつぎはら》の二、三の人家がひっそりと静まっていた。

その台地から黒い尾根をあげて、私たちの山旅の大詰《おおづめ》の御座山がドッシリと立っていた。ついに私たちは目ざす山の下まで来たのだ。峠の石地蔵の前の枯草に身を投げ出して、弁当を開くまでに、私たちは見渡すものが多すぎた。こんなによい峠だとは予期しなかった。峠の品評会に出したら金牌は請合《うけあい》である。

一時間の後、私たちはだんだん小さくなる峠の地蔵を振り返りながら、明るい原を下っていた。

「アンリ・ルソー*17だね」と茂知君が空を見あげながら眩《つぶ》いた。

「税関吏《ドアニエ》の雲か」と不二さんが応じる。

いつの間にか、晴れた空に、ラグビーのボールのような大きな雲がポカリと一つ浮いていた。気象的にあまりいい兆《しら》せではない。

明日の御座登山に都合のいいように、その夜はすぐ山麓の下新井に泊まることにした。交渉委員の茂知君が、田んぼで稲こきをしていた村会議員さんに宿を頼みに行った。私たちにあてがわれた宿は、夫婦と小さな子供二人の中くらいの農家だった。

大きな囲炉裏《いろり》のコタツの上で、私たちは家族と一緒に夕食をよばれながら、いろいろ土地の話を聞いた。ブドー峠は今はたまに浜平の鉱泉に行く村人が通るくらいで、ほとんど廃道同様だということだった。そんな山の話よりも、若いおかみさんの関心は下界にあった。近くこの部落までバスが入ると顔を輝かしていた。わざわざ東京からこんなへんぴな山奥へやってきた三人の中年者を、何と見ただろう。私たちはただ会社員と名乗るだけで、身分を明かさないのを山旅の常としている。

山旅最後の日は、昨日の雲の予告通り、さすがの天候も崩れて朝からの曇りであった。荷を軽くして宿を出る。すぐ山道に入り、沢に沿う林道を登って行く。眼まで染まるようなすばらしい黄葉が、山腹一面を覆っている。そのはなやかな広葉樹が、物寂びた針葉樹に入れ替わるあたりから、傾斜も急になってきた。幹太く丈高い針葉樹の間を電光形に登りながら、その重々しくくすんだ色彩も、黄葉の派手さに劣らず私たちを楽しませた。

頂上へ続く稜線に近づいたことが、空の透けようでわかった。天佑《てんゆう》と言いたいくらい、その頃から一天にわかに掻き晴れてきた。これも不二さんの用語で、「一天にわかに掻き曇る」という言葉があるなら、「掻き晴れて」だってあっていいだろうというのである。私たちは不二掻き晴れ大明神に感謝しながら、稜線の鞍部に出た。

それから頂上までの尾根道は、倒木で悩まされた。過ぐる台風のために[*18]、それこそ算を乱したように大木が根こそぎ倒れている。この前の台風は八十の老人でも生まれて初めての経験だったと、昨夜宿で聞いたが、なるほどその自然の暴威が察しられた。幾坪もあるような大きな土の根を起こして引っくり返っている倒木を、潜ったり、跨《また》いだり、迂回したり、ようやくその混乱から抜け出して、頂上の岩の上に立った時の爽快さは、登山者のみが知っている醍醐味であろう。

祠のある岩の上で、私たちは一時間あまりも眺望を享楽した。四周の山々の詮索に、私たちの山の知識は事欠かなかった。今日は秋晴れの日曜、八ヶ岳や谷川岳など流行の山はさぞ混んでいることだろう。それに引きかえ、この御座山には人ひとり見えず、紙屑や空きカン一つなく、眼ざわりな指導標すらない、山は完全に私たち三人のものだった。

下山には別の道を採った。登りの沢と尾根一つ距《へだ》てた沢を下った。ここも倒木に荒らされていたが、伐採の入っている原まで下ると、広い道がついていた。そのあたりから振り返った時、御座山は古城のように森林の上に岩頭をそばだてていた。

「モロに立派だなあ」

茂知君の感激に、私たちも賛同した。まことにみごとな山容であった。御座山は一名燕岳と呼ばれているそうだが、燕が両翼を拡げたような颯爽《さつそう》とした姿を望んだのは、それからもっと下からであった。

簡単に帰路を示せば、下新井の宿に戻って荷をまとめ、坂上まで歩いて、そこから小海行のバスに乗った。小海から小海線で小諸《こもろ》に出て、東京行の夜行を待つ時間を、駅前の食堂の奥座敷で過ごした。スキ焼きをつつきながらの賑やかなおしゃべりが、この山旅のピリオドであった。

●御座山（おぐらやま・二一一二メートル）　一九五九年十月の山行。深田久弥にとっても同行のふたりにとっても忘れがたい、たのしい山歩きだった。

＊1　九時の急行に……西武鉄道秩父線が全線開通したのは一九六九年十月なので、このとき池袋から秩父へ行くのに「二つの線路」（二つの路線）はまだなく、西武線経由なら吾野から正丸峠越えのバス利用だった。

＊2　不二《ふじ》さん……藤島敏男（一八九六～一九七六）。銀行員（日本銀行）。東京帝大法学部卒。日本山岳会早期の会員で、開拓的山行を重ねた。木暮理太郎とは一九一九年、皇海山へ、一九二〇年、利根川源流大水上山・平ヶ岳・至仏山・湯ノ小屋に同行している。この年、利根水源の登山の直前には仙ノ倉山と茂倉岳・谷川岳縦走（登山者としては初）をこな

している。そのほかにも数多くの山行を活発におこなった。日本銀行パリ駐在時にはスイス・フランスのアルプスにも登る。戦後は、混雑する山を嫌い、避衆登山と称して人気《ひとけ》のない山を訪ね歩いた。毒舌でも知られるが、知的な山岳人として独特の山の人生を送った。晩年、深田久弥とはウマが合ったのか、山行を共にすることが多かった。著書『山に忘れたパイプ』(一九七〇年、茗溪堂)。

＊3 茂知《もち》君……望月達夫(一九一四〜二〇〇二)。銀行員。東京商科大学(現在の一橋大学)卒。卒業と同時に日本山岳会に入会、終生その中核にあり、日本山岳会副会長ほか要職をこなして大きな業績を残した。特に年報機関誌『山岳』の編集では本職の激務のなか、着実な編集態度で充実した編集をおこなった。和書はもちろんヒマラヤ関係の文献収集など書籍への造詣も深く、豊かな情操で山をたのしんでいた。深田久弥との親交も厚い。著書『遠い山近い山』『折々の山』ほか(茗溪堂)。

＊4 コーモリ……蝙蝠傘。

＊5 プランは……大島亮吉(「羅臼岳」の補注＊2アイヌの名称参照)は両神山・八丁峠・志賀坂峠・間物・オバンド峠・ハリマ峠・野栗・栂峠・小倉山(御座山)のコースを歩いている。『山岳』第二十年第一号では「小倉山《おぐらさん》」と書き、北相木村では御座山《ござさん》というと報告している。「茂知君」はそれらを参考にしたであろう。現在オバンド峠・ハリマ峠周辺は廃道状態。

＊6 両神山は一七二四メートル……現在は一七二三メートル。

＊7 眷属……一族、親族。宗教上は神仏の従者、使者を指す。

＊8　木暮理太郎……「皇海山」の補注＊2参照。
＊9　最近息子さんが……小説家藤島泰輔のこと。
＊10　八町峠……最近は八丁峠と書かれることが多い。町も丁も距離・面積などの単位。一町(丁)は約一〇九メートル。
＊11　往還……往復、往来の意だが、街道、幹線道、主要道のこと。
＊12　半道……「火打山」の補注＊12参照。
＊13　ランティエ……フランス語 rentier で、金利(年金)生活者。深田久弥は「遊食者」と書いている(「私たちの登山」)。
＊14　三ッ又……三岐。中ノ沢も現在は中之沢。
＊15　トロ道……トロッコ軌道の跡、のことであろう。
＊16　ブドー峠……ぶどう峠。望月達夫のこの時の紀行「ブドウ峠」によると、峠の標石には武道峠と書かれていた。現在は舗装の車道(林道)が通じて、むかしの山道は廃道。
＊17　アンリ・ルソー……フランスの画家。Henri Rousseau(一八四四～一九一〇)。幻想と現実が入り混じった画風で、素朴派と呼ばれる。空にぽっかりと雲が浮かんでいるような、ほのぼのとした画風でも知られるが、本職は税官吏 douanier だったので、ドゥアニエ・ルソーと呼ばれた。日曜画家ともいわれた。
＊18　過ぐる台風のために……各地に甚大な被害をもたらした伊勢湾台風は、この山行の一カ月前のことだった。一行が辿った下新井からの道は現在では使われていない。

笠ヶ岳

登山者にとって天気予報は大事に違いないが、絶対に信頼できるとは限らない。八月半ばから九月へかけて次々と気まぐれにやってくる台風を気にかけていたら、山へ行く機会を失ってしまう。この気まぐれものは時々予報の裏をかいて、途中で方向を変えたり消えたりする。

一九五七年、私が北アルプスへ向かった時もそれだった。第何号かの台風警報が出ていた。そのためだろう、八月十九日だったから、まだ登山季節が終わったわけでもないのに、新宿発の夜の臨時列車は全くのガランドウ[*1]だった。私は悠々と四人分の席を一人で占領して、翌早朝松本に着くと、台風どころか一点の雲もない快晴であった。

松本で乗り換えた大町行の電車の中にも、登山者の姿はほとんど見えなかった。終点で下りると、前に連絡してあった大町南高校の丸山さんが迎えに出ていて下さった。体育の先生で山の好きな人である。

「お見えにならないかと思いましたよ」

「台風なんぞ怖くって山へ登れますか」

私は威張ってみせたが、心中、行衛《ゆくえ》をくらました台風に大いに感謝していた。頼んでおいたガイドにすぐ引き合わされた。私のような年で快適な登山をするのに重荷は禁物である。できるだけ荷物を切り詰めるか、でなければ案内人を雇うに限る。ところが近年その数が少なくなった。山小屋や登山道の設備がよくなったため、ガイドの需要が減ったせいもあるが、ほかによい儲け口があるので、重い荷を担いで山へお供する志願者が無くなってきたのだ。

私についてきてくれることになった大西幸一君は、その数少ないガイドの一人で、年配は五十に近い。戦争前からの山案内人で残っている者は、もう数えるほどしかいないそうである。

駅前の登山相談所で、丸山さんや大西君と打ち合わせをしていると、ひょっこり岩波の田村義也君*2が入ってきた。田村君とは一緒に山へ行く約束がしてあったのだが、台風警報で彼も来ないものと私はあきらめていたのだった。彼は二、三日前東京を出発して途中で用事を済ませ今朝早くここへ着いたのだそうである。とにかくうまく出会ってよかった。

みんなで七倉《ななくら》行のバスに乗る。バスは大町を離れると間もなく高瀬川の谷に入り、

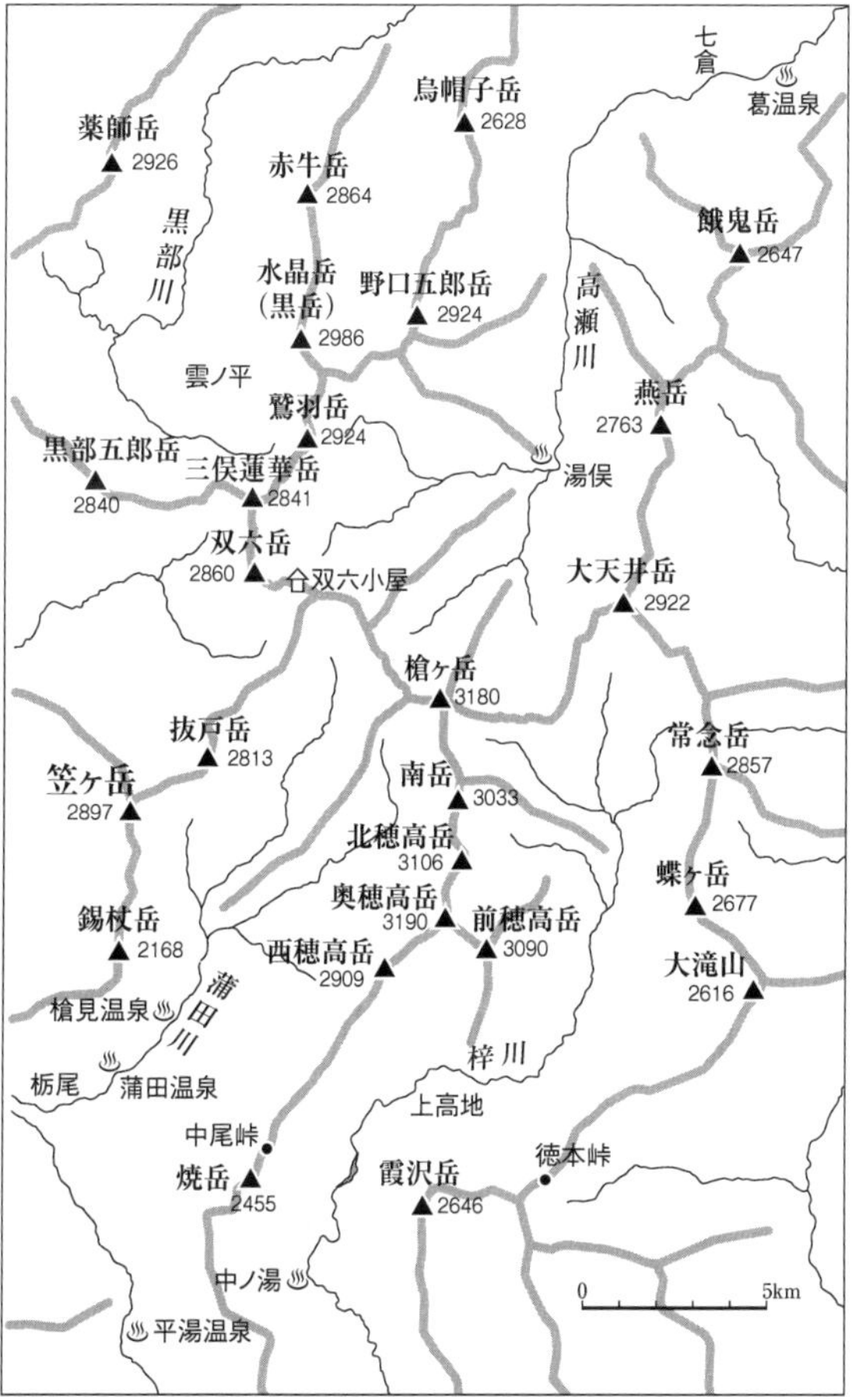

五万分の一地図　槍ヶ岳、上高地

ずっと川に沿って、葛《くず》温泉をすぎ、やがて終点の七倉材木置場に着いた。高瀬川上流で伐《き》り出した材木は軌道によってここまで運びおろし、これから下はトラックで運搬する仕組みになっている。

高瀬川は北アルプスの中心から流れ出る美しい川であるが、以前は一般にはあまり知られていなかった。少数の登山家だけがその渓谷と森林の美しさを賞讃するだけであった。たとえば明治四十三年（一九一〇年）に書かれた辻村伊助[*3]の「高瀬入り」など読むと、その頃の高瀬川がどんなに原始的であったかが、察しられる。今なら一日で行けるところを三日もかかっている。不便であっただろうが、それだけ未知の境を行く楽しさがあったに違いない。

もう日本にはそんな所はほとんど残っていない。すべての川は水力発電という企業に犯されている。それから森林伐採である。高瀬川もその例に洩れない。いや、水力と森林に恵まれた高瀬川は、一番早く眼をつけられた川の一つだろう。

高瀬川の渓谷と森林の美は葛温泉をすぎるあたりからすでに始まっているが、そういう景色を丹念に観賞したのは昔の徒歩者であって、乗物時代になってはすぐれた風景も掠《かす》め過ぎられるだけである。

七倉《ななくら》貯木場から上の軌道は一般の乗車を禁じられているので（ただしリュックサック

だけは運んでくれる）登山者は昔の徒歩者に返らざるを得ないが、しかしちゃんと軌道のある道をテクテク歩くことほど、不平なものはない。倖せにも私たちは地元の丸山さんの顔で、特別に軌道に乗せてもらうことができた。

材木を積みに出かけるこの運輸機関は、空のトロッコを幾つもつないで小さなガソリン機関車が引っぱって行く。少し前従業員が軌道の事故で死に、それ以来一般乗車禁止はいっそう厳重になったそうである。

濁《にごり》ノ小屋（烏帽子登山口）の前を過ぎ、東信電気第五発電所の近くで軌道は終わる。濃いグリーンの水を湛《たた》えた貯水池がある。下車した私たちはそこで一服してから、上流へ向かって歩きだした。ずっと長いゴルジュ（咽喉部）[*4]をなしていた高瀬川は、そのあたりから河原の広い開豁《かいかつ》な川になる。これで水が多かったら両側の緑の山と相映じてさぞみごとだろうが、残念ながら上流で発電用に水を吸い取られてしまっているので、何となく川の亡骸といった感じである。

川の右岸に沿って林の中の草深い小道を踏んで行く。振り返ると下流の方の空に、針ノ木岳が潔《いさぎよ》く立っている。その右の少し低いのは七倉岳だろう。山深く来たという気がしてくる。歩きだしてから七キロほどで湯俣温泉に着いた。

ここで高瀬川は湯俣川と水俣川に分かれる。以前私は槍から水俣川を下ってきたことがある。その時はこの二俣に温泉小屋があったが、それはもう焼けて無くなっていた。その代わり少し下手に簡略な山小屋が立っていた。私たちの今夜の宿である。

温泉は河原に穴が掘られてそこに湧いていた。湯に浸っていると、傍らの芒《すすき》が顔に触れてくるような、全く原始的な野天風呂である。しかし湯の中から青い天を仰いでいるといい気持だった。何という今日は好天気だったろう。

夕方までにまだ十分暇があるので、湯俣の噴泉塔を見物に出かけた。水俣川と湯俣川とは水量は同じくらいだが、水俣の水は青く澄んでいるのに、湯俣の方は白く濁っている。温泉が混流しているからである。その両方の流れが合する所に、水力電気の取入口の建物がある。

有名な噴泉塔はその合流点から少し湯俣へ入ったところの河原にある。噴出した湯が凝り固まってできた円錐形の堆積で、その上から勢いよく湯気を吐き出している。そういうのが大小幾つかある。川の流れのふちを少し掘ると、もうそこから熱い湯が湧いてくる。あたり一たいどこでもそうである。湯俣の水が濁るはずだ。湯の流れと言ってもいいだろう。

湯俣の上流から一人の若い登山者が大きなリュックを背負って下りてきた。黒部の奥のろくに道もない所を一週間も歩き廻って、いまここへ出てきたのだそうである。

小屋へ戻って打ち解けて話をした。青年は近藤常恭君[*5]と言い、その後私の友人になった。近藤君は今、ドイツにいる。ドイツの山を歩いていることだろう。

小屋でもう一人私の待人があった。それは画家の山川勇一郎君[*6]で、彼は数日前から燕《つばくろ》岳の上の燕山荘に泊まって絵を描いていた。山も文明になったもので、今朝大町から燕山荘に電話をかけて、山川君とここで落ちあうことを約しておいたのである。

夕方近くになって、山川画伯は友人の高見耿太郎画伯と二人で、燕岳から直接高瀬川へ下る川九里沢をおりてきた。随分ひどい道らしく、時間をくい、二人とも相当疲れた風だった。山川君は山に慣れているが、高見画伯は山が初めてだというから、さぞこたえたことだろう。

ともあれ台風におどかされて、テンデンバラバラの形になっていた一同が、ここで全部落ちあったことは、幸運であった。夕食は小屋の前の地面にゴザを敷いて、その上に並べられた。水電取入口の番人のOさんも一升ビンを下げてきて仲間に加わった。この人はカモシカの研究家で、その面白い話が私たちの夜宴を賑やかにした。

翌朝も絶好の日和であった。ここまで送って来られた丸山先生、およびこれから下る近藤君に別れを告げて、私たち——すなわち、両画伯、岩波の田村君、それに私とガイドの大西君との五人で、山へ向かった。

私たちの計画は湯俣川を溯《さかのぼ》って、まず三《み》ッ俣蓮華《またれんげ》の小屋へ行くことだった。三ッ俣蓮華岳は北アルプス中で一番奥にある山で、そこへ達するには、どこから行っても長い尾根を辿《たど》らねばならなかった。ところがその年、高瀬の湯俣川を源頭まで登って、じかに三ッ俣蓮華小屋へ通じる道が開かれた。その小屋のあるじ伊藤正一さんがつけられたので伊藤新道と呼ばれる。この新道のおかげで、今まで近づき難かった北アルプスの核心へ楽に行けるようになった。

湯俣川を遡る道は、黒部を彷彿《ほうふつ》させるような大岩壁が両岸に迫っていて、なかなか見事な渓谷であった。その岩壁の下を通り抜けて川ぞいに登って行く。道が新しいのでところどころ出水のため崩れたり橋が流されたりしていた。この新道の決定版ができるまでには、まだ幾度か改訂されねばなるまい。

ワリモ沢の出合いで弁当を開いた。田村君を除けば、あとは皆五十歳前後である。五十の山登りの特徴は、登りは喘《あえ》いでいる癖に、いったん休憩となると偉そうな口をききだすことである。私たちもその例外ではなかった。

道はそこから流れを離れて、ワリモ沢と湯俣川の本流とを頒《わ》かつ尾根へ登って行く。その尾根の南斜面の匐松《はいまつ》原の間をトラヴァースして、快適な新道が通じていた。湯俣の源流を距《へだ》てて対岸に、硫黄岳から赤岳へ続く赤く焼けただれた山稜が、堤のように連なっている。地獄的な山容だが、その赤い色合いにも一種の美しさがある。それを越えて彼方《かなた》に槍の穂がスックと立っていた。実際この岩の尖峰《せんぽう》は、どこから見ても、颯爽《さっそう》たる姿で登山者に喜びの声をあげさせる。

ゆるい道が次第に登って、もう最後に近づいたと思う頃、正面の三ッ俣蓮華岳が立派だった。この山はただ鈍重に大きいだけで、どの方面から望んでもあまり見栄えのしない存在であるが、ここから見た形はみごとなピラミッドで、私はこの山を認識し直した。

やがて私たちはその三ッ俣蓮華岳と鷲羽《わしば》岳との鞍部へ取りついた。そこは昔鷲羽乗越《のっこし》と呼ばれ、高瀬川源流と黒部川源流との分水嶺をなして、北アルプス中で最も奥深い所である。広々した台地で、ビッシリ匐松に覆われている。その匐松の間に埋もれるように、三ッ俣蓮華小屋があった。登山者で満員だった。

私たちは小屋のあるじ伊藤さんの部屋に招かれて、そこのランプの下で歓談した。伊藤さんは知識階級の出身で、芸術と科学の双方に蘊蓄《うんちく》がある上に、長年山住まいをして来られただけに、山の話題が豊富である。黒部上流カベッケの河童の怪音とか、遭難者の救助とか、タヌキにだまされた経験とか、話にきりがなかった。

小屋の客たちが寝静まった頃、その大勢の犇《ひし》めいて寝ている大部屋の一隅に、ようやく私たちも身体を入れるだけの余地を見つけて横になった。

翌日、登山者たちが皆出払ってから、私たちも軽いリュックで雲ノ平逍遥に出かけた。北アルプスには、弥陀ヶ原、五色ヶ原、太郎兵衛平など、広闊な高原が山上に横たわっているが、中でも一番高く一番奥深いのは雲ノ平である。近頃「秘境」という言葉が日本で安く使用されているが、本当にその名に値するのはこの高原だろう。以前はあまり訪れる人もなかった。一名奥ノ平と呼ばれたように、どの方面から入っても三、四日はかかった。黒部の源流に包まれて、人間臭を絶った、秘められた深山のおもむきをそなえていた。このごろしきりに騒がれてきたのは、伊藤さんのおかげだろう。

小屋を出て、いったん黒部の上流に下る。嶮絶《けんぜつ》をもって鳴る黒部川も、ようやくその産声《うぶごえ》をあげたばかりで、一跳びできそうな細流である。それを渡って対岸の急坂を登りつめると、もうそこは雲ノ平の一角であった。この高原の最高峰祖父《じい》岳の緩やかな西斜面を巻いて、私たちはブラブラ歩いて行った。まことに気持のいい美しい原だった。まだ一部には残雪が斑を留めていたが、一面色とりどりの高山植物と匐松《はいまつ》の原で、ところどころの湿原には、その植物群と岩石とがうまく配置されて、自然の庭園を形作っていた。

のびのびした原は行けども行けども続いている。行手正面には、薬師岳がその大きな図体で壁のように立ちはだかっていた。北アルプス中で最もボリュームのある山である。右手には、すぐ眼近に黒岳が品位のある姿で立っていた。その黒々とした山容は男らしい重量感を持って、いささかも上ッ調子のところがない。地味であるが私の好きな山である。左手には黒部五郎岳、これは私の特別ヒイキの山で、独自の個性をそなえている。日本アルプス登山の黎明《れいめい》時代からいち早く黒部五郎岳に注目して、深い愛着を寄せて来られた画家の中村清太郎[*7]さんの表現を借りれば、その「特異な円錐がどっしり高原を圧し、頂上のカールは大口をあけて、雪の白歯を光らせている」。中村さんは黒部五郎を不遇の天才にたとえられた。確かに、世にもてはやされる北アルプスの他の山々の中にあって、この独自性のある立派な山は、多くの人に見落とされている。しかしそれでいい。この強烈な個性が世に認められるまでには、まだ年月を必要としよう。黒部五郎岳が To the happy few[*8] の山であることは、ますます私には好ましい。

歩き疲れればそのへんに寝ころんで、山々を眺め、草花を愛《め》で、物を食い、私たちはこの天上の楽園で時のたつのを忘れたかのようであった。高原の果てまで行き尽くさなかったのは、怪しい雲が出てきて、やがて小雨が降り出したからであった。小屋へ帰ってくると、この散策に加わらなかった高見画伯は、黒岳を望む油絵を一枚仕上げておられた。

その夜も小屋は満員であった。

翌二十二日、その日は双六《すごろく》小屋まで行けばよかったから、私たちはゆっくりしていた。午前あまり天気がいいので鷲羽岳へ登ってくることにした。小屋の前からすぐ眼前に仰ぐ鷲羽の姿は雄々しく、スッキリと美しい。頂上までの道が手に取るように見える。弛《ゆる》みなし一途の登りである。

水筒だけさげてゆるゆる登って行った。道は急な代わりに、ドンドン自分の位置が高くなる。八分通り上った頃、右手にスリバチ形の窪地があって、底に水を湛《たた》えていた。鷲羽池である。もし私が写真家だったら、池のふちまで下りて、水面に影を落とす山の姿を逃しはしなかっただろう。懶惰《らんだ》な登山者の私は、ただそのスリバチのへりに腰をおろして煙草をふかすだけであった。

頂上からの展望のすばらしかったことは言うまでもない。この峰あたりが北アルプスの核心であるから、四周すべて山である。見える山を数えだせばきりがない。ここから北へ蜒々《えんえん》と続く山稜はいわゆる裏銀座コースで、その中に、灰白色の肌をした野口五郎岳と三ッ岳が大きい。それに比べると、その先の烏帽子《えぼし》岳など一岩峰に過ぎない。この長い山稜を烏帽子の方から辿ってきて、最後の鷲羽の登りでたいていへこたれてしまう。北アルプス中でも一番遭難者の多い所になっている。倦《あ》くほど山を眺めてから、元来た道を小屋へ戻った。

午後三時頃、小屋に別れを告げて出ようとすると、その戸口で山川君がひょっこり懇意の二人連れの婦人に出あった。Uさんと呼ぶ御姉妹で、いま伊藤新道を登って来られたばかりであった。私たちのパーティは、製作のため小屋に居残りの高見画伯を失った代わり、新しくこの二人の女性を加えることになった。

三ッ俣蓮華小屋から双六小屋までは、もし晴れていたら、広い斜面を横切って行く快い道のはずであるが、あいにく午後から曇ってきて、中途で雨になった。眺望のない雨の道は余計長たらしく思われ、ようよう双六小屋に着いた時は、もう夕暮れていた。

この小屋も満員だった。以前は八月下旬になると北アルプスの小屋はたいてい空《す》いていたものだが、登山人口の激増した当節、もうそんなことは望めなくなったようだ。

二階の大部屋には、箱に詰めた鰯《いわし》のように、隙間なくビッシリ人間が並んでいた。
嬉しかったのは、ここで計らずも中村清太郎さんにお会いしたことだった。中村さんはこの双六小屋が御ヒイキで、半月も前からここに滞留して、雲ノ平あたりまで写生に出かけられるそうであった。小屋が満員で、もう七十に近いこの画伯は、小屋番と一緒に狭苦しい小部屋に寝泊まりしておられた。そこのストーブを囲んで話は尽きなかった。

翌日は一日はげしい吹き降りだった。朝出かけた二、三のパーティも、ひどい天気のため引返してきて、鰯詰めの大部屋は終日混雑と喧騒で充ちていた。山川君と私はそれを避けて、中村さんの所へ話しこみに行った。日本アルプスのパイオニアとして、俗臭のない純粋な山岳画家として、古い山岳人なら誰でも知っているはずのこの老登山家には、山の話なら無限にあった。それでも話は尽きず、

「君にはすまないが、明日もう一日降ってくれるといいんだが——」

と、童顔の山の大先輩は笑いながら言われた。

一日降りこめられていた大勢の登山者は、翌朝の快晴に勇み立って次々と発って行った。私たちもおくれずに七時に出た。小屋の前で、中村清太郎さんからのハナム

ケのゆで小豆をみんなですすった。見送りに出られた老画伯は、犬の皮か何かを尻当てに下げておられる。カモシカの尻当ては登山者の自慢にするものだが、中村さんは、「カモシカの皮をくれるという者もいるんですがね。カモシカを獲ってはならぬと主張していて、その尻当ても出来ないでしょう」

今日、私たちは笠ヶ岳に向かう。双六小屋にビッシリ詰まっていた登山者は、槍ヶ岳の方へ、あるいは三ッ俣蓮華の方へ発って行って、笠へ向かうパーティは私たちのほかほとんどなかった。槍――三ッ俣蓮華――烏帽子のコースは、近年大へんな繁昌ぶりである。それに引きかえ、笠へ行く道の閑散さ！

新鮮な朝戸出[*9]の空気に、口笛を吹くような鳥の鳴き声がしきりに伝わってくる。あれは何だと案内人にきくと、「ウソツキという鳥です」という答を得た。

私たち六人はてんでに勝手に歩いて行った。田村君などは皆よりずっとおくれて、のんきに大声で歌いながらついてくる。実際、歌でもうたいたくなる、気持のいい静かな道だった。

深い谷を距てて向こう側には、槍から穂高に続く山なみが、大自然の壁を作っていた。これだけ大規模な壁は、日本にはまず他にあるまい。壁は岩の荒々しさを持ち、ちょうどその頃新聞小説で評判になっていた『氷壁』の最後の場面の滝谷の仔細が、手にとるようにハッキリ見えた。その荒襖《ぶすま》に引きかえ、反対側は、丸みを持った大まかな斜面がゆったりと双六谷に落ちていた。

尾根道は広く、高原のようにのんびりした場所もあって、一晩テントを張ってそのあたりに寝てみたいような池沼を持つ風景もあった。行手に立ちふさがるように大きな岩壁が現れたと思ったら、それは抜戸《ぬけど》岳であった。

抜戸岳を経て笠ヶ岳までの間は、本当に天然公園を行くような道であった。匐松が緑のシトネを敷き、その蔭に逃げこむ雷鳥の親子も見られた。私たちは広々とした場所を選んで昼食を拡げた。飯がすむとウトウト眠くなるような日和であった。

笠ヶ岳に取りつくところが、しばらく急な登り、それを登りきると頂稜の一端に出、少し行くと小屋の跡があり、それから三角点のある頂上だった。ゆっくり歩いてきたので、もう三時を過ぎていた。昼すぎから曇り初めて、頂上はもう白いトバリに包まれていた。眺めは得られなかった代わり、蒲田谷に面した雲の中に、御来迎*10が現れた。西洋ではブロッケンの怪と呼ぶ現象で、円形の虹の中に自分の姿が影になって映るのである。

頂上は清潔で、紙屑、空きカン一つ見えなかった。登る人が少ないからである。風雨に洗われた平たい石片で覆われていて、一隅に石の仏がまつってあった。その磨滅した石面を探ると、文政七年、迦多ヶ岳、という文字が読めた。笠ヶ岳は昔は肩ヶ岳とも呼ばれ、その肩ヶ岳を迦多ヶ岳と書いたのであろう。

文政七年とは古い。この山旅から帰って文献をしらべてみると、播隆上人《ばんりゅうしょうにん》[11]が文政六年（一八二三年）六月笠ヶ岳に登頂し、下山してから山麓の人と語って登山道を完成した。そして八月五日、上人を先達として同行十八人が笠ヶ岳の絶頂を極めると、御来迎が雲の中に浮かぶ、阿弥陀仏が三度出現したので、一同随喜の涙をこぼして奉拝したそうである。

翌文政七年八月五日、播隆上人は同勢六十六人を伴って笠ヶ岳に登頂、阿弥陀仏を納めた。この日もまた御来迎の出現が数度に及んだという。とすれば私が頂上で見出した石仏もその時のものであろうか。しかも私たちも御来迎に出あっている。昔の人だったら跪座《きざ》[12]して拝むところだったろう。播隆上人はこの笠ヶ岳から遥かに槍ヶ岳の英姿を望んで、それへの登頂の念願をおこし、数年の準備をととのえ、一回の失敗の後、ついに文政十一年七月二十八日、槍の初登頂者となったことは有名な話である。

笠ヶ岳の初登頂者は播隆より以前にあった。それは鉈《なた》一丁で仏像を刻み、その作品の展覧会が現代でも行われている奇僧円空上人[13]である。その円空が元禄年間に笠ヶ岳に登ったことが、古記録の中に発見されたそうである。その委しいことは、金沢文庫図書館長熊原政男氏の『登山の夜明け』を御覧ねがいたい。

それについで、天明年間に、高山の宗猷寺の僧南裔[*14]がやはり笠ヶ岳に登っている。これもちゃんと記録が残っている。播隆が登ったのはそれから四十年後であった。

こんな風に笠ヶ岳は日本アルプスの中では早く登られた山の一つであった。古くから名山として名が高かったのである。それはこの山の形が整然として美しかったからであろう。日本の山はその形によって名づけられたものが多い。鞍ヶ岳だの、剣《けん》ヶ峰だの、烏帽子岳だのが各地にある。しかしそういう山も、名前だけで信用できない。表から見ると尖った山も、裏からでは平べったい山、というのが幾らもあるからである。


ところが笠ヶ岳は正直である。どこから望んでも、これくらい端正な笠の形を崩さない山も珍しい。遠い立山から見ても、近い穂高から見ても、山麓の平湯から仰いでも、飛驒の高山から眺めても、すぐそれと指摘できる、名前通りの笠ヶ岳である。

北アルプスへ行った人で、笠ヶ岳を見落とした人はあるまい。がその山へ登る人は、案外少ないようである。それは便利のいい縦走路から外れていることと、途中に小屋がなく一日の行程が長すぎることと（近年頂上に小屋ができたそうである）、登路の悪いことなどが原因であろう。

さて、私の紀行は長い道草を食ったが、笠ヶ岳の頂上から槍見温泉へ向かって下りかけたのは、もう四時を過ぎていた。この道は長い上に悪かった。これでも国立公園かと言いたいくらい悪かった。初め尾根を下ったが、錫杖岳《しゃくじょう》へ伸びているその尾根と分かれて、沢道に入り、待ちこがれた水にありついてカラカラの咽喉をうるおした頃から薄暗くなった。実際以上に道を悪く思ったのは、まっくらになって、しかも急坂続きだったせいかもしれない。ようやく槍見温泉に辿り着いたのは八時半を過ぎていた。

帰途を簡単に付記すれば、翌日温泉から吊橋で蒲田川を渡り、中尾部落から中尾峠に登った。この峠の上から見た笠ヶ岳は天下一品の称があるが、私たちにはその眺望が恵まれなかった。峠から焼《やけ》岳を越えて、中ノ湯へ下った。この道は全く蔭のない暑い下りであった。中ノ湯へ出ると、ここはもう上高地往還[*15]で、にわかに大勢の登山者が群れていた。バスを待って松本へ帰り、一週間の楽しい山旅を終わった。

●笠ヶ岳（かさがだけ・二八九七メートル）　一九五七年八月の山行。北アルプス核心部の長期間山行。

＊1　ガランドウ……中がからっぽのこと。空いていること。

＊2　田村義也……岩波書店の編集者。慶應義塾大学卒。岩波新書で深田久弥『ヒマラヤ登攀史』（一九五七年七月刊）のほか梅棹忠夫『モゴール族探検記』、西堀栄三郎『南極越冬記』などの編集を担当、雑誌『世界』編集長など。書籍の装丁を手がけて、後半は装丁家として活躍。二〇〇三年歿、七十九歳。

＊3　辻村伊助……近代登山の先駆者のひとり（一八八六～一九二三）。東京帝大農学部卒。日本山岳会創設期に活動。一九〇九年、上高地・槍・鷲羽・烏帽子・大町を縦走。この区間全体を通しての縦走は初。翌年、高瀬入り。天上沢をつめて東鎌尾根を越え上高地へ（これも初）。一九一一年四月、登山者としては初めて雪の上高地へ。一九一三年スイスへ。冬のユングフラウなどに登る。シュレックホルンで雪崩遭難。帰国後、郷里の箱根で高山植物園を経営するが、一九二三年九月一日の大地震による貯水池決壊の濁流に巻き込まれて死亡。著書『スウィス日記』『ハイランド』（いずれも平凡社ライブラリー。「高瀬入り」は『ハイランド』所収）。

＊4　ゴルジュ（咽喉部）……「雨飾山」の補注＊12参照。

＊5　近藤常恭……青山学院大学英文科卒。貿易業。このときの邂逅から付き合いが生まれて、深田久弥が結婚の仲人になる。現在ウィーン在住、日本食品・物品販売のNIPPON-YA経営。

＊6　山川勇一郎……「雨飾山」の補注＊5参照。

＊7　中村清太郎……画家（一八八八～一九六七）。日本山岳画協会創立者。日本山岳会創設期に活動、近代登山の先駆者のひとり。一九〇九年、小島烏水らと白峰、赤石など、

一九一〇年、鹿島槍・針ノ木・五色・槍縦走、一九一二年、光岳―赤石岳のほか、木暮理太郎などと大きな山行をこなした。『山岳渇仰』『山岳礼拝』など。

＊8 To the happy few……少数の幸せな方々へ。スタンダールの小説『赤と黒』『パルムの僧院』の末尾に付されている文。深田久弥はスタンダールの愛読者だった。

＊9 朝戸出……朝外出《とで》。朝の出発。

＊10 御来迎……ごらいごう。太陽光が屈折して霧の幕に浮かぶ人影。ブロッケン現象。御来《ごらい》光《こう》は山頂で崇拝する日の出。

＊11 播隆《ばんりゅう》上人《しょうにん》……江戸後期の山岳行者（一七八六～一八四〇）。越中国河内村（富山県大山町）生まれ。諸国を遍歴の後、文政六（一八二三）年、笠ヶ岳に登拝、文政十一（一八二八）年七月、槍ヶ岳開山。

＊12 跪座……ひざまずく。

＊13 円空《えんくう》上人《しょうにん》……修験者（一六三二～一六九五）。美濃国生まれ。各地を遊行し、仏像十二万体の造顕を発願。ほぼ四千五百体が確認されているといわれる。加賀白山、笠ヶ岳に登っている。

＊14 南裔《なんえい》……江戸後期の山岳行者（一七三〇～一八〇六）。飛驒国丹生川村生まれ。天明二（一七八二）年、六月、笠ヶ岳登拝。

＊15 上高地往還……往来、往復の意だが、街道、幹線道、主要道のこと。

天城山

一人で山へ出かけるのは久しぶりである。以前はよく行った。学生時代の山仲間が社会に出て忙しくなり、連れが無くなったからである。私とて充分暇のあるわけではないが、幸い私の仕事は土曜日曜以外に休日を与えてくれる。そんな得手勝手な休日につきあってくれる友はない。いきおい一人で出かけることになる。

一人で山を歩いてみると、これもなかなか楽しい。一日中誰とも口を利かず、勝手に休み、勝手な時に物を食う。束縛も制限もない。退屈？　ノン。気に染まぬ相手のいる方がずっと退屈である。孤独を愛す、なんて高尚な精神でもない。くだらぬ俗な空想に耽《ふけ》りながら歩く。妨げられないということが楽しいのである。

むずかしい山は一人では駄目だが、日本の山はたいてい一人歩きに適している。女の人は男を羨ましがるかもしれない。しかし女性の一人登山が危険だと言ったりするのは、いやらしい想像を前提としているからだ。イギリスの女性四人だけでヒマラヤへ出かけた。案じることは何もなく帰ってきた。

「もし山賊にでも襲われたら？」と訊《き》かれて、

「向こうから物を呉《く》れたでしょう」と彼女らは答えた。

ましてや日本の山はヒマラヤほど怖くはない。危険なのは山よりも都会の暗闇だろう。

私は平均一と月に一ぺんは山へ出かける。一と月以上山にごぶさたしていると、頭もからだも調子が悪い、と自分で称している。都会の疲労素が溜まってきたからだ、というまい口実を作って、家を抜け出す。

私の頭にはいつも自分の登山の上演目録《レパートリー》が用意されている。その時の気候、許された日数、からだの調子、などを照らしあわせて、そのリストの中から適当な山を選ぶ。外から魅力のある山行に誘われることもあるが、たいていは自分のプランに従う。三日間の暇がある、紅葉の盛りだ、あんまりシンドイ登りは御免、といった場合、では××山にしようときめる。飲みすぎた翌日は、家にいても何もできぬ。山に行くに限る。そんな場合は日帰りで行ける簡単な山を選ぶ。一日歩いて、すっかり酒の気を抜いて、夕方帰る時はいい気持である。

さて、ここ二た月近く山に遠のいている。先月はいろいろ不意の用事が重なって行けなかった。都会の疲労素だけでなく、身体が重い。下腹に余計な肉がつき始めた証拠だ。こそげ落として来なければならぬ。ところでこの十二月という月は、山歩きには不適当である。日が短い。寒い。まだ皮膚が冬に慣れないこのころの寒さは、厳冬期よりこたえることがある。暇のある学生はいち早く冬山に取りかかるが、一般社会人にとっては一番忙しい時である。もう少し待てば正月休みがある、誰がこんな押しつまった月に、日にちをやりくりして山へ行こう。まわりを見廻しても連れがない。一人で行くことに決めた。どこへ？

あれでもない、これでもない、とさんざん頭の中を掻き探したあげく飛び出したのが、何と平凡な天城山《あまぎ》であった。

私はまだ天城山を知らなかった。麓は通ったが、登ったことがない。行きたい山がいくつもあるので、伊豆の山なぞつい後廻しになる。いつでも行けるという気があるからだろう。そのくせいつも心にかかっている山であった。読みたい有名な小説をまだ読まずにいるような。

天城山は昔から私にはなつかしい名前だった。天城と聞くと、南国のあたたかそうな、詩と伝説の沁《し》みこんだ山が想像されていた。高等学校にいた頃、休暇がすんで寮へ戻ってくると、友人たちの話にきっと伊豆旅行があった。その話の中に、天城やその谷々にある鄙《ひな》びた温泉の名がしきりに出た。しかし信州や東北の山ばかりに執心し

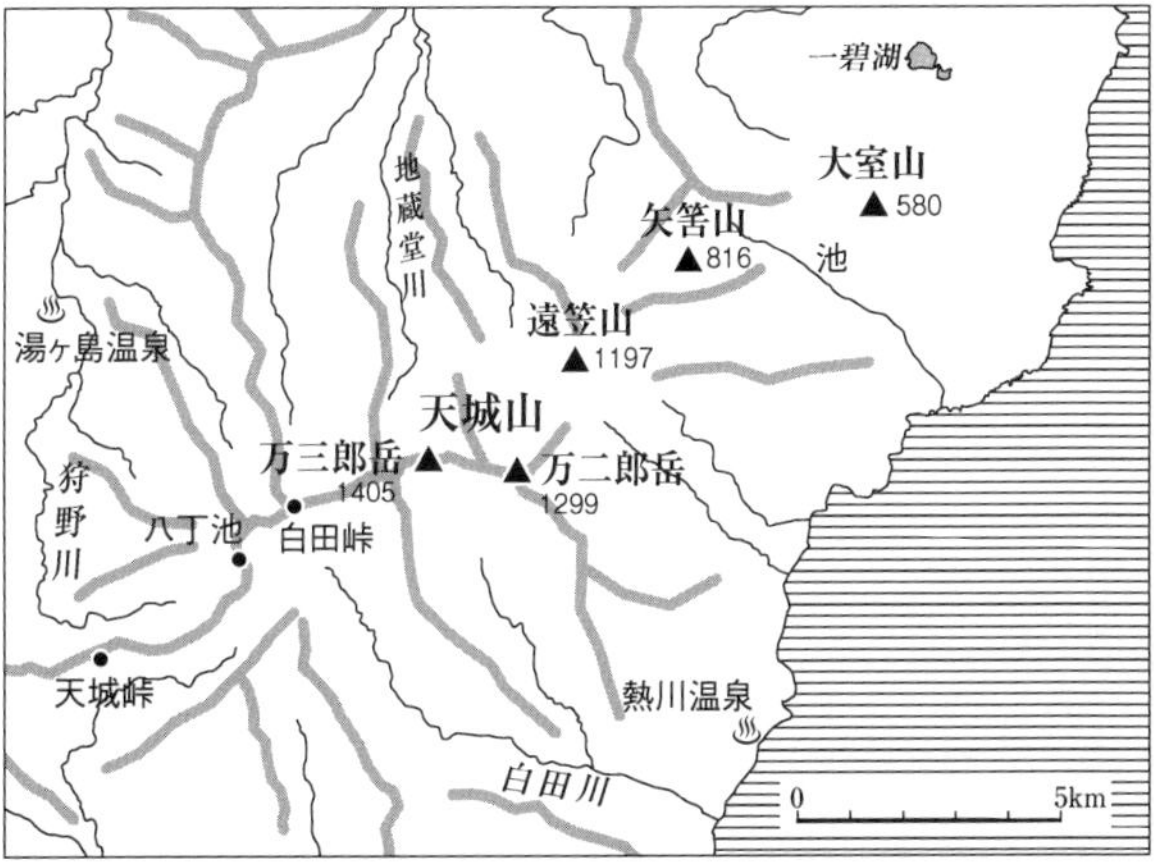

五万分の一地図　伊東、修善寺、下田

ていた私は、伊豆や房総の旅行に日にちをつぶすのが惜しかった。初めて伊豆へ、それも海岸よりの温泉へ行ったのは、ずっと後年のことである。房総はまだ知らない。

　山好きで、私と同じ気持の人も少なくないだろう。私の山仲間でも天城山へ登った人は案外すくない。その一つの理由は、ここの地図がなかったせいもある。天城で一番高いのは万三郎《ばんざぶろう》岳、次は万二郎《ばんじろう》岳ということは知っていても、五万分の一の地図がなかった。要塞地帯[*1]だったからだ。そんなウサン[*2]な所へは足を踏み入れたくない気持もあった。戦争中[*3]、私は九州の南にある屋久島の山へ登って、そこで撮った写真のかどで、横須賀の憲兵所へ呼びつけられ、さんざん油をしぼられたあげく、始末書を取られた嫌な思い出がある。五万分の一の「伊東」が売り出されたのは終戦後である。美しい自然を持った日本に、秘密地帯の無くなったことは、何と楽しいことか。

物の本によれば、今の伊豆半島のある所は、百五十万年前は大海原であった。そこにまず猫越《ねっこ》火山が噴出し、続いて、天城、達磨、熱海の火山が噴出した。この四つの火山が活動を始めて大きく高くなっていくうちに、お互いつながりあって大きなグループとなった。それが長年の間に、陥没や浸蝕で原型が毀《こわ》され、現在のような地形になったのだという。

現在、地図の上で天城山脈と記されているのは、東海岸から起こって、遠笠山、万二郎岳、万三郎岳、それから天城峠を経、猿山、十郎左ェ門、長九郎山と続いて西海岸に終わっている。つまり伊豆半島の中央を横断した形になっている。この山脈を地図通り歩こうというのが私の計画であった。

家を出たのは十二月十八日、凍てのきびしい早朝であった。寒い代わりすばらしい晴天である。伊豆はあたたかだろう。山の中で一晩寝ることも考えた私は、寝袋と携帯天幕のほかに、簡単な炊事道具も持ったので、リュックは嵩《かさ》高くふくれあがった。伊豆の山へこんな大きな荷を背負っていくのは、鶏頭を断つに牛刀を以《もっ》てする、恥ずかしいような大げさではあったが、いたしかたない。

山へ行く時には、出来得る限り荷を制限する。私の体力はすでに若気の元気を装いきれない。重荷に喘《あえ》いでいては、山登りの楽しみがない。不必要なものは一グラムといえどもオミットする方針である。それが今度は柄にもなく重いリュックになった。高い山へ行く時にはこんな負担を私は承知しないが、伊豆の山だ、ハンディと心得た。何を標準にリュックの重い軽いをきめるか。私はこう考える。立っていてリュックを背中へあげられるうちはまだ軽い。リュックを台の上に置いて、その負紐に両手をつっこんで、ヨイコラショと立ち上がるほどの荷になって、初めて重いと言い得る。人それぞれの体力に応じて、そうである。私のリュックはその境目であった。

山行には不似合な湘南電車で伊東へ着いたのは十時。駅前から遠笠山が見える。名の通り、遠くの空に浮かんだ饅頭笠《まんじゆうがさ》だ。池部落行のバスを待つ一時間半に、弁当を食い、町を歩いてみる。どの土産店にも、あたたかい色をしたミカンがうず高い。たくさん買い入れる。休む毎に一個ずつ食って行くつもりである。

観光伊豆は私には縁がないが、丘陵を切り拓いた自動車道路の立派さに少なからず驚いた。わが友らのよく口にする川奈ゴルフ場はあのあたりかナ、と思いつつ過ぎるうちに、小室山を左に見、丘の合間に海がチラチラし、やがて右に大きく大室山が現れると、バスは砥《といし》のような道路を棄てて、舗装のない横道へ入った。大室山は全山ラクダ色に枯れて、大きなお仏供《ぶく》さんのように立っている。一点のかげもない曝《さら》け出しの裸山だが、どこに寝ころんでも半日は過ごせるような、あたたかい冬陽に包まれていた。

池へ着いたのは正午、降りた客は私一人だった。ここから天城山へ二つの道がある。鹿路庭《ろくろば》峠を経て行くものと、すぐ山に取りかかるもの。私は後者を採った。山道は初めしばらく急だったが、それから草枯れ丘のなだらかな登りが続いた。丘を越えて矢《や》筈《はず》山の黒々した双頭が現れる。二つの峰頭が典型的な矢筈[*4]の形をしている。行手にはこれも黒々とした遠笠山のゆったりと長い峰、かげの所が白く刷《は》いたよう染まっている。さっき池で村の人が、

「今朝、天城山に初雪が降った」

と言っていたのは、このことだろう。山の中で一晩野宿しようという私の決心は、少しぐらついた。それならこんな重いものを背負ってくるんではなかった。

人の一生は重き荷を負いて遠き道を行くがごとし、急ぐべからず。私は家康の家訓を思いだしながら、ゆっくりゆっくり幾度も休みながら登って行った。こちらの黒い山と対照的な、明るいラクダ色の大室山はもはや眼の下になり、展《ひら》けた伊豆の海には、

大島、というより三原山が白い煙をあげて浮かんでいた。

防火線の切開けを横切ると、道は展望を失って、杉や檜の林の中へ入った。だいぶ登ったと思う頃、一軒の山仕事の小屋が現れた。そこにいた夫婦に道を教わり、それから先は山腹を巻く平らな道を辿《たど》った。日陰には霜柱が立っていて、ザクザクそれを踏んで行った。

鹿路庭《ろくろば》峠の方から来る尾根道と合したのは、それから間もなくだった。新しい幅の広い自動車道路が通じていて、人夫たちがその補修をしていた。約八百メートルの高さのここまで、やがて自動車で乗りつけるようになるのだろう。小高い丘の上に、白亜の近代的建築が立っていた。それが今夜の私の宿のセントラル・ロッジであった。

今ごろの客はもちろん私一人であった。汽車の寝台式のベッドが四つある小さな室に通される。ここには寝具はあるが、食事の用意はない。炊事はキャンプ場でしてくれと書いてある。ロッジの前に粗末な小屋があって、そこは裏磐梯から出稼ぎに来たという炭焼きの一団の合宿所になっていた。私はそこの炊事場を借りて飯盒《はんごう》で米を焚いた。

御飯が出来た頃すっかり暗くなっていた。ロッジの食堂は蛍光灯を取りつけた広いサロンだが、電流は来ていなかった。たった一つともされたアセチレン・ガス*5の灯の下で、私は侘《わび》しく飯盒のめしを食い、真っくらな部屋に帰って、借りた毛布をかぶった。まだ七時前だったが、半徹夜の睡眠不足で家を出てきた私は、すぐ眠りに落ちた。

　明け方はさすがに冷えた。今朝は夜明けとともに発つつもりで、早く起きねばと思いながら、寝床を離れるのが辛い。もじもじしているうちにとうとう七時すぎになった。持ってきたサンドイッチを朝飯代わりに食べ、ロッジを飛び出した。

　すぐ前に大きく遠笠山が立ちはだかっている。まず最初の目標はこれである。未完成自動車道路のどんづまりまで行って、そこから山道になる。道が二つに分かれて、片方には近道と書いてあった。私は何ごとによらず近道というものを好まない、『フランス語捷径』といった類も含めて。しかしけさの朝寝のおくれを取り返すために、自説をまげた。

　近道は急な代わりすぐ私を高みへあげた。天気は上等ではない。高曇りで、私の望む冬陽のポカポカには恵まれそうもなかった。振り返る正面に、上半身真っ白になった富士山が、裾を靄《もや》にボカして浮かんでいた。山腹に宝永山の爆裂火口がアングリ大きく口をあけている。富士山を見るたび私は「偉大なる通俗[*6]」という気がする。どんな山にも一癖あって、それが個性的な魅力をなしているものだが、富士山だけはただ平凡で大きい。俗物め！　と小天才たちは口惜しがっても、結局その大きな包容性にはかなわない。伊豆の山々からはことに立派に見える。が、観光業者によって騒ぎ立てられすぎているこの偉大なる通俗を、私はそっとしておこう。

　道はしばらく中腹を巻いて、それからほとんど一直線の登りになった。木の葉はすっかり振るい落とされているので、林を透かして眺めが利く。山の明るいことも冬の山の特色の一つだ。林を抜けて、ツゲやアセビの常緑小灌木の点々とした笹原へ出た。そこから三等三角点のある遠笠山の頂まではわずかな距離だった。頂上はじっと立っておれないほど風が強かった。北の方には、箱根、丹沢の山々、東は、大島を初め伊豆七島がそれぞれの形で浮かんでいる相模灘で、南に眼を廻すと、これから私の辿ろうとする天城山脈の首脳部——円頂の万二郎岳、その右に、右下がりの長い尾根を持った馬ノ背、さらにその右に、最高峰の尨大な万三郎岳が続いていたが、その頂は雲に隠れて見えなかった。

　三十分あまり眺望を楽しんでから、南に向かって下る。四辻と書いた標示板の立っている十字路に出る。そこから万二郎まで、地図の上では広い原を上って行くようになっているが、林間の道で眺めは利かない。幹の肌がサルスベリのように赤く、その姿勢はシラカバに似たのが林の中に混じってきたが、これはたしかヒメシャラと呼ぶ暖国の木である。

ダラダラ上りが最後に傾斜を増して、やがて万二郎岳の頂に出た。重いリュックを放りだして、ドカリと座りこむ。さっきと反対に今度はこちらから遠笠山を見返す。ゆったりした線を引いて形のいい山だ。しめた、陽がさしてきた。伊豆とはいえ、千メートルを越すとやはり寒い。軍手の片っぽを落として、残る一つで両手を代わるあたためてきたのだ。

しかしその寒さには代償があった。万二郎から主脈の鞍部への下りかけで、私は不意にすばらしい光景に打たれた。南アルプスである。富士の左に、天の果てを限って、新雪を被《かぶ》った峰々が潑剌《はつらつ》と競い立っていた。息のつまるような新鮮な眺めだった。こんなにあざやかな遠山の姿は、冬でなければ得られない。

馬ノ背は、どこが頂上だか分からないズルズルベッタリで過ぎた。アセビの喬木の中に道が通じている。万三郎岳へかかる前に、昼食にした。フランスパンを切って、焼豚の片を載せて食う。パンの皮は私の入歯には堅すぎた。ジュースを飲む。これは近年登山に大流行の飲物で、これが出来てから山が汚くなったという説に私も同感する。ジュースの空きカンの転がっていない山を見つけることは困難である。

万三郎への登りも林間の道で、ブナが現れてきた。それからシャクナゲが多い。大きなシャクナゲである。花盛りの頃はさぞ奇麗だろう。こんな満目蕭条《まんもくしょうじょう》*7とした冬の日に天城へ来るなんて、人は物好きに思うかもしれないが、私はこの季節のひっそりした山の静かさが好きなのである。人々が皆スキーを担いで雪山へ急ぐ時、一人枯草を踏んで時期にはずれた山を歩くのが、私には楽しい。

万三郎岳の頂上に立つ。一四〇七メートル*8、伊豆半島の最高点である。測量の大きなヤグラが立っている。いつか日がかげって、遠い南アルプスはもう姿を隠し、「偉大な通俗」だけが白く抜きん出ていた。

万三郎からの緩い下りは、スクスクと立った大きなブナ林の中を行く気持のいい道だった。片瀬峠という鞍部に着き、それからまた上り坂になるが、それが今日の最後の登りであった。登り切った所が小岳。命の短い冬の太陽はもうだいぶ傾いて、風がビョウビョウと鳴っていた。小岳から急坂を下ると、あとは大して上り下りのない平らな道になった。しかし長かった。途中、片瀬峠、白田峠などという物寂びた峠が、道を横切っていた。

どことなくあたりが開けてきたと思うと、ひょっこり眼の前に八丁池が現れた。それが特に親しいものに感じられたのは、単調な長い道を歩いてきたあげくだからだろう。夕暮れの空をうつして池は静かに横たわっていた。

池のほとりに煙が上っているのを見つけて、近よって行くと、テントが一張り立っていた。今日は土曜日である。土曜日曜に一人くらい私のような物好きがいてもよいと思っていたら、ここで初めてそれに出あった。沼津の高校生だという四人連れであった。向こうも意外だったらしい。

「小父さんはよく天城へ来られるんですか」

時節はずれの一人ぽっちの初老の登山者を、彼等は天城通と見たに違いない。

予定では、私はここで野営するつもりであった。そのために寝袋や炊事の用意をして、重いリュックを負ってきたのだが、池のはたに、破れた屋根だけしかない吹き曝《さら》しの掘立小屋を見ると、私の勇気は挫《くじ》けた。ここで泊まれば明日の、天城山脈の西半分を歩く行程には都合がいい。しかし暖国の山の中で一晩明かすというロマンチックな夢は、今朝からの霜柱の道で消えかけていた。それでもせっかく用意してきたのだ、勇を鼓してここで寝るか、よすか。私はしばらく思案に惑っていたが、結局安易に負けた。言訳はこうだ。もう一時間も歩けば天城峠のバス道路に出る。今夜は温泉に泊まって、明朝早く登り直せばいい。もはや不用になった荷をかついで、私は下りについた。急な坂を降りて行くうちに、日はすっかり暮れた。バス道路の水生地《すいじょうち》という所へ出たのは、一時間半後であった。さて今夜はどこに泊まろう。湯ヶ島か、湯ヶ野か。どちらでもいい、早く来た方のバスに乗ることにした。真っ暗な道に、灯りのついたバスが上ってきた。湯ヶ野にきまった。バスは天城峠のトンネルを潜って、南へつづら折の道を下って行った。

湯ヶ野で行きあたりばったりの宿に入った。私の服装は、粗末な、しかし安い部屋に通されることに役立った。晩めしにお銚子を注文すると、断られた。この一週間はキノミヤ（来宮《きのみや》か）さんの忌日で、このあたり河津村の宿屋では一さい酒を出さないしきたりだという。客に酒を出さないとは商売気のない殊勝な話である。禁酒会員が聞いたらさぞ喜ぶだろう。

明朝は一番のバスで再び天城峠まで上り、そこから猿山、十郎左ェ門、長九郎山と、天城山脈の西半分を歩いて大沢温泉へ下る予定である。朝が早いので、温泉に浸って早々床についた。

翌日六時半に起こされる。谷川の音とばかり思っていたのに、戸をあけると、小雨が屋根を打っている。湯ヶ野は川端さんの『伊豆の踊子』でなつかしく思っていたが、来たのは初めてである。すぐ眼下の谷川を距てた向こうの丘には、ツバキとミカンが南国らしい色彩をほどこしていた。

雨には困った。今日の行程は十時間の山道である。濡れて歩く勇気はない。しかしこの雨はあがるかもしれない。ともかく一番のバスに乗った。天城峠まで上ったが、あたりは雨に煙って何も見えない。私は断念してバスの座席に尻をおちつけた。天城山脈の残りはこの次にしよう。残念だが致しかたない。

湯ヶ島へ下って行くと、一昨年の伊豆の大水害の跡がまだまざまざと残っていた。終点の沼津の駅前は、雨の中を歳末の買物の人出でいっぱいだった。

●天城山（あまぎさん・一四〇五メートル）　一九五九年十二月の山行。単独。

＊1　要塞《ようさい》地帯……敵の攻撃を防ぐために海岸・山岳地帯・平原などに構築する大規模な軍事施設とその周辺地域。写真撮影は厳しく制限され、地図も許可されなかった。

＊2　ウサン……胡散《うさん》。怪しいこと。うさんくさい、うさん者など。

＊3　戦争中……日中戦争のこと。深田久弥は一九三九年十二月に宮之浦岳に登った。

＊4　矢筈《やはず》……矢の末端の弦に掛ける部分。

＊5　アセチレン・ガス……acetylene gas. カーバイド（carbide　炭化カルシウム）に水を加えてつくる気体。強い光をだして燃える。夜店・山小屋の灯火などに使った。

＊6　「偉大なる通俗」……深田久弥独自の表現であろう。『日本百名山』の「富士山」では「富士山はただ単純で大きい。小細工を弄しない大きな単純である」と書かれている。

＊7　満目蕭条《まんもくしょうじょう》……見渡すかぎりもの寂しい様子。

＊8　一四〇七メートル……現在は一四〇五・三メートル。

笊ヶ岳

茂知《もち》君[*1]から電話。山行きの話にきまっている。そこで受話器を取ると、すぐ私は言った。

「こんどは少し辛い所へ行ってみない？　僕たちの力の限界でね。笊《ざる》ヶ岳はどうだろう。寝袋やラジュウス[*2]を持って。もちろんポーターを連れて」

「大賛成」

茂知君は一も二もなく承知した。忙しい銀行支店長の机の上で、のんきな山行の相談に乗っている彼のニコニコした顔が、眼に見えるようであった。さっそく詳しいことをしらべておこう、という彼の返事を得て、電話を切った。

笊ヶ岳は久しく私の憧れていた山だった。南アルプスの白峰《しらね》山脈が白河内・黒河内岳を最後に、高度を下げてずっと南に延びたところ、もう一度勢いをふき返したように盛り上がったのが笊ヶ岳である。標高は二六二九メートル。山の高さなどに無関心な読者のために付け加えて言えば、日本には、アルプスと八ヶ岳と白山を除けば、二千六百メートル以上の山はどこを探してもない。その意味で二千六百という数字は尊重されていい。

この笊ヶ岳を今まで私は方々の山から望んでいたが、一番印象的だったのは、数年前の三月、安倍川源頭の八紘《はっこう》嶺*3の雪の山頂から、西北の空に眺めた時だった。そのバックをなす南アルプス三千メートル級が遠く霞んでいたので、ひとり目前の笊ヶ岳がヒーローのようにあたりを払っていた。そのスッキリした形もよかった。屹《きっ》とそそり立った真っ白な峰頭が、胸の透くような稜線を左右におろしていた。それ以来、笊ヶ岳は私の未登峰登山予定表の中で重きを占めた。

それほど私には大事な山であったが、案外世に知られていない。山の好きな人に出あって笊の話を持ちだしても、へえ、どこにそんな山があるんですか、という顔をする人が多かった。名前は知っていても、登ったことのある人はごくわずかだった。

数日後、また茂知君からの電話で、彼が地元へ問い合わせた回答によれば、麓の保《ほう》村から二股小屋までの道は、昨年の二度の台風で非常に荒れてしまった、しかし行けぬことはないという。二股から上は相当の積雪があるだろうが、小屋から一日で頂上への往復が出来そうだ。それから持って行くものの打合わせをした。ピッケル、アイゼン、輪カンジキ*4は必需品、それに寝袋、食糧、ラジュウス、何しろ厳冬期のことだ、

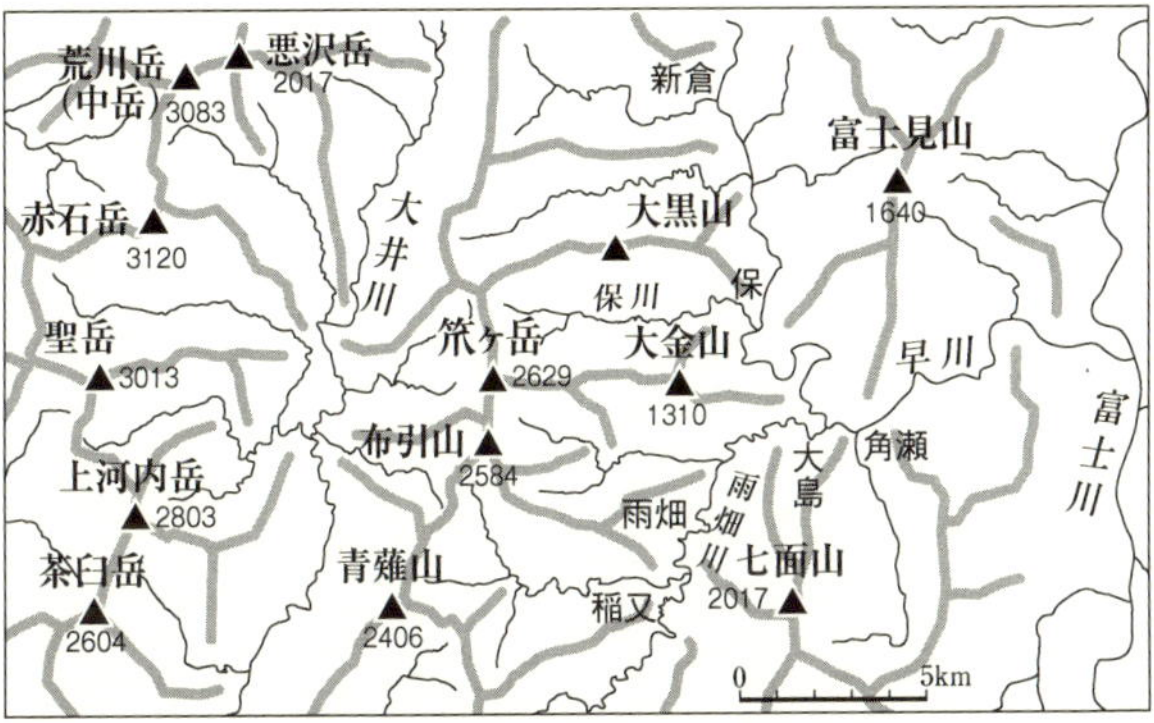

五万分の一地図　身延、赤石岳

どうせポーターを雇うんだから防寒着は十分用意して行こうということになった。

一九六〇年一月二十二日金曜の朝、二人は新宿駅八時十分発の準急「穂高」の中で落ち合った。一つのリュックに収まり切らず、別にもう一つ小リュックを私は持って行ったが、茂知君も同様、いつものキスリングのほかに大きな包みを携えていた。窓際に向かいあって、席を占めると、すぐ山の話になる。いい天気だ。まず天候に心配はない。これも私たちが笊を選んだ理由の一つだが、この山の頂上から太平洋が見えるだろうから、表日本の山と言っていいだろう。表日本の冬は大たい晴天続きである。

笹子トンネルを抜け、勝沼から甲府盆地に駆け下りる汽車の窓から、遥《はる》か真西の空を区切る南アルプスの大観は、いつも昼の中央線で信州の山へ向かう時のすばらしい序曲。白峰三山から鳳凰、駒ヶ岳に連なる精鋭たちだが、澄み渡った冬の空に浮かんだ雪嶺の、一番見ごたえのある時期である。

甲府で身延線に乗り換える。登山者にはあまり縁のないこのローカル線も、山の眺めにはすぐれている。北には私の宿題の一つである茅《かや》ヶ岳*5。その左うしろに八ヶ岳の新鮮な雪の峰々。西には厖大な間《あい》ノ岳が前山のひまに*6輝いている。

身延駅で下車。日蓮宗大本山へ参詣の団体客で賑わう駅頭で一時間ほど待って、奈良田行のバスに乗る。このバスは富士川の支流早川に沿って山深くまで通じている。学生時代私が初めて南アルプスへ入った時は、早川の谷は全くの辺境であった。山奥の奈良田まで車が通おうとは、どうして想像出来ただろう。日本の山地に辺境を無くしたのは、水力発電会社である。事業家の眼には、山奥のどんな美しい渓流も、黄金の水に映るらしい。

一時間半ほどバスに揺られて、保村で下りた時は午後三時になっていた。停留所のすぐ脇の宿屋に入る。パーマネント屋兼業で、その店とガラス戸で仕切られた室に通されて、こたつで寛《くつろ》いでいると、そこへチョビひげを生やした小男が入ってきた。大へん失礼な紹介の仕方だが、その人が二股小屋の持主であり、茂知君が問合わせの手紙を出した平山新吉さんであった。

保から登って二股小屋を使用するには、平山さんに会って許可を得ねばならぬが、人々はまずその雄弁（というよりはむしろ怪弁）にちょっと度胆《どぎも》を抜かれるだろう。しかしその長広舌を聞いているうちに、この人はウルサイ口ほどでもない好人物であることが分かってくるだろう。保村のアウトサイダーであるらしい平山さんは、語るに足る友を久しぶりで見つけたかのように、私たち二人を前にして、彼の計画や抱負や、はては社会・政治問題にまで話を拡げて倦《あ》きることがなかった。

翌朝は快晴、七時に宿を出て、村端れの小高い所にある平山さんの住居へ行った。正しく書けば、平山さんが住職をしている宝乗寺へ行った、とすべきかもしれない。ところが平山さんには全く坊主らしい気配がなく、宝乗寺には寺らしい様子がない。この偽似住職はこの偽似寺に、これも一と目で絶対の好人物とわかる耳の遠いオババと二人で住んでいる。平山老（といっても私より二つ年上でしかない）とオババの一対は、貧乏を物ともせず、その風変わりな生活に自足している風に見えた。オババは待ち兼ねたように、私たちに黒色の液体を注《つ》いだ茶碗を出した。老の説によれば、これはオババの発明になる効験あらたかな強壮剤だそうで、シャクナゲの葉を煎じた汁の底に黒豆が一つ入っている。飲みやすいように砂糖で甘くしてあった。

昨夜頼んでおいたポーターが風邪で来られなくなったので、その代わりを探し出すために、私たちは日あたりのいい寺の前庭で一時間ほど待たねばならなかった。村のすぐ背後は、かなり急峻な斜面の畑が展《ひろ》がっていて、二、三寸ほど伸びた麦が青々としていた。少し離れた丘の上に、こちらの寺と対照するように、甍《いらか》をそなえた別の寺が立っている。しかし平山老の言によれば、この村は毎朝五時、彼が打ち鳴らす太鼓によって眼覚めるのだそうである。南の真正面には大きな壁のように七面山が立ち塞《ふさ》がっていた。

やっと代わりのポーターが来たので、平山さんも入れて私たち四人は八時に出発した。寺のうしろの小さな尾根を越えると、保川のへりに出る。道はこれからずっとその谷川に沿って行く。

道は昨年の七号と十五号と二つの台風のためにさんざん荒らされているとは聞いていたが、その惨状は想像以上だった。小沢《おざわ》という沢を横切る時、その橋が落ちていたのが序の口だった。隧道《ずいどう》を潜り抜けて展望台と称する所へ着く。ここから遥か谷の源頭の方向に、突兀《とっこつ》と立った円頂が初めて見えた。これは笊ヶ岳の前峰で、小笊あるいは保《ほう》ノ笊と呼ばれている。

谷はそれから先が悪くなった。災害前には左岸の崖を捲いてついていた道が、今は寸断されている。桟道の橋という橋はことごとく落ちてしまったので、そのたび河原へ降りて石の上を拾って歩かねばならない。靴を濡らすのが嫌で、出来るだけ徒渉[*7]は避けていたが、とうとうハダシになって冷たい水を一度だけ渡らねばならなかった。

　三段ネジリノ滝というのは、短い滝が三本捩《ねじ》るよう連続して落ちていたが、その滝を越すには、左岸の崩れ易いガレ[*8]にピッケルで足場を作って渡った。茂知君が先に立って壊れた道を探しあてながら、岩を攀じ登ったりズリ下がったりして進んで行く。厄介なのはその岩が薄い氷で覆われている個所で、そんな所では靴底のビブラムも役に立たない。冬の真ん中のこととて、岩からの水滴は氷柱《つらら》の林になってブラ下がっている。

　私たち二人は何とかそんな道を択《よ》って行ったが、重荷を負ったあとの二人は、そんな危険な岩伝いは御免だと言って、冷たいが安全な、谷川をジャブジャブ渡る方式を取った。丈の低い平山さんは腿《もも》のあたりまで濡れて、凍てついて固くなったズボンには白い氷の粉がふいている。

　千丁淵の上の滝を越えて、渋沢に着いたのは十二時頃。道のよかった時にはここまで二時間だそうだが、私たちはその倍もかかった。渋沢から高捲きの坂を登って山ノ神に出た。ちょっとした平地で祠《ほこら》がある。もとここに金鉱採掘の小屋があったのを、平山老が上流の二股へ移したのだそうだ。甲州の金《きん》はこの保川の谷がおもな産地で、信玄の時代から掘ったという。その金鉱に平山さんは大金を出資したが、相棒の若僧の大馬鹿野郎にまんまと持逃げされて、今はこんな貧乏をしていると老は嘆いた。

山ノ神を過ぎてからも相変わらず悪路が続き、とうとう途中でポーターが戻ると言いだした。いくらなだめすかしても聞かない。仕方なし日当を与えて帰した。それから小一時間ほどでやっと二股の小屋に着いたのは三時半、二里くらいの道のりに七時間もかかった。

小屋は地図（身延）の二股より少し手前で、右手から無名の沢が入ってくる、その沢を渡った所にあった。十人も入ればいっぱいになりそうな小さな小屋だが、ともかく今夜の泊まり場についてホッと一息ついた。茂知君と平山さんはさっきポーターの残して行った荷を取りに行き、私は小屋に残って焚火を起こした。火はすぐ燃えついた。

二人が戻って来た時には、もう谷間は薄暗くなって、チラチラ風花が舞っていた。夕食の準備。焚火に飯盒《はんごう》をかけ、ラジュウスで味噌汁を沸かす。

アセチレン・ガス[*9]の下で、アペリティフのウイスキー、晩餐、食後のココア。すっかり打ち解けて、平山老はいつの間にかトウチャンと呼ばれるようになった。話好きのトウチャンは口の絶え間がない。いろいろのことをよく知っており、いろいろの境遇を経てきたらしく、その多種多様の経験談から察するに、いつもアイデアはいいのだが、いざ実行にかかるとドジばかり踏む種族に属するように思われた。

雪を踏んで外に出ると、空は粉をふいたような銀砂子で、ちょうどオリオン座が谷の上にかかっていた。その三つ星の下の小三つ星は、近頃の濁った東京の夜空では見られないが、ここでは中央の星雲もハッキリ認められ、桝形《ますがた》星の名を得ている形も鮮やかであった。[*10]

私たちが寝袋に収まっても、トウチャンの話が追いかけてくる。寝ながら、トタンの一枚はがれた屋根の空間から星が見える。親切なトウチャンはずっと起きていて火を焚いてくれた。

翌朝暗いうちにトウチャンに起こされる。もう朝食の用意が出来ていた。少し薄明るくなるのを待って、六時半に小屋を発つ。トウチャンは二股まで送ってくれた。二股の右の沢は黒棚《くろだな》、左の沢は本棚《ほんだな》と呼ばれているが、道はその中間の尾根に通じている。坂は急で、初めジグザグ道がおぼろに認められたが、やがて雪の下に消されてしまった。ずっと森林の中を登って行く。

登るに従って雪は深くなってきた。時々倒木があって跨《また》いだり潜ったりする。十歳の年の違いが現れて、先頭の茂知君におくれずついて行くのは骨が折れた。途中でアイゼンをつける。

富士見小屋に着くまでに四時間もかかった。一坪くらいの掘立小屋で、屋根も周囲も剝《は》がれた哀れな体である。しかしここから振り返った富士山はすばらしかった。全く富士という奴は、他の山々との均衡を破って図抜けて大きい。二人はその図抜けぶりを賞しながら、弁当のサンドイッチを食い、テレモスのココアを飲み、元気をつけて、また登りにかかる。

雪が深いのでワカン[*11]を穿《は》いた。が、粉雪のため、もぐることは同じでいっこうその効き目がない。時々私もラッセルを交替して先に立ったが、その辛さが身にこたえた。深いところは腰のへんまで雪にもぐり、しかも急坂続きなので、両手で雪につかまりながら登るような恰好になる。森林の切れ目から、笊から北へ続く山が見えた。これは生木割《なまきわり》山と名づけられているが、偃松尾《はいまつお》と呼ぶのが正当だそうだ。堂々とした山である。そんな眺めのある所へ出ると、それを口実に一休み出来るのが嬉しい。

道はずっと尾根筋を登っている。森林の中だから気を紛らす眺望もなく、ただ一歩一歩、雪から足を引き抜き、次の足を雪に踏み入れる、単調な、息の切れる運動を繰り返すだけである。木はオオシラビソかトウヒだろう。遠くから見た時山は黒かったから、雪は少なかろうと思ったのは大間違いで、木の下にはドッサリ積もっていたのだ。

動いている時はあたたかいが、しばらく休んでいると寒さが身に沁《し》みてくる。茂知君は足の指が凍傷気味だと言う。私はヒマラヤで使った特別製の靴を穿いていたのでその方は大丈夫だが、ワカンの紐を忘れて不便したのは大失策だった。

ようやく眼界が展けて、深い谷を距《へだ》てた向こうに笊の頂上が見える地点へ達した。まだだいぶある。時刻は二時半、この進行状態では頂上まで行けそうもない。行けるにしてもこの深雪では三時間近くもかかるだろう。そして帰りは暗くなるだろう。登山の英雄主義者であるためには、私たちはもうあまり苦しい目にあいたくない年になっていた。

「このへんで引返そうか」

茂知君の提言に、もちろん私は不服がなかった。慎重な退却なんて偉そうなものではない。「もう帰ろうや」の一致にすぎない。笊と小笊の二つの峰を持った頂上あたりには、よほど烈しい西風が吹いているとみえて、煙のように粉雪が帯になってなびいていた。それを見納めに私たちは下りにかかった。帰りは早かったが、私たちの足取りが何となく調子づかなかったのは、やはり頂上を逃した残念が心にあったからだろう。小屋に戻ったのは暮れがただった。留守番のトウチャンは豪勢な焚火をして待っていた。太い薪をそばに山のように積んで、「今夜は寒い目にあわせませんよ」と誓った。

ところがその夜の寒さといったらなかった。隙間だらけの小屋だから、いくら火を焚いても外から侵入する寒さに対抗出来ないのは当然だが、その夜の凍ては特別だった。寝袋の中にからだを縮こめて一夜をあかした。

あとで知ったが、保村では零下九度だったそうだ。新聞には、二十年ぶりに日本全土を襲った寒気で、東京では零下五度六分まで下がったと出ていた。私たちは択りに択って一年の一番寒い晩を、通風のいい山小屋であかしたわけになる。寝袋を持たないトウチャンは焚火のすぐ脇で横になっていたが、彼を寒気から守ったのは火だけではなかったことは、翌朝ウイスキーの瓶がすっかり空になっていることでわかった。

その寒さの代償は、翌朝の底抜けの晴天だった。今日は下るだけだ。ゆっくり寒さの緩むのを待って、八時五十分小屋を後にした。ポーターがいないので、その分担が私たちの肩にかかった。この重荷で、いくらかアクロバットじみた、帰途の岩の攀じ上り攀じ下りをしなければならないかと思うと、少なからず憂鬱であった。誰かポーターが迎えに来るように一昨日言いつけておいたし、私たちはそれを信じていたが、全保村を軽蔑しているトウチャンは、そんな殊勝な者はいないと言う。しかしこの賭けはトウチャンの負けだった。一時間ほど下った時、向こうからひょっこり男が現れた。私たちを迎えにきた保の望月正一君だった。日本山岳会長の日高信六郎*12さんが三年前の秋の末、この正一君を連れて笊ヶ岳に登られた。日高さんの保証付きのポーターである。

保証に違《たが》わず、彼は無口ではあるが始終先頭に立って、通行の邪魔になる枝を伐り払ったり、渡渉*13の時には流木で橋をかけたり、よく気のつく、有能な若者だった。行きしなには登りばかりに気を取られていたが、今度はもっと余裕をもって、この谷を眺めることが出来た。滝と巨岩の連続である保川は、切り立った岩壁や、深く見下ろす瀬や、さまざま変化のある風景を宿して、美しい谷の一つに挙げられよう。昨夜からの寒気で、先日よりいっそう氷化して、谷全体、白い化粧をほどこしていた。陽のあたる所には、長大な氷柱群がキラキラ輝いて、水晶殿のように美しい。

山ノ神で小休憩して昼食。ここからも富士山が鮮やかに望まれたが、もう富士山には食傷しているので感動はない。

三段ネジリノ滝の横のガレをトラヴァースしようとした途端、無警告にバラバラ落石が降ってきた。とっさにかたわらの岩にへばりついて、頭上に石つぶてをやり過ごす。氷がゆるんで、今までそれに縛られていた石が落ちてきたのである。滝はすっかり氷結して、氷の大理石の上を水が落ちていた。私たちは滝の下までおりて、真冬でしか得られないそんな珍しい眺めに見入った。

帰途は早かろうと思ったのに、やはり悪路に暇どって、休憩も入れて六時間近くかかった。小さな尾根を越えると、保村の傾斜畑のあたたかそうな麦の緑が眼に沁みた。

宝乗寺に近づくと、トウチャンは大声で、

「バアチャン、……ババア……ツンボ!」

だんだんゾンザイになったのは、それだけ親しみがこもってきたのだろう。

オババが強壮剤の液体で私たちを迎えてくれたことは言うまでもあるまい。

親切なトウチャンは、保から近い大金山鉱業所に連絡して、私たちのために入浴の準備を整えさせてあった。熱い湯に浸って、寒さでちぢかんだ皮膚を伸ばし、いい気持で上がると、鉱業所主の花屋さんが熱燗を用意して待っておられた。笊ヶ岳登山路は、鉱業所のある大金山から稜線伝いに通じるべきである、というのが花屋さんの強力な意見であった。

私たちは夕方のバスに乗った。早川に沿って下って行くうちに、ふとうしろの窓から、夕空に小笊の頭がスックと立っているのが見えた。いい形だった。

「やはり立派だね」

そう言い交わした私たち二人の共通の願いは、むろんもう一度笊ヶ岳へやってくることに相違なかった。

身延へ、それから甲府へと引返し、甲府で辛うじて最終の新宿行に間にあった。

●笊ヶ岳（ざるがたけ・二六二九メートル）　一九六〇年一月の山行。

＊1　茂知君……「御座山」の補注＊3参照。

＊2　ラジュウス……ラジウス、ラジュースと書き方が一定しない。「斜里岳」の補注＊8参照。

＊3　八紘嶺《はっこうれい》……一九一八メートル。安倍川と富士川の分水嶺。深田久弥は一九五七年三月に登っている。

＊4　輪カンジキ……わかんじき。わかん、わっぱとも言う。雪山を歩くとき、もぐらないように足につける装備。形状は地方によって異なるが、細い木を曲げてつくる。雪国の民具。現在はスノウ・ラケット、スノウ・シュー。

＊5　私の宿題の茅《かや》ヶ岳……山梨県。一七〇四メートル。深田久弥終焉の山。

＊6　前山のひまに……ひまは物と物との隙間。前山のつらなりの間に。

＊7　徒渉《としょう》……徒は、かち、つまり歩きのこと。渉は、渡る。橋や飛び石などのない沢を歩い

て渡ること。靴をはいたままのこともあれば、靴をぬいで素足で行くこともある。渡渉と書くこともあるが、字義からするとダブりである。

＊8　ガレ……斜面の崩落しているところ。

＊9　アセチレン・ガス……天城山の補注5参照。

＊10　銀砂子《ぎんすなご》……銀箔を細かく砂状にしたもの。

＊11　ワカン……前記「輪カンジキ」参照。

＊12　日高信六郎……「皇海山」の補注＊7参照。

＊13　渡渉……前記「徒渉」参照。

聖岳

水力電気の自然破壊はしばしば登山者の眉を顰《ひそ》めさせるが、そのダム工事の恩恵を蒙《こうむ》ることも稀ではない。今度の私たちの山行がそうであった。大井川上流の井川なんていう所は、昔ははるばる山奥の僻村で、そこへ着くまでには細々とした長い山道を辿《たど》らねばならなかった。

　ところが今年（一九六〇年）五月二十九日、昼すぎに静岡駅に集合した私たちは、その日の夕方にはもう大井川上流の新築の旅舎で一風呂浴びていた。一歩も歩かずにである。それには私たち一行のバラ・サーブ[*1]に相当する加和《かわ》さん[*2]に感謝しなければならない。加和さんはさる銀行の頭取である。大井川ダムの開発者である中部電力が、この有力な融資者を疎略に取り扱うはずはない。私たちは静岡駅頭から大井川上流の宿の前まで、中部電力のジープで運ばれたのである。

　以前は井川へ行くには、静岡から安倍川を溯《さかのぼ》り、途中で支流の中河内川へ入って、大日峠という高い峠を越えねばならなかった。それを何と！　私たちは二時間半ですましたのである。すばらしい自動車道路が通じていた。近年完成したこの有料舗装道路は、大日峠より南で山稜を越える。その最高点は富士見峠と呼ばれていた。峠の上でジープから下りて休んだが、一面の霧で富士は見えなかった。井川林道開通記念塔というのが立っている。それによると、この道路は延長二十五キロ、工費二億五千万円、三年かかって完成した。

　通る人も稀な山中にこんな道路が開かれた理由を、間もなく私は悟ることができた。峠を越えて下って行くと、眼の下に、広々と水をたたえた人造湖が見えてきた。ジープは、大井川をせきとめた堰堤《えんてい》上を渡り、坦々砥《といし》のごとき舗装道路を走って、井川を通過し上流に向かった。

　井川ダムはすでに竣工して、目下その上流に畑薙《はたなぎ》ダムの工事中である。田代、小河内などは昔は大井川最奥の僻村であったが、今はもっと奥まで近代科学の手が伸びて、トラックが疾走し、小屋が並び、クレーンが活動し、騒音が耳を打ち、ちょっとした戦場さわぎである。

「君は金を貸す方だから、視察しておく必要があるんだろう」いつも口の悪い不二《ふじ》さ[*3]んは、頭取に向かって遠慮がない。

「まあそういうことになってるんだがね。見たって分からないよ」

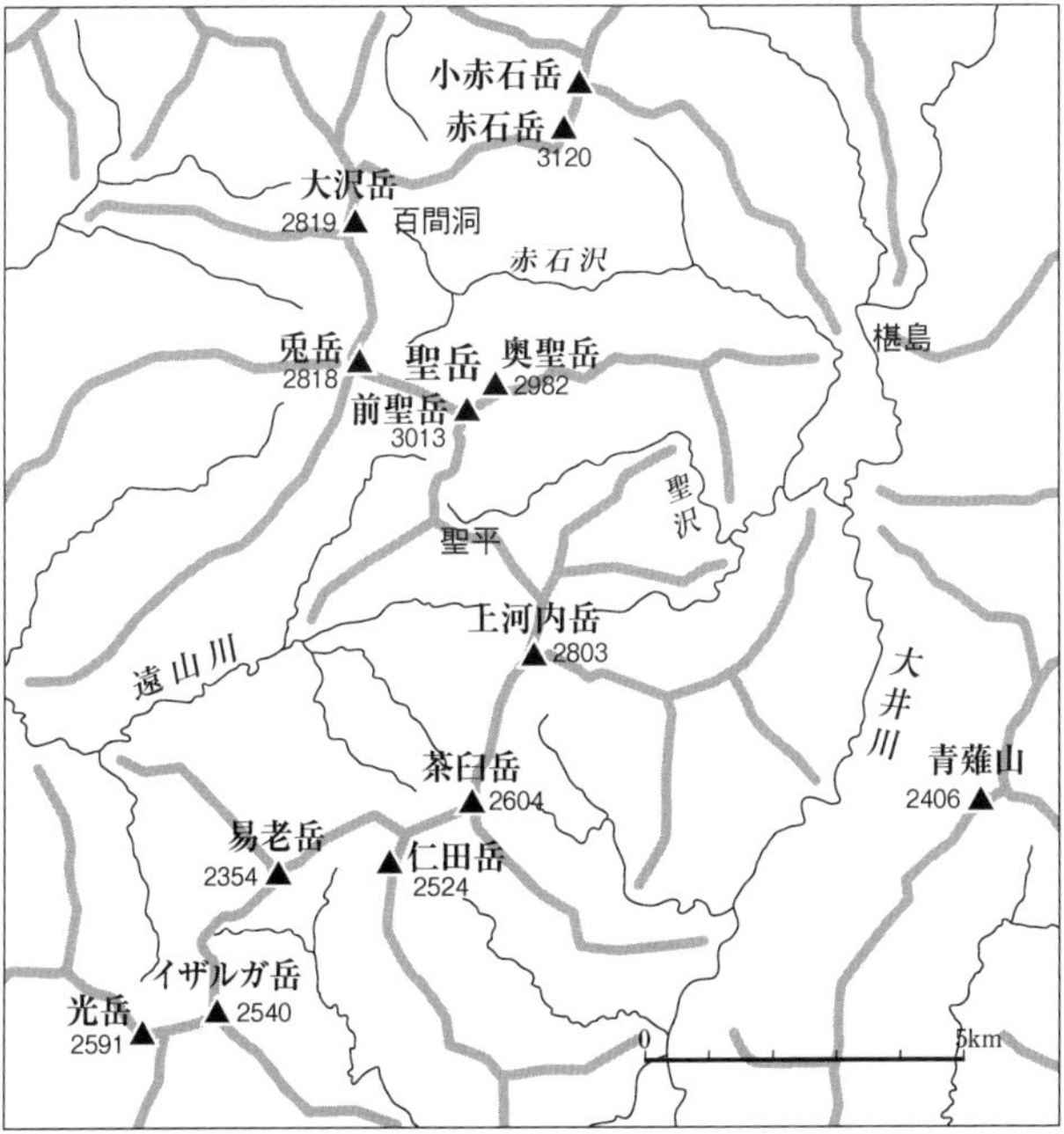
小赤石岳
赤石岳
3120
大沢岳
2819
百間洞
赤石沢
椹島
兎岳
2818
聖岳
奥聖岳
2982
前聖岳
3013
聖沢
聖平
上河内岳
2803
遠山川
大井川
茶臼岳
2604
青薙山
2406
易老岳
2354
仁田岳
2524
イザルガ岳
2540
光岳
2591
0
5km

五万分の一地図　赤石岳、井川

この銀行家の関心は、工事よりもはるかに登山の方にあるらしい。

分からないのは私も同様で、得体の知れぬ大きな機械がしきりに動いて、すでに流れはせきとめられていた。工事事務所の近くの新築の旅館が、その夜私たちに当てられた宿であった。私たちというのは、加和さん、不二さん、越後小出《こいで》の伊久《いく》君*4、それに私の四人。案内役として中部電力の鈴木正平君。この人は南アルプス南部の山に明るいだけでなく、いつもその明けっ拡げな笑い声で一行を賑わせた。そのほかに、ポーターと申しては失礼だが、大きな荷をかついでくれた樋口南一、望月蒿の二青年。両君ともやはりこちらの山にはしばしば登っている。


翌日は快晴、朝宿の前から、茶臼岳、上河内岳《かみこうち》がよく見えた。私たちの目ざす聖岳《ひじり》はその奥に所在する。迎えに来たジープに乗って、私たちは立派な道路をさらに二十分ほど進んで、第二畑薙ダムに達した。ここでも盛んに工事が行われている。そこ(沼平)を離れて初めて、大井川に沿う静かな細い山道になった。

「やっと世間から抜け出たね」

乗物を棄てて自分たちの足で歩きだす時の一種の心のたかぶり。山の好きな人ならおぼえがあろう。久しぶりの靴底の感触、肩にくるリュックの重み、めぐりあう高地の木や草花、青い空、緑の山、すべてが生き生きした新鮮さである。

大井川はさすがにこんな上流へきても大河の風格を持っている。日本で一番暴れる川に数えられて、河口近くでは「越すに越されぬ大井川」*5と歌われたほどだが、そういう威力をひそめた静かさは、ここでも感じられる。川沿いの林間の道から、広い河原伝いの道に出る。昨年の伊勢湾台風で崩れたという大きなガレが、河原まで押し出していた。百メートルもある、ゆらゆら揺れる長い吊橋を渡る。川でもガレでも橋でも、すべてが南アルプスではスケールが大きい。コセコセしていないのが気持がいい。

中《なか》ノ宿《しゅく》に着いて木陰で昼食にする。ここには、大部分がガラ空きの、東海パルプの人夫小屋が十棟あまり並んでいた。田代の材木商の息子だという同行の望月君は、川《かわ》刈《が》りの話をしてくれた。秋から冬にかけて、この小屋に泊まりこんだ大勢の人夫が木材流送に従事する。木遣《きや》り*6を歌って流木を操りながら下って行くのは見ものだそうである。一度見物においでなさいと言う。木材は川下へ着くまでに四十日以上もかかるという。

中ノ宿で一人の登山者が追いついてきた。田代の滝浪善一さんで、私たちと同行することになった。慇懃実直《いんぎんじっちょく》な田舎の親父さん風でありながら、なかなかの知識人であった。大井川の風景はいよいよ美しくなる。両岸の緑の間を清い水が幾曲がりしながら流れている。岸辺の岩の根を洗って行く所もある。曲りと[7]はたいてい河原が広くなって、流れにゆとりを与えている所もなかなかいい。こういう美しい景色がやがて水底に没する運命にあるのは、実に惜しいことだ。

だいぶ昔、大倉喜八郎[8]が自分の持山《もちやま》を見るために、この大井川を通って赤石岳に登った。風呂桶まで山へ運びあげたというその豪奢な登山ぶりは、今なお語り伝えられている。私たちが川を見下ろしながら一服した時にもその話が出た。その話から、不二さんの提議で、日本の大俗人を一人ずつあげることになった。一ダースほどの名があがった。

「〝本朝俗人伝〟というのを出すことだね。筆者は村松梢風[9]か大宅壮一[10]だな」という結論で、私たちは腰をあげた。

赤石渡《と》に着く。赤石沢が本流に流れこむ所である。ここにも近い将来ダムができるそうで、目下測量中であった。大井川の中部電力の勢力はこのへんで終わって、これから先は東海パルプの勢力分野になる。この大動脈は二つの大資本を相手に格闘しているように私には思われた。樹木は伐採され、流れは寸断に堰《せ》きとめられる。川は時々堪忍袋の緒を切って大暴《あば》れをする。昨年の台風では、無数の木材が流出し、井川ダムは二週間発電不能になったそうである。

赤石沢にかけられた吊橋の袂《たもと》で私たちは喜びの不意打ちをくった。沢の奥に、すっくと高く、キラリと残雪の光った聖岳の一角を見上げたからである。緑の洪水の上に、雪は冴えるほど白かった。

赤石沢とはいうものの、普通われわれの観念の「沢」ではなくて、優に「川」と呼ばれるべきものである。こんな点にも南アルプスの大きさがある。その清流に沿うて行くこと一時間くらいで聖沢渡《と》に着く[*11]。両沢の出合いである。そこの吊橋を渡って少し行くと、無人の小屋があった。東海パルプの伐採用小屋である。これから先、私たちの遭遇する人工施設はすべて東海パルプに属する。

無人小屋の横からジグザグの急坂を四十分ほど登ると、その日の泊まり場の聖《ひじり》事務所に到着した。事務所と呼ばれるその小屋は、これから奥の伐採事業のベース・ハウス的存在で、普通の登山者は利用できないのに、私たちが管理人の上柳令一さんからあたたかく迎えられたのは、これも加和頭取の余光であった。

小屋の前にはすばらしく大きな一本の楢《なら》の木が立っていて、その彼方に笊《ざる》ヶ岳の連嶺があざやかに見えた。今年の一月[*12]私は反対側から登ろうとして成らなかった山だけに、一しおなつかしく眺められた。上柳さんに案内されて、聖沢の大滝を見物に行った。三十分あまりの急な登りで達した尾根の上から、はるか向こうの万緑の中に、一

筋長く真っ白な水の棒が垂れているのを望んだ。風呂に入り、夕食をすまして、早く寝に就《つ》くと、

「仏法僧が鳴いていますよ」

という上条さんの声に耳をすますと、なるほどブッ・ポー・ソーと円みのある籠《こも》った鳴音が聞こえた。それは数声でやんで、あと静かな夜の空気をつんざくように、ジュウイチがしきりに鳴いた。ジヒシーン、ジヒシーンと聞こえるので、一名慈悲心鳥とも呼ばれる。

翌朝七時前に出発。林の中の低い尾根を越えて、聖沢を横切る所へ出た。聖沢もここまでくるともう「川」ではなく、完全に「沢」のおもむきである。大きな石のゴロゴロしている河原で一休みする。

それからが今日の行程で一番稼ぎでのある、ジグザグの登りであった。サーブ格の私たち四人と、特大キスリングの重荷を背負った現地の諸君との間隔が、この長い登りで大きく開いたのは無理もない。同じサーブの中でも、一番年の若い伊久君はポーターなみの荷である。不二先輩は相変わらず足が速い。しかもなかなか休んでくれないので、その後を行く年下の私が恨めしく思うことがある。美しい白髪の加和さんは

温厚なゼントルマンで、他の三人のような野武士ではない。山の大好きなこの銀行家は決して無理をしない。軽いリュックで、自分の歩調で、快適な山登りを信条としておられる。時々立ち止まってはお尻のポケットからスケッチ・ブックを出し、すらすらと楽しそうに画筆を動かしているさまには、少しも疲れた風がない。

長い登りがようやく終わったのは、見晴らしのいい台地で、そこに櫓《やぐら》が築いてあった。これは伐採用語でバンダイと称せられるもので、伐り倒された木材はこの櫓から空中ケーブルによって、遥《はる》か下の赤石沢の河原までおろされるのである。

そのバンダイで大休止をしてから、こんどは山腹の道を辿って、再び聖沢へ下る。それから沢沿いの桟道の多い道になって、石小屋へ着いたのは十時過ぎていた。これも東海パルプの飯場小屋で番人がいた。私たちはそこで弁当を開いた。

石小屋からまた急坂になる。今度はほとんど踏跡の消えたガレ場*13を直登する。急なはずだ、そこは伐木を滑り落とす所だとあとで知った。喘《あえ》ぎながらやっと上に着いて、

「ちょっとしたものだね」

と、私たちは汗の顔を見合わせた。

それから上も登りは続くが、ガレ場ほど急峻ではない。滝見台で一休み。ここから対岸に見える滝はすばらしい。聖岳の一角をなす三角のピークの下に、数段になって

長い滝が落ちている。連鎖してこれほど長い滝も稀だろう。上下二部に分かれ、上部の滝は四段、下部のそれは三段あってそれが相ついで谷まで落ちている。こんな不便な山の中になければ、天下の名瀑にされてしまうだろう。

午後から曇ってきた空は、しだいに怪しくなり、滝見台を過ぎるあたりで、時節外れの雪が降ってきた。横吹きの雪片が対岸の緑の山を、まるで細かい絣《かすり》のように掠《かす》めているのは、美しいひと時の眺めであったが、やがてまた元の晴れに戻った。上へ行くにつれ風倒木で苦労の多くなる道を、沢に沿って上って行くと、ついに聖平《ひじりだいら》小屋が眼の前に現れた。三時十五分であった。

聖平小屋は数年前登山者用に建てられたものである。幽林[*14]の中にあると聞いていたが、昨年の伊勢湾台風で付近の大木はすっかり吹き倒されて、死屍累々《ししるいるい》の惨状であった。聖平は山脈の鞍部にあたるから、台風はその猛威をここに結集したに違いない。

まず小屋の内外を清掃してから、宿泊の準備に取りかかった。この山行の食糧計画の一切は加和さんの担当であった。嵩《かさ》高い荷は、加和さんが夫人と合議の上購入されてきたものである。それらの材料を駆使して、あっぱれ名コックの手腕をふるったのは伊久君であった。

やがて私たちの前に供された夕食は、ポタージュ、野菜サラダ、松阪肉、その他嗜好品。私たちは伊久君の手並みに感謝したが、一般に山小屋で器用に料理を作る人は、家庭では奥さんの料理を品評するだけで何もしない人が多いようである。食後には、果物、スポンジ・ケーキに紅茶。これくらいの贅沢は、われわれ山のオールド・ボーイズには許されてもいいだろう。南アルプスの山泊まりのいいところは、豪勢な焚火である。何しろ大きな丸木がふんだんにある。北アルプスの小屋でハイマツの枯れた枝などケチケチ燃やしているのと、格段の違いだ。私たちは食後その盛んな焚火をかこんで、次々と出る面白い話に時のたつのを忘れた。

翌日はわが憧れの聖岳登頂の日である。日本アルプス三千メートル峰の中で最も南に位置する聖岳。聖岳がどこか気高い超然とした山に思われるのは、その名前のせいだけではない。不便なために容易に登山者を近づけない環境にもよるのだろう。私も今までに二度この山へ志して二度とも果たさなかった。一度は南の易老《いろう》岳から尾根伝いに行こうとしたが雨のために仁田岳の近くで引返した。二度目は逆に赤石岳から行くつもりであったが、またしても都合が悪く別のコースへそれた。そして三度目の今度こそ聖岳の頂上は確実にわが手の中にある。天は私の宿願を嘉《よみ》したか、みごとに晴れた空を与えてくれた。

七時四十五分、一同軽い荷で小屋を出発する。散乱した風倒木の中を分け登ると鞍部の草地に出る。聖平露営地と書いた標木が立っていた。シナノキンバイやハクサンイチゲの花の敷いている気持のいい原である。しかしそこから聖に向かって登って行くと、もっとすばらしいパラダイスにめぐりあった。アザミ平と呼ばれる、傾斜を待った美しい草原で、そこで私は初めて聖岳を仰ぎ見た。一本の太い残雪を刻みこんで、それは悠然とした高山の風格で立っていた。振り返ると、眼近の上河内岳が立派で、それに続いて茶臼山、仁田岳、その奥にイザルヶ岳、光岳《てかり》が見える。光岳へ登った[*15]二十五年昔のことがなつかしく思いだされる。

アザミ平から白檜《しらべ》の生い繁った尾根を登って行く途中で、

「君、恵那《えな》山が見えるよ」

と不二さんが私を振り向く。木立の枝を透して、真西の方に、頂の長い恵那山[*16]が遠く浮かんでいた。一と月ほど前、私はその頂上からこちらの聖岳を望んだばかりである。反対側の真東に、思いがけなく現れた美しい山は、

「あれは富士山とかいう山だそうだ」

と、この犬儒派[*17]の学徒はいつも言うことが真っすぐではない。

映画の場面にでもありそうなロマンチックな白樺の疎林の中で、用事があって下山

する鈴木君と樋口君とに、私たちも映画の人物らしく手を振って別れた。
ハイマツに覆われた小丘に達して、第一回の昼食にした。ここは小聖《こひじり》と呼ばれ、すでに高山帯に入っているから、遮るもののない展望が得られた。遠く御嶽《おんたけ》、その右に木曾駒ヶ岳、その陰に乗鞍は隠れていたが、さらに右に、穂高・槍の連峰。こんな遠方の山のよく見えることは、聖岳に六、七回も登っている望月君でさえ初めてだという。私の紀行は山にかかるとやたらに山岳展望の羅列になるが、これでもまだ読者に遠慮しているのである。この恵まれた晴天の下に、私はどうして辱知《じよくち》[18]の諸山に久闊の挨拶を送らずにおられよう。

小聖から手に取るように聖の頂上が見えて、わけなく行けそうに思われたが、実際はなかなかであった。ハイマツの尾根を辿って、聖岳の根っこへ近づいて行く。西側は凄い大岩壁となって遠山川の方へ落ちている。頂上への最後の登りは、岩屑のザクザクした広い斜面で、傾斜が急であるからこたえた。何度も立ち止まって息を入れながら、高度をあげて行く。十一時二十分、ついに頂上に立った。

まず眼を打ったのは、前面の赤石岳であった。それは深く落ちこんだ沢一つ距てて、すぐ前に王者の貫禄で立っていた。しばらくはただそれに見惚れた。東の方、笊ヶ岳連山から彼方は一面の雲の海で、その上に富士山だけがその上半身を浮かべていた。

すばらしく美人の富士であった。その他、周囲を取り巻く山々。それらの山々からかつて私は聖を眺めて、その頂上に立つ日を待ち望んでいた。そして今その願いが果されたのである。私の喜びには限りがなかった。

広い残雪を踏んで私たちは奥聖《おくひじり》まで行き、そのハイマツに寝そべった。ソヨとの風もなく、大気は肌に快かった。一時間以上も私たちは頂上にいた。三千メートルの頂で、こんなに気持よく、こんなに長い時間を過ごしたのは、私には初めてであった。

下りは早い。私たちが小屋の近くまで戻って来た時、空が曇って、雨気を含んだ怪しい風になった。寛大な天は、まるで私たちのためにそれまで晴れを延ばしていてくれたかのようであった。御馳走と歓談の第二夜が私たちを待っていた。

予定では、その翌日も上河内岳に登り、茶臼岳を経て、仁田池小屋に泊まることになっていて、その食糧の準備もしてあった。ところが翌朝起きると小雨が降っていた。出発をおくらせて様子を見たが、晴れそうな気配がない。雨の中の稜線を歩くほど私たちは武勇ではない。残念ながら予定のコースを棄てて、登ってきた道を戻ることになった。

下る途中、空は好転しそうにみえた。引返そうかという案も出たが、その案を採用する勇気を持つには、私たちは少し下りすぎていた。石小屋へ着いて、伊久君が前夜製造のサンドウィッチの昼食をたべ、それからゆっくり聖事務所まで下って、その晩また御厄介になった。

その翌日、山旅の終わりの六日目は最良の天気であった。私たちは気ぜわしげに歩いたりはしなかった。赤石沢の岩壁の下の美しい河原で、赤石岳の名の由来する赤い小石を拾い集めたりして遊んだ。そしてゆっくり大井川の景色を観賞しながら下って行った。沼平の畑薙ダムの工事場までおりて、私たちは再び下界の人になった。迎えにきて貰った中部電力のジープで井川村まで走った。

井川の新しい旅館へ入る前に、私たちは案内されて井川ダムを見学した。このダムは空洞式という新しい試みで、堰堤の中がガランドウ[*19]になっている。そのカラッポの量だけのセメントが助かるところが新式だそうである。堰堤の長さ二百八十メートル、高さ百メートルというから、空洞の中に入ると、人間などはケシ粒のようである。最大発電量は六万四千キロワット。もっとも私には六万キロと言われようと六十万キロと言われようと、実体がつかめないから同じようなものである。このダムにせきとめられた大井川は、約六キロの川上にまで及ぶ人造湖に変貌して、湖上には川流しの材木を引率するポンポン蒸気が動いていた。昔の僻村井川村は、人造湖の観光地として近代化を急いでいる風にみえた。

昔の井川は水底に没して、今あるのは報償金によって高みへ移転した井川である。家は新しく立派で、昔の僻村のおもかげはない。思わぬ報償の大金がふところにころげこんでぼうとなり、都へ出てたちまちスッカラカンになったという哀話を、私はよく電力開発の谷間で聞いたが、井川村の人々はそんな愚かな真似はしなかった。よい指導者を得て新しい村作りに努力した。裕福な現在の井川村は、話によると、各戸に電気洗濯機があり、二軒に一軒はテレビをそなえている。その普及率は日本第一ということであった。

●聖岳（ひじりだけ・三〇一三メートル） 一九六〇年五月の山行。

＊1　バラ・サーブ……ネパールのシェルパ言葉で隊長。「雨飾山」の補注＊9メム・サーブ参照。

＊2　加和《かわ》さん……川喜田壮太郎（一九〇四～一九七二）。銀行員（日本銀行・百五銀行）。三重県出身、法政大学卒。日本山岳会終身会員。途絶えることなく終生山登りを楽しんだ。絵筆を持ち、創元会会員、写真の腕前もある趣味人。深田久弥はこの聖岳山行の折、奥吉野の一隅が「加和さん」の持ち山とわかって、同年秋、「加和さん」の案内で奥吉野を探訪している（『山があるから』所収「奥吉野の隠し平」）。

＊3　不二さん……「御座山」の補注＊2参照。

＊4　伊久君……伊倉剛三。当時日本山岳会会員。一九七一年、茅ヶ岳のときにも同行。

＊5　「越すに越されぬ大井川」……「箱根八里は馬でも越すが／越すに越されぬ大井川」。江戸幕府は大井川の架橋・渡船を禁じていて人足による手助けしか渡る手段がなく、増水すれば何日も川止めになり渡れなかった。箱根馬子歌（箱根駕籠かき歌）の一節。

＊6　木遣《きや》り……材木を送り運ぶこと、およびその仕事をする人。音頭をとったり歌をうたいながら運んだので、その歌のことも言う。木遣り歌、木遣り音頭。

＊7　曲りと……曲がり渡《と》。大井川筋では赤石渡、遠山川筋では易老渡、西沢渡など、川、沢の合流点（落合）、渡り場を言う。どとも言う。

＊8　大倉喜八郎……実業家（一八七三～一九二八）。越後新発田出身。幕末維新に頭角を現し、欧米視察の後、大倉組商会を創立。政界・軍部と結びつき、大倉財閥を組織。電力会社、ホテルなど各種大企業を設立、運営。南アルプスを広範囲に所有する東海フォレスト（東海パルプ）もそのひとつ。本文にあるように風呂桶まで運ばせたといい、赤石岳の大倉尾根の名はこの山行に由来するという。

＊9　村松梢風……小説家（一八八九～一九六一）。『残菊物語』などの小説のほかに『本朝画人伝』『近代作家伝』など、人物評伝の分野を開いた。小説家・村松友視は孫。

＊10　大宅壮一……評論家（一九〇〇～一九七〇）。東京帝大中退。文芸評論から社会評論に移る。戦後、「一億総白痴化」「駅弁大学」などの造語で社会現象を分析した。

＊11　聖沢渡……現在の聖沢橋のところであろう。

＊12　今年の一月……「笊ヶ岳」の項参照。

＊13　ガレ場……斜面の崩落しているところ。

＊14　幽林……原生林のように、静かで雰囲気のよい森林。

＊15　光岳へ登った……一九三五年八月、学生時代からの親友・植物学者の田辺和雄と易老渡から登った。雨に降られて停滞、予定がのびて、遭難の誤報が流れたという。

＊16　恵那山……別項「恵那山」参照。同年四月に登った。

＊17　犬儒派《けんじゅは》……キニク学派。古代ギリシャの哲学派のひとつ。犬のような（キニコス）、という意味から。禁欲的な自然生活を理想とし、社会的規範や制約から自由であろうとする生活信条を持つ。世間から距離を置き、皮肉《シニカル》好みの態度を言う場合に使われる。

＊18　辱知《じょくち》……知り合い。久闊《きゅうかつ》は久しぶり。よく知っている、久しく会わなかった山に懐かしい挨拶をする。

＊19　ガランドウ……中がからっぽのこと。

白峰三山

東京都から、甲斐の白根、つまり白峰《しらね》三山と呼ばれる北岳、間《あい》ノ岳、農鳥岳《のうとりだけ》がハッキリ見える所がある。戦前私は鎌倉に住んでいて、東京へ出てくる途中、六郷《ろくごう》の鉄橋*1を渡るあたりで、もしスッキリと空気の澄んだ日であると、眼を北へやるのを忘れなかった。そして彼方《かなた》の青空に純白の三つの山が並んでいるのを見逃さなかった。それこそ甲斐の白峰だった。三山のうちでは北岳が最も高いが、あとの間ノ岳も農鳥岳も、三千メートルを超えたわが国の高峰である。東京都の一部から、富士に次ぐこの秀麗な山の見えることを知っている人は稀である。

もし諸君が朝の汽車で新宿を立って、中央線に乗るとする。笹子トンネルを抜け、勝沼から甲府盆地へ葡萄畑の間を駈け下る時、盆地を距《へだ》てた真向こうの空を仕切って、白峰三山が威厳と優美を兼ねて連なっているのを望見するだろう。それはわずか数分のことであるが、山好きにとってはこの上なく貴重な時間である。坂を下るに従って、まず北岳が視界を去り、甲府では間ノ岳がわずかに前山の上に頭が見えるだけ、ひとり農鳥岳が盆地に君臨するように立っている。

　農鳥という名は、この山頂のすぐ下に、鶏の形をした残雪が現れるからだ、と古くから伝えられていた。甲斐國志に「この峰下に五月に至りて雪やうやく融けて鳥の形をなす所あり、土人見て農候とす。故に農鳥岳と呼ぶ」とある。山の残雪や露岩の形から山名の由来した例はわが国には幾つもある。例えば北アルプスの中の白馬岳は馬の形、蝶ヶ岳は羽を拡げた蝶の形、爺《じい》ヶ岳は種蒔《ま》き爺さんが笊《ざる》を持った形に現れる。ちょうどそんな形に雪が消える頃が、山麓の農村の一番大事な忙しい時期である。昔のお百姓さんたちはその残雪の消長を見て農事のしおりとした。素朴な彼等は自然の変化に敏感でありそれに忠実であった。

　その後の農夫はそんな原始的なしおりに頼らなくなったのか、農鳥岳の農鳥はどこにどんな形で現れるのか忘れてしまった。それを再び認識したのは、農夫ならぬ星の研究家の野尻抱影氏[*2]であった。小島烏水《うすい》[*3]の『日本アルプス』四巻はわが国の山岳古典となっているが、その第一巻（明治四十三年発行）に、当時甲府中学の英語の先生だった野尻さんが烏水に宛てて、農鳥の形をスケッチしてその消長を逐一詳細に報告した手紙が載っている。それによると、農鳥は伝えられているような鶏ではなくて、首の長いスワンの形であった。それは甲府市から見て、頂上からわずか一尺ほど低い所に

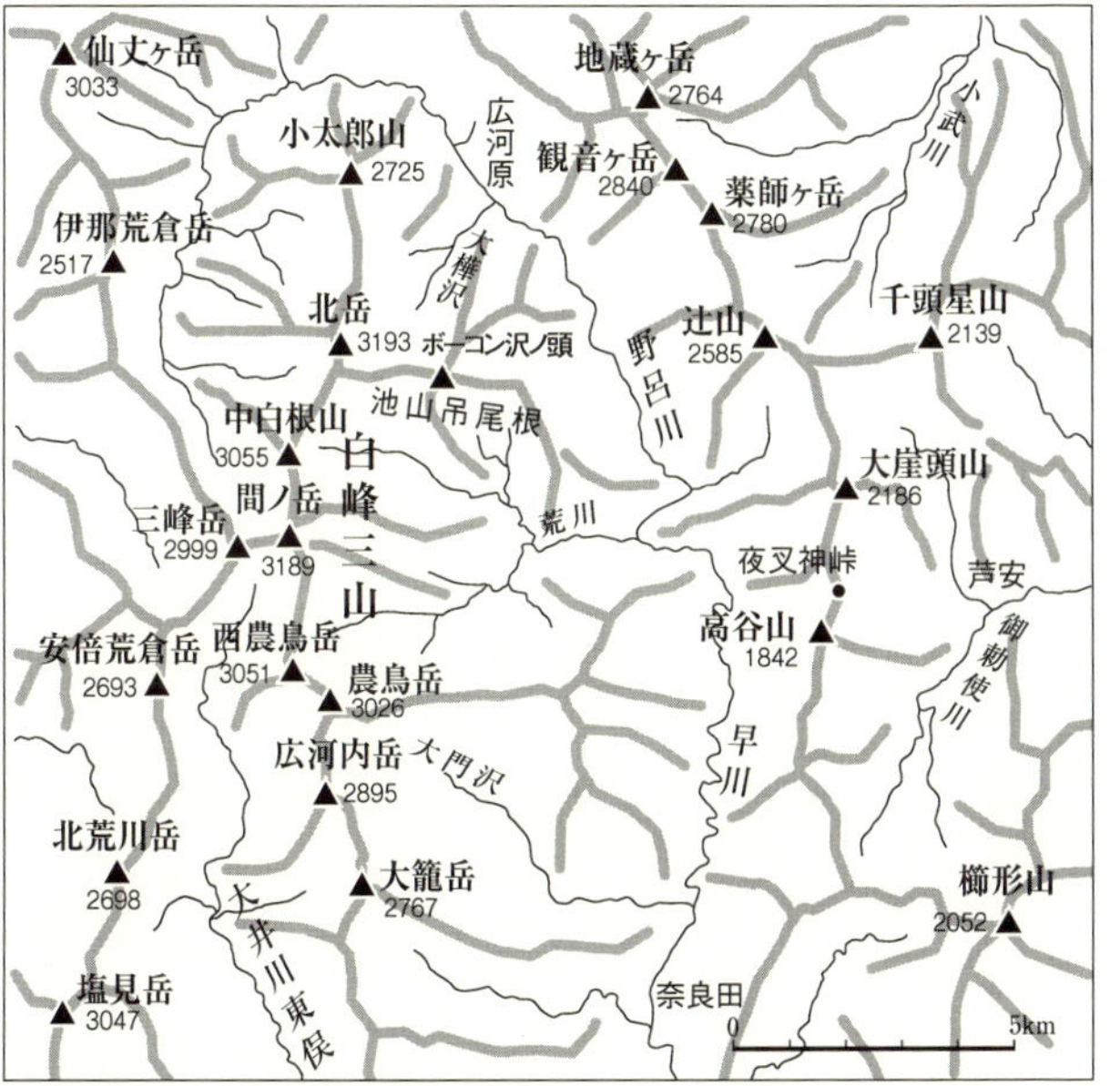

五万分の一地図　市野瀬、大河原、韮崎、鰍沢

分明に眺められた。最もハッキリ見えるのは、晩春から初夏にかけてで、南を向いた優しい美しい姿で浮かんでいた。野尻さんはそれを学校で話した。初めは人はなかなか信じなかったが、次第に誰の眼にも分かるようになり、学校の生徒のみでなく、後には大人たちまで、往来を行く時足をゆるめて農鳥岳のスワンを仰ぐようになったそうである。

その後、甲府盆地から間ノ岳にも立派な形の鳥が見えることが報じられた。それは間ノ岳の頂上から出ている二大尾根に挟《はさ》まれた、雪の深い沢に現れるもので、嘴《くちばし》を南へ向け、山鳥にも似ると言い、雄鶏にも似ると言われた。大きさは農鳥のスワンよりやや大きく、農鳥岳の方は残雪が鳥の形になるのに反して、間ノ岳の方は雪が溶けて地肌が鳥の形になるということであった。そのことから、昔農鳥岳と呼ばれた山はこの間ノ岳を指すのではないか、と論証する人もあり、その論には肯《うなず》ける点もあった。古い『山岳』[*4]を見ると、白峰三山のそれぞれの称呼について、盛んな論議が戦わされている。しかし現在では、今の北岳、間ノ岳、農鳥岳はもう動かぬものとなっている。

私たちが白峰三山へ出かけたのは、もう山肌に鳥の形の現れる時期のとっくに去った、十月（一九六〇年）の半ばすぎであった。夏の登山期をはずして山へ行くのは、誰もいない静かな山をわが物に出来る特典がある代わり、生活一切の必要品を担いで行かねばならぬ不便がある。五十を過ぎた私たち夫婦にはそんな担荷力はない。幸いに東京教育大学[*5]の学生で山好きの小池宗夫君が遊びに来たので、援助を申しこんだ。小池君は信州飯田の出身で、南アルプスには詳しい。見るからに頼もしげな、背の高いガッチリした体格で、

「何でもお出しなさい。担ぎますよ」と言って、私たちの寝袋や炊事用具や食糧を引き受けてくれた。

それから私の山の先輩の不二さん[*6]を誘った。六十を越えてなお元気な不二さんも、さすが重い荷を担ぐのは嫌とみえて、よく一緒に山へ連れて行く慶応の学生の松本義夫君を伴うことになった。

この五人が朝の新宿駅で揃って、中央線の準急に乗りこんだ。秋の日はうららかに晴れて、当分は天気が続きそうである。勝沼からは白峰三山がよく見えた。一番右が北岳、凛《りん》とした峰頭をもたげて、いつ見ても気品のある山である。中央が大まかな間ノ岳、平べったい長い頂を引いている。これだけ厖大《ぼうだい》なマッスを持った山は日本に類がない。その左が農鳥岳、これはやや低く、頂上が不揃いに見えるのは、幾つかの岩峰が重なっているからである。ともあれ数日後には、あの三つの山を登って帰って来

るのかと思うと、山を見る眼も一しお熱を帯びた。

甲府で下車。三十分ほど待って芦安行のバスに乗る。バスは盆地の田園風景の中を走ってから、山間に入って御勅使《みだい》川に沿い、約五十分で終点に着いた。ちょうどそこに桃ノ木鉱泉から客迎えのジープが来ていた。客はいなかった。そこで私たちはその空車に交渉して、夜叉神《やしゃじん》峠まで走らせることにした。

以前は南アルプスの前衛山脈を越すのが一苦労であった。夜叉神峠もその関門の一つであった。それが今は峠にトンネルがついて、車で楽々と抜けられるようになった。トンネルを過ぎると風景は一変して、今までのおだやかさを失い、早川上流の荒々しい形相になる。

鷲ノ住山、と言っても小突起にすぎないが、その下で車を降りた。野呂川の上流にあたって、アサヨ峰のスッキリした形がまず私たちの眼を喜ばせた。いよいよリュックをかついで山への第一歩を踏みだす。

山へ登る時、その途中に下りのあることほど、口悔《くや》しい損失はない。ところが私たちは最初からそれだった。鷲ノ住山の頭を越えると、いきなり約四百五十メートルの急坂の下りだった。谷川のふちまでおりると、荒川小屋がある。そこでおそい昼飯を食った。

そこは早川の上流が野呂川と荒川とに分かれる所である。もし下から早川を忠実に溯《さかのぼ》ってくれば、さぞはるばると水上まで来た気がするだろう。そんな山奥である。ところが驚いたことには、そこには飯場の一部落が出来、トラックが往復し、機械音のひびく工事場になっていた。南アルプスは山が深い、という登山家の口癖も、そのうちどうやら昔語りになりそうである。

その工事場から池山に向かって、またいきなり急な上りになる。全く梯子《はしご》登りの急坂で、喘《あえ》ぎながら、上のやや平らな所へ出るまでに三時間以上もかかった。それから尾根伝いになって、深い林の中に道が続く。歩いて行くうちにだんだん夕暮れてきて、足許も定かでなくなった頃、ようやく乾いた沼地のほとりへ出て、その向こう側に小屋の灯が見えた。

池山御池《おいけ》小屋には先着の二組のパーティがいた。すっかり暗くなって、二十分もかかるという水場まで行くのを渋っていると、そのパーティの人たちが汲みおきの水を譲ってくれた。さっそく炊事にかかる。と言っても私は手伝うような真似をしているだけで、働くのは二青年とそれから妻も怠けるわけにはいかない。食事を終えて寝袋に入る。

翌朝眼がさめると、一組はもういなかった。暗いうちに下って行ったそうだが、それを知らないのだからよほど熟睡したのだろう。もう一組の男女の二人連れは、私たちが朝食をたべている時に発って行った。

いい天気である。ボーコンノ頭《あたま》と呼ばれる所へ達するまでは、ずっと針葉樹の中の登りだった。それでも時々視界の利く所があって、木《こ》の間越しに、岩峰を並べた農鳥岳を大きく眺めることが出来た。

樹林帯を抜け出ると、這松《はいまつ》に覆われた広々した山稜上に道が通じている。もう見晴らしをさまたげるものはない。左手には、農鳥から間ノ岳の全容が曝《さら》け出しに見え、右手後方には、野呂川の深い谷を距《へだ》てて、鳳凰《ほうおう》三山が連なっている。その頂のあたりが新雪をおいたように白く見えるのは、花崗岩の砂礫《されき》に覆われているからである。

親しい山の見えるおかげで、疲れも軽減された。それにこの開豁《かいかつ》*7な尾根道は、所どころに庭園のような美しい場所をそなえている。這松の間に遊び廻っている数羽の雷鳥も見かけた。私たちはその這松原に小さな日溜まりの窪地《くぼち》を見つけて、そこへ入りこみ、弁当をひろげた。寝ころんで青天井を眺めていると、ウトウト眠くなって、もう動きたくないような、のどかな日和であった。

山稜上の一つのコブに立った時、思わず私たちが歓声をあげたのは、すぐ眼の前に北岳の雄渾《ゆうこん》な姿が現れたからであった。勝沼で汽車の窓から望んで以来、この謙虚な山はずっと私たちから姿を隠していた。それが今、あまりに不意に、あまりに近く、私たちを驚かしたのである。岩登りの道場になっているバットレス[*8]が手に取るように見えた。それは頂上からすぐ絶壁に近い傾斜で、テラスやガリー[*9]やリッジ[*10]を刻んでいた。私たちはしばらくはただその偉容に見惚れていた。

北岳に近づくと、今までの気持のいい幅の広い山稜は、痩尾根に変わった。八本歯と呼ばれる難所で、幾つも鋭く立った岩を越えて行く。そしてようやく北岳の根もとへ辿《たど》り着いた。

頂上に立った時はもう夕方だった。ソヨとの風もない、静かな、静かな、夕方だった。すぐ下の大樺《おおかんば》沢の谷から薄い煙が立ち上っているのは、二、三日前バットレスで墜死した遺体を焼く煙だった。しかし永遠の北岳はそんなことに関わりなく、その大きな三角の影を、対岸の山の面に落としていた。

空は綺麗に澄んで、周囲どちらを向いても山だった。近くには南アルプスの山々、わけても甲斐駒ヶ岳の金字塔が颯爽《さっそう》として美しかった。群山の上に悠然と富士山が浮かんでいた。その山頂の観測所の人々を除けば、いま日本で一番高い所にいるのは私たち五人であった。

私たちは満ち足りた心で頂上を辞して、北岳小屋[*11]へ下った。小屋には、今朝早く立っていった男女二人組がすでに大きな焚火《たきび》を作っていた。夕食が出来上がった時はすっかり暗くなって、今夜もまたローソクの灯をかこんで賑やかな食事だった。

第三日目、明け方小屋の窓から、一点の雲もつけない富士山の大きなシルエットが眺められた。すべての山がまだ静かに眠っていて、富士山の空からようやく夜が白んでくるようであった。やがて日の出だ。太陽は大菩薩嶺のあたりから、金色の円盤をしずしずと浮き上がらせてきた。眩《まぶ》しい光線がたらたらと手前の暁闇《ぎょうあん》の山並みを伝って流れてくる。輝かしい最初の光、そしてその無垢《むく》の太陽が今日一日の晴天を予約してくれた。

今日の最初の、そして一番辛い労働は、小屋から主脈の稜線へ達するまでの、約三百メートルの一直線の急登だった。北岳と中白根（三〇五二メートルの独立標高点[*12]）の間の鞍部《あんぶ》へ出てしまうと、あとは楽な稜線伝いである。むしろ散歩と言ってもいいだろう。三千メートルの白峰三山の尾根は、わが国でも最も豪快な稜線に数えられている。高さや大きさから言って、その広闊な眺めから言って、たしかに豪快に違いない。しかもそれが散策向きの稜線であることが、なおいっそうすばらしい。

いつも先頭はたいてい不二さん、そのあとへ遅れまいとついて行くのが彼女、それから我輩、この三人は平均年齢にして五十八歳である。そのあとへ二人の元気な若者が続く。ハンディキャップに大きい重い荷を背負わされている。この二人はかつてそれぞれヒマラヤ行の計画を立てて、その相談にたびたび拙宅へ訪れてきた山好きである。山は仲間が大事だ。一休みした時、たがいに山の話が通じるような相手でないと興がそがれる。

間ノ岳の頂上の印象は比較的薄い。やはり一汗かいて登らないと、頂上に立ったという気がしないものらしい。間ノ岳は何となしに頂上へ着いてしまうのである。間ノ岳と農鳥岳の間の鞍部まで下ると、まだ新しい清潔な農鳥小屋があった。私たちはその小屋へ入って昼食にした。

小屋から西農鳥岳まで一登りあった。振り返ると、間ノ岳が実に大きい。これだけのボリュームを持った山も珍しい。その野放図のなさを引き緊めるように、その肩に北岳の三角錐がキリッと立っている。哲人的な山である。

西農鳥の肩の台地状の原があまり気持がよかったので、そこへ座りこんだ私たちは、ついのんびりと時間を過ごしてしまった。昨日も今日もついぞ山上ではひとりの人にも出会わなかった。快い秋の連日、白峰三山はまるで私たちのために存在するかのようであった。

西農鳥から農鳥岳までは、今までのゆったりした尾根とは様相が変わって、鋭い岩稜が続き、道は南側の腹を捲《ま》くようについていた。地図では近いようにみえて案外暇をくったのは、ゴツゴツした岩の道で歩きにくかったからだろう。

農鳥岳の頂上で、わが北岳、間ノ岳、それから遠くの多くの山々に、最後の別れを告げた。これから谷へ下ればもう見えなくなるからだ。山脈縦走の一番おしまいの峰で、いつも感じる名残惜しさ。山よ、さよなら、御機嫌よろしゅう……そういう歌があったっけ。

私たちの山旅はほぼ終わった、あとは下りがあるだけだという安堵に、手痛い報いがあった。大門沢《だいもん》の下り、この逆落《さか》としのような急な下り、しかも石のゴロゴロした難渋な下りは、さすがの不二さんも「日本最悪の道」だと文句をつけただけのことはあった。

やっと大門沢の小屋に着く。両側の迫った谷川のふちにある綺麗な小屋である。谷の正面に、今日一日私たちに付きそってくれた曇りのない富士山が、他の高峰のすべて見えなくなったここでも、なおその美しい姿を見せていた。ありったけの御馳走をさらい出した晩餐、豪勢な焚火、それに不二さんの諧謔《かいぎゃく》と薬舌が加わった。この先輩の毒舌は有名だが、氏は毒舌でなく薬舌だと言い張るのである。

天の恵みは最終の日にもあった。大門沢の小屋からだんだん人臭い世界へ下りて行く。谷川のふちを歩いている時はまだ素朴な自然の中にあったが、やがて飯場の小屋が現れ、発破のこだまが聞こえるようになり、それでもなお細々とした山道が約四時間続いたが、早川の本流へ出るともうそこはトラックが砂塵をあげて走っている世界であった。

トラックは早川上流の荒川の工事場まで通っているらしい。戦前の旧登山家が昔自分の歩いた谷の奥へ入って、若かりし日を偲《しの》ぼうとしても、もはや駄目である。日本のほとんどの河川はその上流まで人工によって変貌してしまっている。

新しく開かれた広い道路を下って奈良田まで行くと、もうその村はなかった。正しく言えば、新しい奈良田はあったが、古い奈良田はなかった。かつては早川の最奥の寂しい村であり、南アルプス登山の一つの根拠地であった奈良田の古い家々は、ダムのため取りこわされていた。そしてその名も奈良田湖という水たまりのふちに、将来の観光地の繁栄を見越して建った新しい店が並んでいた。

私たちはバスで奈良田から一丁場[*13]下った西山温泉まで行って、坂の上の宿屋に上がりこみ、一浴してビールを飲みドンブリを食った。西山温泉ももう昔の山の湯ではない。そこから甲府まで直通のバスが通う時代に、ひなびた山の湯など要求する方が間違っている。

私たちもそのバスのおかげを蒙《こうむ》った。早川に沿っての下り道は長かった。途中で日が暮れ、甲府盆地に出た時にはすっかり暗くなっていた。

●白峰三山（しらねさんざん・北岳《きただけ》三一九三メートル／三角点は三一九二メートル、間ノ岳《あいのだけ》三一八九メートル、農鳥岳《のうとりだけ》三〇二六メートル）一九六〇年十月の山行。志げ子夫人同行。

＊1　六郷の鉄橋……JR東海道本線多摩川の鉄橋。六郷はその付近の地名。

＊2　野尻抱影《ほうえい》……英文学者、天文のエッセイスト（一八八四〜一九七七）。早大英文科卒。小説家・大佛《おさらぎ》次郎の兄。星についての豊かなエッセイで知られる。若いとき甲府で中学校の教師。その間に開拓初期の北岳など南アルプスに登る。

＊3　小島烏水《うすい》……銀行員（一八七三〜一九四八）。本名久太。横浜正金銀行勤務。日本近代登山の創成期にその土台を築いた巨人的先駆者。飛騨・赤石の両山脈に幅広く探検・開拓の山登りをおこなう。一九〇二年、岡野金次郎と登山者として初めて槍ヶ岳に登る。それが縁でウェストンと知り合い、日本山岳会創立に携わる。初代会長。銀行駐在員（支店長）としてサンフランシスコ、ロスアンゼルスに滞在、シエラ・ネヴァダなどの山に登る。『日本アルプス』四巻を代表に数多くの著作を持ち、後進に大きな影響を与

えた。浮世絵の収集でも知られる。現在は『日本アルプス』（抜粋・岩波文庫）、『アルピニストの手記』（平凡社ライブラリー）の二つが一般的。

＊4 『山岳』……「守門山」の補注＊1参照。

＊5 東京教育大学……現在の筑波大学。

＊6 不二さん……「御座山」の補注＊2参照。

＊7 開豁な……広々と開けて眺めがよい。

＊8 バットレス……建築用語（英語 buttress）。控え壁、支え。山を支えるような急峻な岩稜の連なり。

＊9 ガリー……英語 gully. 急峻な岩溝。フランス語はクーロワール couloir。

＊10 リッジ……英語 ridge. 尾根。岩場では細い岩稜。フランス語でアレート arête、ドイツ語でグラート Grat。

＊11 北岳小屋……当時は稜線上に小屋はなく、稜線から東側へ二六〇メートルほど下ったところにあった。

＊12 三〇五二メートルの独立標高点……現在は三〇五五メートルの標高点。

＊13 一丁場……一町とも書く。距離の単位。六十間。約一〇九メートルだが、ここでは、もうひと踏ん張りくらいの意味であろう。実距離は西山温泉まで約二・五キロ。

塩見岳

雨の中の登山もまた楽しい。塩見岳がそうであった。梅雨の真最中に出かけた。六月八日、金曜日、午後五時十五分新宿発の急行に、その日の仕事を終えて集まったのは、小池宗夫君と杉浦耀子さんと私の三人。「へえ、雨なんて怖くって、山へ行けますか」などと偉ぶってみせたが、今にも降り出しそうな空模様に、心中はそれほど楽観的ではなかった。

急行は辰野で二つにちょんぎれて[*1]、その一つは天竜峡へ行く。私たちはそれに乗って、伊那大島へ着いたのは夜の十時、淋しい暗い駅前へ出て、タクシーで三キロほど離れた小池君の生家へ行った。

小池君のお父さんとお母さんは、丘陵地帯の静かな家に、御馳走を用意して待っておられた。ビールを飲みながら皆で十二時頃まで話しあってから床についた。蛙の大合唱は、田園に帰った感を深くさせた。

翌朝、もちろん雨が降っていた。傘を借りてバス停留所まで歩き、そこから再び伊那大島駅へ引き返して、飯田から来た鎮西哲夫君と落ちあった。

この雨では大河原行のバスは怪しいとおどされたが、ようやく出ることになってホッとする。バスは大島の町（駅名はいなおおしまだが、土地の人はおじまと呼ぶ）を通り抜けて、天竜川を渡るあたりから、一年前伊郡谷を襲った集中豪雨の無惨な災害の跡が、今なおあちこちに残っている。坂を上り、部奈《ぶな》を経て、山間の田んぼはまだ土砂に埋もれたままであった。

前年（一九六一年）六月下旬この地方に降り続けていた雨は、二十七、八日、一日の降雨量三〇〇ミリという豪雨になった。山が崩れ川は氾濫し、多数の死傷者を出し、山間地の交通は長い間杜絶した。その被害のもっともひどかったのは、これから私たちの行こうとする大鹿村の一たいであった。大鹿村を南北に走る谷筋は、日本の中央部を縦断する地質構造線*2の東端にあたっているので、地層が揉まれて、断層が多く、土壌の崩れ易いところであった。そこへ集中豪雨が来たのだ。鹿塩《かしお》川沿いの北川部落、小渋川沿いの大河原市場など中でもひどく、大河原は大西山の山崩れで一どきに四十数人の命が奪われたという。

一時間半バスに揺られて、午前十時小渋川と鹿塩川との合流点で下りた。ここの河原でも盛んに復旧工事が行われていた。私と杉浦さんが雨宿りしているうちに、他の二君が小型トラックを探してきた。出来るだけ奥まで乗って行きたかったが、塩湯の鉱泉を過ぎ、梨原の小堰堤まで行った所で、道に大きな石が転がり落ちていたため、そこで停車を余儀なくされた。

各自コーモリ傘をさして歩き始めた。梨原、沢井などの民家は、まるでチベットの部落のように、高い山腹にたむろしている。大鹿村は古い歴史を持った山村で、南北朝時代に南朝の宗良《むねなが》親王を奉って北朝と戦ったと言われる。その頃から部落はみな豪雨の時の川の怖ろしさを知っていたから、山脈の高い所を拓いてそこに住居を定めたのであった。

ところが明治になって、外部と隔絶されたこの僻遠《へきえん》の地にも資本主義が侵入してきた。山林企業家が大規模な伐材を始めて奥地まで軌道が敷かれ、河原には製材所が建った。現在谷底にあって集中豪雨の被害を受けた諸部落は、すべてそれ以後に出来たものである。企業家は山林からの利益を吸い尽くすとさっさと引きあげた。取り残された諸部落は、次第に寂れつつも、いったん住みついた地に細々と暮らしていたのであった。

塩川沿いの道を辿って、川べりのやや高い所に、建って間のない無人の塩川小屋を見出したのは十二時半、まだ木の香も新しい小屋で、中にストーブがそなえてある。

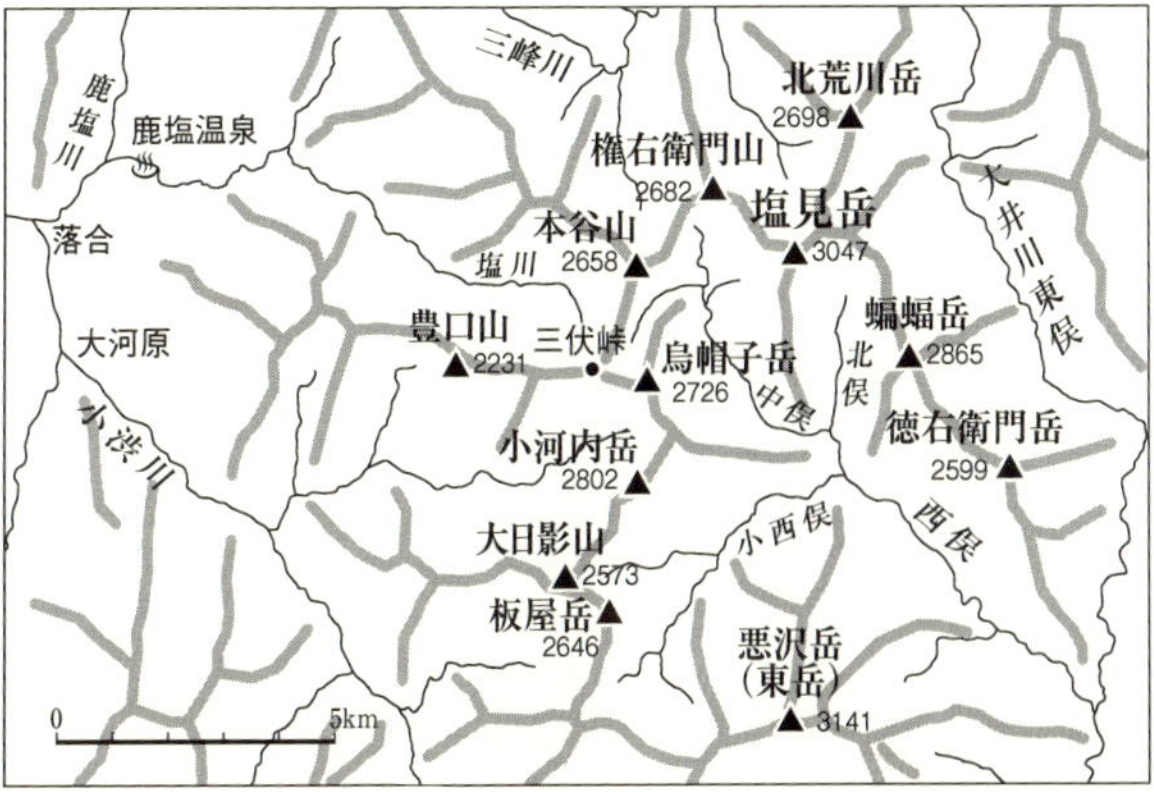

五万分の一地図　大河原

私たちはそれに火を焚き、昼食にした。雨は相変わらず降っている。時々それが滝のような飛沫を立てて豪雨になるのを窓の外に眺めながら、私はもう動くのが嫌になった。「今日はここで泊まろう」誰かそう言い出さないかと他の三人を見ると、みな複雑な顔をしている。結局雨の中へ出ることになったが、あとで話しあうと、みんなその時は私と同じ言葉を待っていたのである。

それぞれポンチョやヤッケを着け、その上コーモリをさして、三伏峠までの登りは辛かった。前年の秋[*3]、私はやはりこの峠へ登ったが、長い急な坂にウンザリして、二度と来るものかと思ったものだが、のど元過ぎれば熱さを忘るで、またやって来た。長い急な坂は少しも変わらなかった。

しかし雨中の登りの辛さが我慢できたのは、わが若い三人の友の元気なムードであった。杉浦さんは女性で初めてヒマラヤへ行った山好きであり、他の二青年は伊那で育ち、高等学校山岳部以来南アルプスには何回となく入り、こちらの山のことなら何もかも心得ている。小池君は某国立大学を出て東京に勤務しているが、山の強さは少しも衰えないし、鎮西君は地元の交通公社に勤めて、しょっちゅう山登りをしている。この両君がかついでいる特大のリュックの中には、私たちの山行を快適にするためのいろいろな品が収まっていることはいうまでもない。

私は遠慮なく休む。休むごとに果物やチョコレートの類が配給される。若々しい話がはずむ。道は深い森林の中に通じているので、雨もさほどには感じられない。それが少し開けて、大河原方面からの登り道と出あって、前の記憶ではもうあとわずかだと思ったのに、それから先うんざりするほど長かったのは疲れのせいだったのだろう。

とうとう一人おくれて峠の上へ着いたのは六時。そこの小屋の軒先に雨を避けて、三人が待っていた。私たちの今夜の泊まりの三伏小屋[*4]は、峠を越えて大井川上流の中俣へ三十分ほど下った所にある。小さな沢を間に挟んで建物が二軒、その沢は増水して川のように流れていた。私たちは下の小屋へ入った。前年の秋雨のため三晩も停滞したなつかしい小屋である。その時もやはり鎮西君がいた。

濡れたものを着替え、私は何にもせず夕食の出来上がるのを待つだけであった。三人の甲斐甲斐しい働きで、やがて空きカン利用の即製灯心のまわりに御馳走が並べられた。もちろんアルコールには事欠かなかった。山小屋というものは、自分たちだけで占領しなければ、本当の楽しい気分はない。

翌朝ははげしい雨の音であけた。誰も起きようとしない。ままよ寝法楽[*5]である。いくらでも眠れる。都会生活で溜まった疲労素が、細胞ごとに解消して行くように快い。新聞も電話もない。世間から全く絶縁されていることの、何という心安さ！　十時頃、朝食兼帯の食事になるまで、私はただ眠りこけていた。

昼すぎ小降りになったので、傘をさして皆で峠まで散歩に行った。細かな雨は降っているが、雲が高いので、私たちはそこから墨絵のような塩見岳を見ることが出来た。立派な山である。

三伏峠は日本で最高の峠で、二五八〇メートル。昔は伊那からこの峠を越えて大井川上流へ下り、さらにデンツク峠を越えて、甲州の新倉へ出る伊那街道が通じていて、かなり利用されていたらしい。おどろくべき山越えの交通路だが、足が唯一の交通機関だった人々には、いま考えるほど苦ではなかったかもしれない。

三伏峠まで登ってきて、そこから眼の前に、中俣を距ててそびえ立つ塩見岳のすばらしい姿に、旅人は息を飲んで見惚れたであろう。全く、峠上から見た塩見岳は天下一品である。そこへ登拝しようとする気もちの生じないわけはない。

武田久吉博士[*6]の古い文章に「塩見ヶ岳なる名称に就て」というのがある。それによると、山麓大鹿村の伝説では、大昔建御名方命《たてみなかたのみこと》がその地通過の折、鹿塩の谷で塩を見いだしたので、その谷（塩川）の頭にある山が塩見岳と名づけられたのだという。しかし博士も論破されているように塩川の頭にあるのは本谷山であって、谷から塩見岳は見えない。

また、大鹿村の猟師が武田さんに語ったところによれば、昔山麓の土民は塩がなくて困った。すると弘法大師が山へ登り、山頂から海を見て、その塩を谷へ呼んだので、山名を塩見岳としたのだという。しかしこれも、弘法大師がこの地へ来たという証拠もなく、山頂から海は見えない[*7]。

おそらく塩見岳という名は、山麓の名前と関係があるのだろう。鹿塩川沿いには、大塩、小塩、塩原などという部落があり、その中心地は鹿塩である。鹿塩から塩川について少し上った所に塩湯という食塩鉱泉がある。その含有量は一リットル中に二十五グラム（海水は三十グラム）、わが国第一の強食塩泉だそうである。昔はこの地方で食塩の製造が行われていたというが、この僻遠の山中で、海の塩より山の塩に頼ったのは、まるでチベットのような土地柄である。その塩を高い峠を越えて甲州まで運んだとすれば、ますますチベットらしくなる。

とにかく、こんな風に塩に縁の深い山村を登山口に持つ山が、何かのゆかりで塩見岳と呼ばれるようになったのは当然だろう。

三伏峠の眺めに喜んだ四人は、さらに広い眺望を得るために、散歩にしては少しきつかったが烏帽子岳まで行ってみることにした。そこまで登ると悪沢岳から荒川岳へ続くゆったりと大きな山容の右手に、赤石岳が顔を出してきた。その右肩に聖岳の一部も見えた。私たちはすっかり満足して、そこから直接沢へ下る道を採って、私たちだけの小屋へ帰った。

翌朝暗いうちに若い人たちの働く気配とラジュース*8の燃える音を、私は寝袋の中でうつらうつら聞いていた。予定では、塩見岳へ登り、それから蝙蝠《こうもり》岳へ行って大井川西俣へ下り、デンツク峠を越えて帰るつもりであったが、一日停滞したためその余裕がなくなった。そこで今日は午前中早めに塩見岳へ往復し、来た道を引返して夜行で東京へ帰ろうというのである。

朝食をたべて午前五時軽装で小屋を出た。梅雨の真っ最中でも晴れる日はある。高曇りで、陽は差さないが、眺望にはさしつかえない。塩見岳への道は、本谷山の上を通り、権右衛門岳の腹を巻き、迂回して行くので、かなり距離がある。

一時間ほどで本谷山の頂に立つと、そこで初めて塩見岳が眼の前に姿を現した。早朝の空にそれは鮮やかなスカイラインで気高く立っていた。西には伊那谷を距てて木曾駒連峰、さらに北に当たって遠く乗鞍、その右に豊かな残雪をおいた穂高、槍。はや私には眺めるものが多すぎた。そこから権右衛門を過ぎるまでは、林の中で見晴しは無かったが、塩見岳にかかるとハイマツ地帯になって、再び眺めが開けてきた。

山稜のかげの窪みにある小さな塩見小屋のあたりで、人怖じしない雷鳥を見つける。腹と脚のところが白いだけで、もう褐色の更衣をしている。皆がカメラを構えて一メートルほど近寄っても逃げようとしない。雷鳥という名はいかめしいが、可憐な鳥である。ただ造物主はどうしてもう少しやさしい啼き声を与えなかったものか。

塩見岳へ至る手前に、天狗岩と呼ぶジャンダルムがある。それを越えて最後の急坂を登り切ると、もうそれより高い所はなかった。八時三十分。頂上は二つの隆起から成るが、三角点のある頂より、その東にある頂の方が幾らか高い。

眺望には申し分がなかった。一番立派なのは富士山であった。ほとんどその全容がここから望まれた。こんなに富士の美しく見えるのは、南アルプス随一であろう。南アルプスの三〇〇〇メートル峰にも大がい見参出来た。それらの頂上にはすべて私の思い出が残っている。その他見える限りの高峰で、もう私の足跡を逃れたものはなかった。私は歴戦のあとを振り返る将軍の気もちで、それらの山々を眺めていた。

足下には、北側には三峰《みぶ》川の源流が、南側には大井川の中俣が、深く食いこんでいて、この山の奥深さを感じさせた。ただ中俣の森林が裸にされつつあるのは、はなはだ残念であった。

恵まれた頂上で至福の三十分を過ごした後下山についた。二青年は昼食の用意をするために、一足先に飛ぶように下って行くあとを、私はヒマラヤ嬢と一緒に追ったが、道は長く、本谷山にさしかかると私の足は鉛のように重かった。小屋に帰り着いたのは十一時四十五分。食事をし、荷ごしらえをして、午後一時二晩の思い出の残る小屋に左様ならをした。

私たちに半日の晴れ間を与えた梅雨は再びその性格に立ち返って、三伏峠の気もちのいい草原では一面の霧に包まれた。その乳色の気体の中に、姿態のいいダケカンバがおぼろににじんだ風景は、泰西名画のように美しかった。それを口実に休憩を要求した私は、リュックによりかかったままウトウト眠った。

峠からの下りはもう雨になっていた。急坂だからしぜん足は速くなる。登りにはあんなに辛かった、高度千メートルもある坂を二時間で下りきって、塩川のほとりへ出た。そこから塩川小屋まで一時間とかからなかった。

　峠の上で昼寝をした時から、今日の最終バスに間にあわないことがわかっていた。勤めを持つ諸君には気の毒であったが、もう一晩塩川小屋で泊まってもらうほかない。しかしその泊まりは楽しかった。真新しい小屋で、残った食糧を総動員した珍料理は、最後の晩を陽気にするのに充分だった。

　翌日もまた雨。が、あわてることはない。色とりどりの雨具を着け、コーモリ傘をさして、雨のためいっそう美しさを増した若葉の谷を下って行く私たちは、おしゃべり好きののんきな観光客でしかなかった。

　落合に着いてバスを待つ間にビールの祝杯をあげ、楽しかった登山に終止符を打った。山中誰にも出あわず、雨に煙った日本特有の美しい新緑風景に接したのも、梅雨なればこそである。

　バスに乗る頃から土砂降りになった。連絡よくその晩には東京へ帰っていたが、翌日の新聞を見ると、小渋川が氾濫して吊橋が落ち大鹿村の交通は杜絶したと出ていた。すんでのところで私たちも閉じ籠《こ》められるところであった。

●塩見岳（しおみだけ・三〇四七メートル）　一九六二年六月の山行。白峰三山に同行した学生小池宗夫がふたたび参加。

＊1　急行は辰野で……中央本線は現在、岡谷と塩尻の間を塩嶺トンネルで抜けてほぼ直線で結んでいるが、当時は大きく辰野まわりだった。飯田線はここで伊那方面に分かれた。

＊2　地質構造線……日本列島の西南部を縦断する断層系である中央構造線をさす。糸魚川静岡構造線以東のFossa《フォッサ》 Magna《マグナ》（大きな断裂）帯では堆積岩に覆われているが、東端は鹿島灘と考えられている。関東平野から赤石山脈の西側、紀伊半島、四国の吉野川筋をへて九州へいたる。大鹿村は露頭が顕著で、「日本の地質百選」に選定されている。

＊3　前年の秋……一九六一年十月、三伏峠へ登り赤石・悪沢岳へ行った。

＊4　三伏小屋……三伏峠から東へ、三伏沢に降りたところにあった。

＊5　寝法楽……法楽は仏道を修行して得られる喜び。転じてなぐさみ、たのしみ。寝るが極楽。

＊6　武田久吉……植物学者（一八八三～一九七二）。日本近代登山の創成期にその土台を築いた先駆者のひとり。日本山岳会創立発起人、第六代会長（一九四六～一九五一）。中部山岳の踏査をおこなったが、特に尾瀬・鬼怒川上流を愛した。父は幕末維新のころのイギリス外交官アーネスト・サトウ。『尾瀬と鬼怒沼』『明治の山旅』（ともに現在平凡社ライブラリー）。

＊7　山頂から海は見えない……見えるという説がある。小島烏水は一九〇八年、農鳥岳から駿河湾の船の煙が見えたと書いている。

＊8　ラジュース……ラジウス（「斜里岳」の補注＊8参照）に同じ。

恵那山

木曾路はすべて山の中である。――これは藤村の『夜明け前』の有名な冒頭の文句である。美濃の中津川から十曲《じっきょく》峠を登って木曾路にかかる入口の馬籠《まごめ》、『夜明け前』の舞台はそこに開く。藤村もそこで生まれた。

その馬籠から南に当たって、大きく恵那《えな》山がそびえる。少年時代の藤村が明け暮れ眺めた山である。当然『夜明け前』の中に恵那山がしばしば現れる。この大作を私が読んだのは十数年前で、詳しいことは忘れてしまった。読み返そうと思って普及本を買ってきたが、その分厚な小口《こぐち》*1を見ただけで、今の私にはその暇も根気もないことを悟った。パラパラめくっていると、次のような個所に出あった。主人公の半蔵が四年あまりの飛騨の旅から、馬籠へ帰ってきた時のことである。

「まだ半蔵は半分旅にあるような気もしていたが、ふと、恵那山の方で鳴る風の音を聞きつけて我に帰った。十月下旬のことで、恵那山へはすでに雪が来、里にも霜が来ていた。母屋の西側の廊下の方へ行って望むと、ふるさとの山はまた彼の目にある。

（中略）飛騨の位山《くらい》を見た眼で恵那山を見ると、ここにはまた別の山岳の趣がある。遠く美濃の平野の方へ落ちている大きな傾斜、北側に山の懐をひろげて見せているような高く深い谷、山腹にあたって俗に『鍋づる』の名称のある半円状を描いた地形、蕨平《わらびだいら》、霧ヶ原の高原などから、裾野つづきに重なり合った幾つかの丘の層まで、遠過ぎもせず近過ぎもしない位置からこんなにおもしろく眺められる山麓は、ちょっと他の里にないものであった。（中略）半蔵は子供等の頭を撫でながら、『御覧、恵那山は好い山だねえ』と言ってみせた。」

その子供等の一人を藤村と見なしていいだろう。長々と引用したのは、世の藤村信者の注目を恵那山へ向けたかったからである。『夜明け前』を読んだ時から、この山は私に強い印象を残していた。

まだある。それはウェストン[*2]だった。日本アルプスの父とまで呼ばれた、山好きのこのイギリスの宣教師は、私の生まれる十年も前に、すでに恵那山に登っている。まだ東海道線から岐《わか》れて中津川まで汽車も通じていない時代に、彼ははるばるこの山へ出かけた。ウェストンの名著『日本アルプス登山と探検』に収められている恵那山紀行も、私の意欲をそそった。

それほど古くから知られた山でありながら、登山にも一種の流行のようなものがあって、どうやら恵那山も忘れられた山になっている。その証拠には、私の山友達に訊《き》いても、恵那山に登ったという人は少ない。中にはその所在さえ知らない人もいる。小学校の終わり頃から山登りの楽しみをおぼえた私は、今まで四十年あまりの間に、多くの山に登った。数多く漁《あさ》ることが登山の本義ではないかもしれぬが、ともかく未知の領分に入ることは、私にとっては堪らない魅力である。

古来の名山へはオーソドックスな表口から登りたい、というのが私の主義である。ところが恵那山の歴史的登山路は、地図を見ると、実に長い。普通の山は十合目が終点だが、この山は二十合目まであるという。ゆっくり派の私には、山中一泊しなければ無理に思われた。そこでその宿泊設備があるかどうか、中津川市役所の観光課へ問い合わせた。すぐ親切な返事がきて、昨年便利な新登山道が開かれたこと、しかしその登山道も伊勢湾台風による倒木が多く、しかもまだ雪が深いから、春まで延期された方が得策であろうと書いてあった。

四月半ばすぎ、観光課から登山を促す通知があった。仕事は溜まっていたが、山の誘惑には勝てない。いざ、恵那山へ。——前おきが長くなった。さっそく東京を出発しよう。

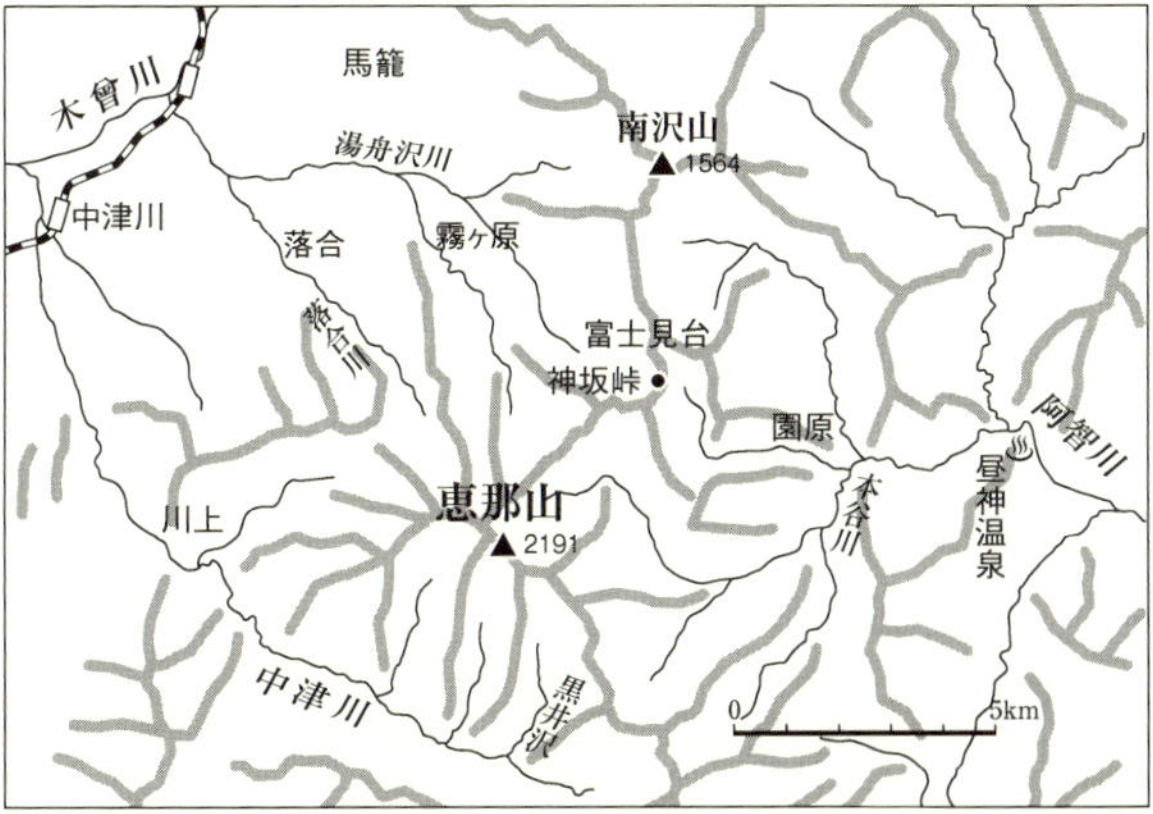

五万分の一地図　妻籠、中津川

一九六〇年四月二十日は朝から荒天だった。各地に被害があったらしく、私たちもその余波を受けて、出発早々山手線の故障で、予定の東海道線急行に乗りおくれてしまった。仕方なく次の鈍行に乗る。

いちいち停車の鈍行は名古屋へ着くまでの八時間に、たびたび烈しい雨に襲われ、途中で幾本も急行に追い越された。最後に颯爽と「はと」[*3]が通り抜けて行った。秀才にどんどん追い抜かれて行く鈍才みたいな感じである。追い越される毎に不機嫌になる私を慰めるのは、わが随伴者の役目であった。

私と随伴者――とは妻のことにほかならないが――が名古屋に着いたのは夕方の六時すぎ、そこで三十分ほど待って、中津川行の中央線に乗り換える。退勤時《ひけ》で混んでいたが、約二時間の後、終点に近づいた時は、ガランとした車内に私たち二人しかいなかった。中津川の駅の近くの十一屋旅館に泊まる。親しみのある落ちついた宿で、取り澄ました高級旅館のよそよそしさのないのが有難かった。

翌日、風雨一過の極上の天気に恵まれた。こういう快晴はザラにあるものではない。その稀な日にめぐりあったとは、何という幸運であっただろう。登山心得の一つ、嵐の日に出発せよ。

中津川市役所の商工観光課ではすでに手はずが整えてあった。同課では来るべき登山シーズンのために、昨年の台風で荒らされた登山道の視察や、山小屋整備の下検分を兼ねて、私たちを案内して下さることになっていた。

朝七時半市役所のジープを待つ間、中年夫婦は宿の近くをブラブラ歩いてみた。真正面に、町に迫るように恵那山が高くそびえている。この山は長い頂を持っていて、名古屋あたりから眺めると舟を伏せた形に見えるので、舟覆《ふなぶせ》山とも呼ばれているが、ここからはその長い頂稜を縦に眺めるので、ほぼ円錐の形で立っている。風格のある山である。ジープは修繕に暇どって、出発したのは八時半すぎだった。同行は、商工観光課の藤原孝寛さん、小木曽宗輔さん、建設課の糸魚川亨さん。車は町を通り抜け、中津川（これは川の名）に沿って上って行く。本州製紙の工場の脇を通って、川上《かおれ》の部落まで行くと、また一人われわれの一行に加わった。北恵那バス会社の安藤卓三君で、恵那山に関しては最も詳しい青年であった。

以前はこの川上が登山口で、二十合目までの第一歩がここから始まっていた。由緒のある部落らしく、ここに恵那神社があり、三百年の伝統を持つ川上文楽が今も残っていて、無形文化財に指定されているという。しかしこの歴史的登山路はあまり長すぎるので、観光課で新しく開いたのが、これから私たちの辿《たど》ろうとする道である。

渓谷の美をそなえだした中津川を、ジープはさらに奥深くまで進んで、終点の黒井沢に着いたのは十時少し前だった。夏のシーズンにはここまで登山バスが入るそうである。地図（中津川）はこのあたりかなり地形が違っていて、中津川市で近年測図した二万分ノ一によれば、この終点で中津川の源頭は黒井沢と白井沢に分かれ、標高は約一二三〇メートル。随分高い所まで運ばれたものである。新登山路は、その二つの沢を分かつ尾根の上に通じている。

昨年の伊勢湾台風の影響がいきなり始まって、樹木や岩石の破片がすっかり道を覆っていた。上から流されたものがこの落合いに溜まったのだろう。その厄介な場所を切り抜けると、よい道がジグザグに上っていた。先頭が安藤君、続いて私たち夫婦、商工課の二人、殿《しんがり》が建設課で市役所山岳部の糸魚川君、という序列がおのずからできあがる。歩き出しに、若い元気な人の間に挟まって登るのは辛いな、と案じていたところ、早くも後ろの年長の藤原さんから、「安藤君、そのへんで一服！」と声がかかった。

時々このブレーキがかかるので、私たちは大いに助かった。道はよくつけられているが、台風による倒木の通せん棒がしきりに現れる。それを潜るか、跨《また》ぐか、どちらもできない大きな奴は迂回しなければならない。「四割がた損をしている」と藤原さんが繰り返しこぼす。

やがて県境の山稜に取りついた。そこからまた長い急な坂が始まる。しかしそれを登りつめて、やや平らな道へ出た時、私たちの労苦は一ぺんに報いられた。ずらりと白雪の峰を並べた南アルプスが、眼の前に現れたからである。全く息を飲むような大観であった。伊那谷を距《へだ》てて、それは手に取るように眺められた。真正面は赤石、その右は聖《ひじり》、と私は雪嶺を数えるのに急《せ》かれた。

南アルプスの左に、もっと近く中央アルプスがあった。その長い連嶺をここから縦に眺めることになり、峰々が重なりあって見えるので南ほど精彩はないが、私にとってはおろそかに見過ごせぬ。が私の独り喜びの山の詮索で、読者を退屈させてはなるまい。

そのへんから道に雪が出始めた。まだ木々は萌えだしていないので、透いて明るい、気持のよい緩い道を進んで行くうち、私は二度目の歓声をあげた。青く澄み渡った北の空に、御嶽と乗鞍が神々しいほどの雪の姿で立っているではないか。乗鞍の右に遠く純白に輝いているのは穂高である。日本アルプスの眺めは私は今までに数えきれぬくらい繰り返しているが、恵那山という変わった角度からするのが、私に目新しい喜びを与えるのであった。

眺めのいい道端を選んで、おそい昼食をすまして、私たちは前進を続けた。道はずっと雪に覆われ、うっかりすると膝までもぐった。四月下旬というのに、木の枝が一面に霧氷をつけて陽に輝いている美しい風景にも出あった。

最後の雪の急坂を登って、ついに頂上に立った。台風で倒壊した社《やしろ》に一礼して、展望台の役目をしている測量用の高いヤグラの上にあがり、ウイスキーの乾杯をしながら、私たちは再び四周の眺めに眼を娯しませた。ウェストンの紀行によると、赤石の南肩に富士山が覗《のぞ》いていることになっているが、空がかげってそれは見えなかったが、その代わり思いがけない賜物が私にあった。それはわがふるさとの山白山が、白無垢《しろむく》の清浄な姿で、遠い空に浮かんでいるのを見出したからである。

倒壊した社にはイザナギ・イザナミの二神が祀《まつ》ってある。この両神が天照大神《あまてらすおおみかみ》を産んで、その胞《えな》*4をこの山頂に納められたので、胞《えな》山、すなわち恵那山となったのだと伝えられている。古来名山と唱えられたゆえんである。

その山頂を辞して、高低のある長い頂稜を辿った。途中、屋根の吹き飛ばされた小屋があり、市役所の諸君はその再建について相談しあった。その熱心な討議から察するに、この夏には立派な山小屋ができあがるに相違ない。頂稜から木の間を透かして、メルヘンに出てくるような青々とした、気持のよさそうな原が見えた。それが富士見台の高原で、私たちの今夜の泊まりはその山小屋に予定されていた。その原へはわけなく行けそうな近くに見えるので、初め四時間はかかると聞いても信じられなかったが、実際に当たって、なかなか苦労のかかる道だと分かった。

頂稜を離れるとすぐ急峻な大下りになる。倒木のはげしい場所や、枯笹が雪に覆われている所では、時々道を見失う。急坂の雪が凍っていて、ピッケルでステップを切るような個所もあった。富士見台までは尾根続きだが、その尾根上に並んでいる幾つものコブの頭を、一つ一つ正直に越えて行かねばならない。

赤い腹を見せて足元から崩れ落ちている崖っぷちを通って、一鞍部の鳥越峠に着いた時はもう夕暮れていた。そこからもう一とコブあった。一日の終わりの疲れた足にその登りはこたえたが、しかしその頂から見た西空の真っ赤な大残照はすばらしかった。その下にはもう中津川市の灯がちらちら光っていた。

すっかり暗くなった神坂峠《みさか》を経て、山小屋「万岳荘」へ着いた。有難いことに、無人の山小屋に着くといつもわれわれを悩ます一切の仕事から、私たち夫婦は完全に免除された。市役所山岳部の水野君が、特大リュックを担いで、昼のうちに里から直接この小屋まで登り、大きな焚火をおこして私たち一行を待ち受けていた。焚火を囲んで御馳走の多い夕飯をすますと、山小屋の楽しみの炉辺雑談に移った。恵那山には猿が多いという話から、山に詳しい安藤君が、その猿の仲間にも革新派と保守派と両派があって、互いに争っていると言うと、横から「最近、社民派もできたそうじゃないか」とまぜっかえす人もある。賑やかな尽きない話を打ち切って、ようやく私たちはそれぞれの寝袋に収まった。

翌未明、寒くて眼がさめる。ゆうべ暗くて気がつかなかったが、天井の屋根が大きくはぎ取られている。寒くて眠れないのは皆同様とみえて、次々と寝袋を棄てて焚火の周りに集まった。この日も雲のない晴天だった。しかし春の温気はもう大気に漂っていて、小屋の背後の富士見台へ散策に出た時は、南アルプスはおぼろの中に消えていた。御嶽が裾を霞にぼかし、雪の頂だけ空中に浮かんでいるさまは、いかにも春の山らしい美しい姿だった。この高原から絶対富士山は見えないのに、富士見台の名のあるのは、「富士見たい」から来たのだそうである。どうして日本人はそう富士山を見たがるのだろう。

枯笹と芝で覆われた高原は、大まかな起伏で広々とどこまでも続いている。その大きな拡がりの所どころに、モミかツガの青木がアクセサリーに立っている。私たちは一番高い丘の方へブラブラ上って行った。振り返るといつも高原の向こうに、頂の長い恵那山が雪を点綴《てんてい》して、悠然とそびえていた。登ったばかりの山を見返すのは、何という喜びだろう。

夏になると馬や牛が放牧されて、このへん一帯牧場風景になるそうだが、今おだやかな春風に吹かれてさまよっているのは、私たちだけであった。そのへんに身を投げると、うとうと眠ってしまいそうな長閑《のど》かさであった。

一六八四メートルの三角点を踏んでから、義仲馬洗いノ池と称する所へ行ってみた。丈の低い針葉樹に囲まれたその池は、築庭[*5]のような自然の妙趣をそなえていた。

帰りは少し遠廻りして「落雷遭難の碑」のある所へ出た。昭和三十年八月三日、神坂中学校の生徒四名がここでキャンプ中落雷のため命を落とした旨が、碑面に記されていた。遭難の翌年、生徒たちの手でこの碑が建ったらしい。広い原にちょこんと立っている真新しい大理石の碑は何か哀れで、私はそこに記された遭難者の名前を手帳に書き留めた。山口勇君、大蔵たみ子さん、園原正次郎君、後藤艶子さん。

富士見台には、万岳荘のほかに、中津川市役所管理の神坂小屋がある。その小屋の検分も一行の主な任務であった。それをすまし、早目の昼食をたべて、下山の途についた。

神坂峠まで引返す。ゆうべここを通ったのだが暗くて分からなかった。いま見ると何の変哲もないただの峠だが、かつては木曾谷の中仙道が開かれるまで何百年の間、この峠越えが主要道路であったという。神坂という名は、日本武尊《やまとたけるのみこと》が東征の折通過されたからだと伝えられる。

万葉集に、

千早ぶる神のみさかに幣《ぬさ》まつり斎《いは》ふ命は母父《おもちち》がため*6

という歌も残っている。峠から私たちは木曾側へ下ったが、反対側の伊那の方へ下れば二時間ほどで園原に着く。園原は「帚木*7」で有名で、

園原や伏屋《ふせや》に生ふる帚木のありとは見えてあはぬ君かな*8

その他の古歌がある。私は日本古典に詳しくない。みな手近な本からの引用である。木曾側への下り道は、割石が敷いてあって歩きにくかった。強清水《こわしみず》というつめたい水の流れへ出て、大休憩をする。「岐阜県立胞山公園」と刻んだ大きな板が掲げられ、近くに風穴があった。これは石室《むろ》で、以前蚕の種紙*9をしまうための一種の冷蔵庫であった。

霧ヶ原の高原はそこから間もなくだった。広い原野で、道端を可憐なリンドウの碧の花が飾っていた。昔は有名な牧場で、宇治川先陣*10の名馬などもここから出たそうだが、現在は開墾地となって、耕転機が活動していた。

何しろ謂《い》われの多い土地で、伝教大師*11広済院跡という新しい碑も立っていた。碑文によると、大師が東国巡化の折、神坂峠を越える旅人のために、ここに広済院、園原に広拯院という、簡易宿泊所を建てたという。戦後この建碑式が、比叡山の法主《ほうしゅ》*12初め大勢の坊さん、宮様などの列席を見て盛大に行われたというから、根拠のある史実であろう。

近くに兼好法師塚というのもあったが、名所古跡めぐりは私の性分ではないので割愛した。兼好法師がそこに庵を結んだというのも、ただの言い伝えではなく、『吉野拾遺《しゅうい》』に法師の言葉として、「われ一とせ木曾の御坂《みさか》のあたりにさすらへ侍《はべ》りし時、山のたたずまひ、川の清き流れに、心とまり侍りしかば……」ここに庵を引き結んだと出ているそうである。これも引用である。

霧ヶ原の台地を下って湯舟沢に出ると、そこに市役所のジープが待っていた。文学の輩《ともがら》*13として、私は近くの藤村堂を訪ねないわけにはいかない。

馬籠はいかにも昔の宿場らしい面影で坂の中途にあった。藤村堂の真っ白な障子に、今を真っ盛りの海棠《かいどう》が影をおとし、庭の一隅にはモクレンの花が咲いていた。堂の中の陳列場には、島崎鶏二氏の描かれた恵那山の油絵が最初にかかっていた。

近年信州の神坂村は、美濃の中津川市に編入された。ところが神坂村の中の馬籠その他二、三の部落が、それに反対して今なお信州に属している。信州の藤村*14が美濃の藤村になっては妙なものだろう。しかし現実の政治の争いは烈しいとみえて、馬籠の部落には、「中津川市編入派の家」と軒先に貼紙した家がたくさん見られた。

馬籠の坂から真正面に大きく恵那山を仰いだ。それはこの紀行の初めに記した藤村の文章の通りである。昨日苦労したコブの多い尾根もハッキリ認められた。

私たちのジープは、中仙道の落合を通って、再び中津川市に帰ってきた。山旅の最後に、私たちは途方もない見物を一つ付け加えた。夫婦岩《みょうと》と称せられる大きな二つの石で、それはあまりにも如実に男女のものを現していた。私たちが恥ずかしげなくその前に立つことができたのは、それがあまりに雄大で、もはやワイセツの域を越えているからであった。傍らに神様が祀《まつ》ってある。この夫婦岩は駅の名所案内にも出ていた。

●恵那山（えなさん・二一九一メートル） 一九六〇年四月の山行。志げ子夫人同行。

＊1 小口……切断面の意味で、特に書物の綴じた部分の反対側の前小口をさす。本を開いたとき右ページの右端、左ページの左端。

＊2 ウェストン……Walter Weston（一八六一～一九四〇）。イギリス人。日本近代登山の父とされる。スイス・アルプスでマッターホルンほか本格的な登山を経験して来日。一八八一年～一八九四年、一九〇二年～一九〇四年、一九一二年～一九一四年の三回滞日した。その間に富士山をはじめ、北・南・中央のアルプスに登り、九州の山にも足を運んだ。槍ヶ岳、穂高岳では難ルートからの登攀もこなした。英国国教会牧師の本業よりも山の業績で大きく評価されている。日本山岳会誕生の気運をつくり、一九一〇年、最初の名誉会員に。英国山岳会会員《ジ・アルパイン・クラブ》。『日本アルプスの登山と探検』（現在、岩波文庫と平凡社ライブラリー）は、日本の山とそこに生きる民衆の姿を世界に伝えた。著書はほ

かに『極東の遊歩場』など。

＊3 「はと」……当時の特急列車。東海道本線で「つばめ」とともに運行。

＊4 胞《えな》……胞衣、襞とも書く。胎児を包んでいる膜・胎盤などの総称。

＊5 築庭……造園。ここでは丁寧につくられた庭園のような、の意味か。

＊6 千早ぶる……『万葉集』巻二十－四四〇二。

＊7 「帚木」……ははきぎ。ホウキグサの別称。遠くからはあるように見えて、近寄ると見えない、伝説の木。園原にあるという。

＊8 園原や……『新古今和歌集』巻第十一・恋歌一－九九七。坂上是則の作。帚木のようにたしかにいると思うのに、近づいてあなたに会うことができないのはわびしい。

＊9 蚕《かいこ》の種紙……蚕に卵を生みつけさせた紙。蚕卵《さんらん》紙。

＊10 宇治川先陣……一一八四年、木曾義仲と源義経の宇治川の合戦で、義経側の佐々木高綱・梶原景季《かげすえ》が先陣を争ったこと。宇治川の先陣争い。

＊11 伝教大師《でんぎょうだいし》……最澄《さいちょう》（七六七～八二二）。日本天台宗の開祖。

＊12 法主……法門の主。宗派の長。

＊13 輩《ともがら》……仲間。同種の人。

＊14 信州の藤村……馬籠は岐阜県中津川市に編入されて、「信州の」とは言えなくなり、「妙なもの」が実現したことになるが、馬籠は木曾十一宿のひとつ（南端）であり、木曾（信州）の藤村は健在であろう。

大台ヶ原山

東京を離れて少し遠い旅に出る時には、私は用件をすましてすぐ帰ってくることは稀である。たいてい付け足しにどこか山へ登ってくる。したがっていつも家を出る時の私の服装は、背にはリュック、足には登山靴、そして心には憧れの山。今度も大阪に用事があり、付け足しは大台ヶ原山であった。

奈良県、このいにしえの大和の国へは、高等学校の頃友人と二人で訪れたきりで、その後何十年間ただの一度も足を踏み入れたことがない。旅行の数では私は人に負けないと思っているが、いつも目ざすのは雪と山の国ばかり。仏像と旧跡と歌どころの国には縁がなかった。この年になってまだ法隆寺も知らないとは、何と片寄った旅人で私はあることよ。

大阪で友人のもてなしにあずかり、ほろ酔い機嫌で阿倍野橋駅から吉野行の電車に乗ったのは、夜の七時半すぎであった。とろりと眠って眼をさますと、もう車中の乗客もチラホラで、時をおいて留まる駅の名を覗《のぞ》くと、当麻《たいま》だの、壺坂だの、六田《むだ》だの、

古くゆかしい思いが湧いてくる。九時すぎ上市《かみいち》で下りた。駅員に教えられた宿へ行くと、玄関に、

高き名の鮨あり鮎の吉野川　　秋桜子*1

という額がかかっていた。やはり大和は詩の国である。

昔風の古めかしい宿で、客は私のほか一組しかないようであった。鮎の頃、花の頃には満員になるそうであるが、何しろ二月二十九日（閏）である。春は近いとは言え、夜具の中には湯タンポが入れてあった。

着いた時は暗くて何もわからなかったが、翌朝、障子をあけるとすぐ眼の前に吉野川が流れていた。対岸の山は「花の吉野山」の続きである。高等学校の頃友人と二人で大和を旅行した時は、たしか畝傍《うねび》の方からずっと歩いて壺坂の山を越え六田に出て、それから吉野山を見物した。まだ桜には早い春休みの頃であったが、如意輪寺《にょいりんじ》まで行ったことをおぼえている。何しろ三十五、六年も前の話だから、詳しいことは一切忘れてしまったが、いま吉野山と相対すると、そぞろ懐旧の情を禁じ得なかった。

上市の宿を出て駅まで行く途中、私はこの古い町を仔細に見た。いかにも昔からの宿場らしく、狭い道路の両側に、軒の低い、太い格子を持った家々が並んでいる。白

壁の土蔵もまじっていた。こういう古い匂いのする町は次第に日本から消えつつある。一つ一つに価値はなくても、周囲の自然も含めてこういう町全体が、国宝的存在だと私は思っている。一ぺん消えたら、もう元の形にはならないだろう。

駅で、いま大阪からの電車から降りたばかりの仲西政一郎[*2]さんと落ち合った。大台ヶ原登山をもくろんだ時、私は私の古い友人が近鉄[*3]に勤めていたことを思いだして、その友に手紙を出した。大台ヶ原の上に近鉄の山の家がある。季節はずれだから番人はいないだろう。その山の家の使用あっせんを頼んだのである。すると近鉄の方では、わざわざ山の家へ番人をあげるほかに、私の案内役として仲西さんを推してくれた。

仲西政一郎さんは泉州山岳会の会長で、近畿の山々については掌を指すように委しい。大峰・大台に登りだしてから三十年にもなるという。ガイド・ブックの著もある。こんな結構な案内役のほかに、もう一人、仲西さんの連れて来られた青年は、関西学院山岳部O・Bの森田昌孝君で、私たちのポーター役を引き受けてくれるという。私にしては近来にない贅沢な登山になった。

三人が吉野川上流へ向かうバスに乗ったのは九時五十分。バスは川を右手に見て、山裾を縫いながら進んで行く。昨年の伊勢湾台風で、吉野川は荒れていた。河原に土砂の盛上がりが出来ていたり、川っぷちの美しい竹藪が崩れていたりしていた。水量

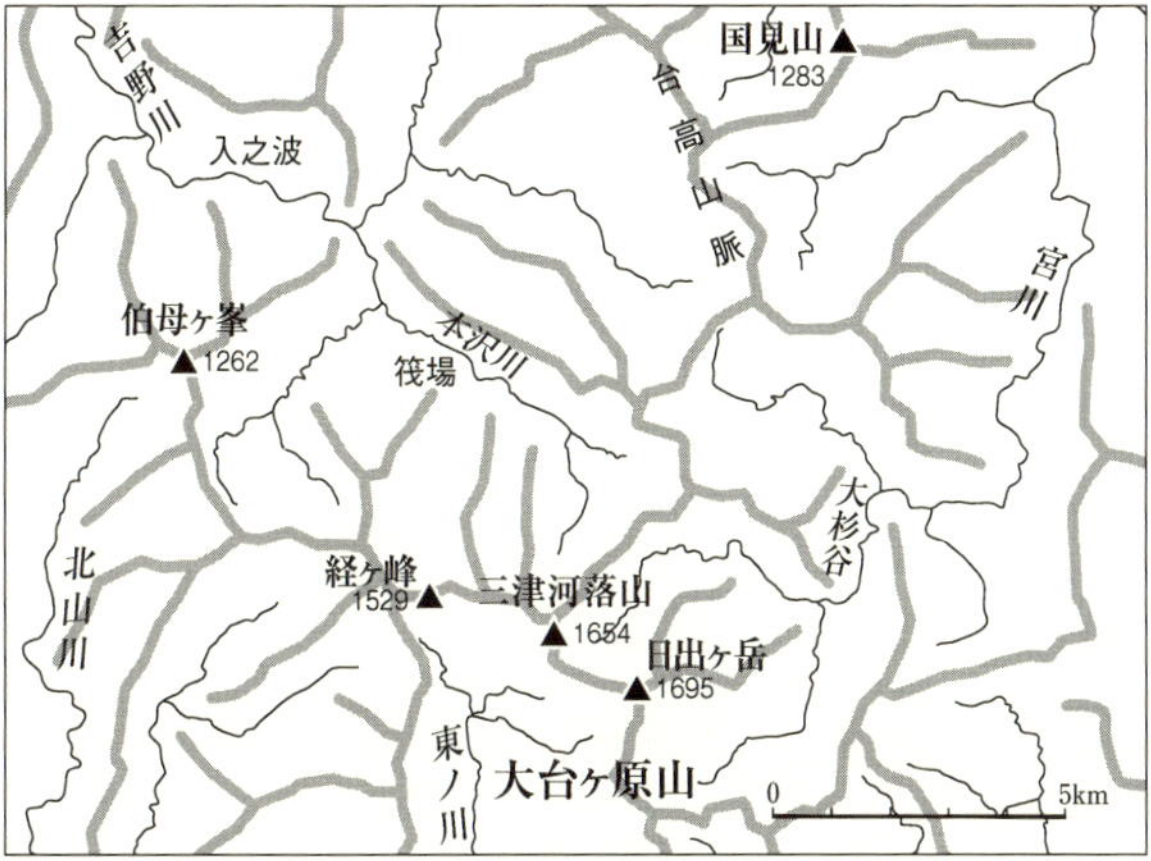

五万分の一地図　大台ヶ原山、尾鷲、山上ヶ岳

は少なく、有名な吉野川の筏《いかだ》流しなど考えられなかった。しかし天気晴朗、通りすぎる村々の家作りには何となく雅《みやび》があって、谷間の風光までキメが細《こま》やかに感じられる。

国栖《くず》という村を過ぎる時、仲西さんが窓外を指して、

「このあたりの村はみんな紙を作っているのですよ。ほら楮《こうぞ》が干してあるでしょう」

なるほど家の空地に、竿を渡してそれに楮が掛けてあった。その時私はふと思いだした。谷崎潤一郎の『吉野葛』[*4]はこのことではなかったかと。この高名な小説を読んだのは私の青年時代で、もうあらかた忘れてしまったが、ただ村里の

描写が非常に新鮮で、深い感銘を得たことを記憶していた。

話は前後するが、この山旅から帰るとすぐ、私は文庫本で『吉野葛』を買って読んでみた。私の記憶は当たっていた。何と私の辿《たど》ったコースそのままではないか。私がただの自然としてしか見なかった風景の中に、妹背《いもせ》山だの、菜摘《なつみ》の里だの、神《こう》の谷だのが、ちゃんと存在していたのだった。もしこの小説を旅行前に読んでいたら、私の眼はもっとロマンチックに潤色されただろうに。そしてバスに乗りこんでくる素朴な田舎娘にも、「お和佐さん」に似たおもかげを探そうとして、もっと熱のこもった視線をそそいだであろうに。惜しいことをした。

大滝という所で小型バスに乗り換える。これから先が特に台風の被害がひどく、ようやく道路は修復されたが、まだ大型バスは通れないのだという。吉野川はここで両岸の迫った岩礁になっていて、昔筏流しの時は、筏が岩礁の滝にかかると船頭は岩の上に飛び降り、筏が難所を通過すると再び飛び乗るという芸当で、有名な所だそうである。

谷は次第にせばまり、柏木という一本筋の町で、もう一度バスを乗り換えた。柏木から少し行った所で、伯母峰《おばみね》峠を越える東熊野街道と別れ、私たちはさらに吉野川に沿って進んだ。山から伐り出した材木を積んだトラックに幾台も擦れ違う。そのたび女車掌の「バック、バック、オーライ」[*5]で手間取った。
終点の入之波《しおのは》へ着いたのは十二時半だった。何か謂《い》われのありそうな、この奇妙な名前の村も『吉野葛』に出てくる。このロマンチックな小説は、入之波の吊橋で結びになっているが、そんなこととは知らず、ただ吉野川上流の最後の寒村と見て、私たちはリュックを背にそこから歩きだした。

二キロほど行くと、川は二つに別れる。左が本流で、北股川と呼ばれ、右が私たちの進路の本沢川である。私たち三人は二股橋を渡って石ころの河原に下り、昼食にした。森田君がすぐラジュウス[*6]で熱い紅茶を沸かしてくれる。

河原は、北股川と本沢川の澄んだ清い流れの落ち合う所で、本当の山の狭間である。初めての所へ来た興味で、私は弁当を食べながらも地図を見るのに余念がなかった。すると横から仲西さんが言った。「この奥に八幡平《はちまんたいら》という、たった三軒の部落があります。まるで隠れ里のような所です」

地図を見ると、北股川の川上に三之公《さんのこ》川という支流があり、その支流を上った所に、なるほど八幡平という部落が記入されている。こんな山奥に、どうしてポツリと一つだけそんな部落があるのだろう。これもあとで知ったのだが、三之公川も八幡平も『吉野葛』に出ていた。南朝の後裔《こうえい》の自天王――北山宮《きたやまのみや》が、北朝軍の手の及ばないこの山奥へ逃れて隠れ住んだのが、この八幡平だという。小説の中の「私」は、そこまで訪ねて行ったことになっている。

登山的に言うと、この北股川の源流地域はまだ十分に究められていないそうである。古くから開けた大和の国とは言え、その南半は山岳重畳で熊野に続いている。その中で、南北に走っている二つの長大な山脈――大峰山脈と台高山脈。台高山脈とは奈良・三重の県境の高見山から始まって、蜿蜒《えんえん》と南に伸び、大よそ大台ヶ原で終わっているが、この山脈の中枢部は登山者に見逃されている。近畿の山と聞くと、漁《あさ》りつくされたように思っていた私は、今度初めて、まだまだ未知の谷や尾根の残っていることを教えられた。

昼食を終わった私たちは、そこから本沢川に沿う道を辿った。筏場《いかだば》と呼ぶ所に伐材の事務所があって、夏の登山期にはここまでバスが来るそうである。そこから少し行くと、右から白倉又谷が入ってくる。道はそこから細くなった。岩壁の裾を桟道で伝って行くような所もある。五色湯というのが地図に記入されているが、もちろんこの狭い渓谷に建物などなく、立札によれば、川っぷちにぬるい湯が湧いているのだそうである。

本沢川の谷を詰めた所のちょっとした平らに伐材の飯場があって、登山道はそこから谷を離れて、ジグザグの登りになる。三重三荷[7]と呼ぶ地点まで登ると、右手に深く釜之公谷《かまのこ》が見おろせる。対岸の山は無惨と言いたいほどに伐り払われていた。日本はどこの山へ入っても、発電所と伐材に出あわないことは稀である。登山者はその施設のおかげでだいぶ便利もしているが、それに上回る代償は自然の損傷である。

大台辻《おおだいがつじ》へ登り着く。ここは奈良と三重の県境で、台高山脈の主稜に取りついたわけである。下界はすっかり霧に籠められ、その白い谷の上に、左右から岬のように尾根が幾つも差し交わしている。その藍色の尾根が遠いものほど次第に淡くなって、果ては茫と霞んだように見える。静かな夕方だった。山深く来たという感じがした。

登山道はそこから主稜上の三津河落山《さんづこうち》の東面を捲いて、徐々な上りになっていた。金明水を過ぎるあたりから、ところどころ道に雪があった。やがて日はすっかり暮れ、私たちは懐中電灯を振りながら進んだ。その電灯を仲西さんは道端の一と所に当てて、私を振り返った。遭難碑が立っていた。数年前の三月十一日、大阪の高校生二人がこのあたりで吹雪に出あい、離れ離れになって二人とも亡くなったそうである。それから先はずっと雪を踏んで行った。暗くてわからないが、片側は崖になっているらしい。雪は深いところで三十センチほどあった。

山の家へ着いたのは八時だった。ストーブの燃えている部屋に通された。大阪薬大の学生だという二人の先客があった。番人の塩崎丈夫氏は不在であったが、その奥さんから私たちは厚いもてなしを受けた。夕食をすますと、みんなでストーブを囲んで、よもやまの話に耽《ふけ》った。以前はこの家の近くでいくらでも見られた鹿が、次第に獲られて減って行くという話、大勢の登山者の中には随分向こうみずなのもいて、その例にあがった不心得者の話、昨年の伊勢湾台風に襲われた吉野川上流の村々の哀れな話など。それから私たち三人は別室に退いて、こたつを中心に三つ矢の形になって寝た。

夜中に雨の音を聞いてガッカリしたが、翌朝は音のない霧雨になっていた。そのうち晴れるだろうと、ストーブの部屋で午前中待った。時々外を覗くがいっこうハッキリしない。大台ヶ原は雨で有名だ*8そうで、ここへ来て晴天に恵まれるのはよほど幸運者だという。雨の多い山は冬に登るに限るというのが、私の一つの信条だが、それが今度はみごとにはずれた。第一このあたたかさがいけない。千五百メートルを越える高地で、今ごろ雪にならず雨になるという法はない。昼食を食べて、ともかく外へ出てみることにした。

大台ヶ原は昔は大平《おおだいら》と呼ばれた。それが大平原《おおだいらはら》となり、大台ヶ原と変わった。それにさらに御丁寧に「山」をつけて、現在では大台ヶ原山と呼ばれている。昔の人が簡単に大平と名づけた通り、この山上は大きな平になっている。樹木が繁茂しているのは、雨量の多いせいだろう。しかしそれもジャングルではなしに、立木の幹を透かして向こうの空が見える程度である。ほとんど高低らしいもののない林間の道を、雪を踏んで歩いて行った。林にまつわる霧は、展望を遮《さまた》げても、かえって景色を奇麗にした。

シオカラ谷源頭の石ころの浅い沢を渡ると、間もなく開豁《かいかつ》な原っぱへ出た。ここには雪はなく、一面枯れたミヤコザサに覆われている。先年笹に花が咲いて全部枯死したのだそうである。しかしその根から次代の新しい青い芽が出ていた。広い原のあちこちに大木が立ち残っていて、一種の自然公園の趣である。一隅に寝牛の形をした石があるので、牛石《うしいし》ヶ原と呼ばれている。石の近くに神武天皇*9の銅像が立っていた。大和の国はどこでもこの伝説的な天皇と結びつけられるからだろう。牛石ヶ原を横切って、有名な大蛇嵓《だいじゃぐら》を見に行く。細長く突き出た岩鼻の上に立つと、すぐ眼下は深い谷に落ちこんで、その向こうに絶壁をなしているのが、蒸籠嵓《せいろぐら》と大蛇嵓である。大蛇嵓は長さ十町も続くという大岩壁で、その間に細く白い滝の落ちているのが見える。距離が遠いから小さく見えるが、そばへ行ったら随分大きな滝だろう。

嵓《くら》は岩の意で、わが国には赤倉山だの白倉岳だの、クラのついた地名が多い。羚羊《かもしか》のことをクラシシとも呼ぶ。ここの大蛇嵓はみごとであった。気象がいっそうその壮観を強調した。千仞《せんじん》の谷から湧きあがってくる霧が、絶えずその大岩壁の上に奇《く》しく動いた。どうやら晴れかけた模様で、微かな青空も見え、陽をはらんで光った白い雲が、岩壁の上辺すれすれに飛んでいる。私たちはこのみごとな景色を、単調な快晴の日に見なかったことを得とした。

牛石ヶ原に引返し、そこから今度は大台ヶ原の最高峰日ノ出岳に向かって登って行った。その途中に正木《まさき》ヶ原というのがあって、そこは唐檜《とうひ》の原生林として天然記念物に指定されていた。スクスクと立った唐檜の間を登って行く。地面には、赤い果をつけたヤブコウジが繁っており、シャクナゲも見られた。天は何と私に味方したことか、大蛇嵓では千変万化の趣を示した雲霧を、展望を第一とする日ノ出岳の絶頂ではすっかり拭ってくれていた。頂上には無人気象観測所の白い建物があり、最高点に櫓《やぐら》が立っていた。私たちはその上に駆け上った。

すっかり晴れた空に、まず私の眼を惹《ひ》きつけたのは、大峰山脈のあざやかなシルエットであった。台高山脈と平行したこの長大な山脈は、北山川を距てて、私たちの真正面に連なっていた。私は仲西さんに教わって、その峰々の形と名前とを頭に刻んだ。北から、山上ヶ岳、竜ヶ岳、大普賢岳、それから尖ったのが行者還《ぎょうじゃがえり》岳、ゆるい頂を持った弥山《みせん》、最高峰の八剣岳、それから稜線が長く弛《ゆる》んで、再び高く仏生ヶ岳、釈迦ヶ岳、尖峰の大日岳、そしてずっと南の屋根型の笠捨山まで、蜿蜒と尾根が続いている。名前がみな抹香臭いのは、修験道場の山であるから致しかたあるまい。太陽はちょうど大弛みの上あたりに落ちかけていた。

西空に倦《あ》かず眺めていた大峰山脈から、今度は眼を反対の東側に転じると、そこはすぐ下が熊野灘だった。ほとんど平地らしいものがなく、海が山の間《あい》に食いこんでいる。眼下の大きな食いこみは尾鷲《おわせ》湾であろう。沖には小さな島々が点々と浮いていた。

山と海の両展望をほしいままにした私が、大満足のていで山の家へ帰り着いた時は、もう薄暗くなっていた。山上には近鉄の山小屋のほかに、大台教会の山の家がある。そちらの方が古くからの山小屋だそうであるが、冬は番人がいない。それから今日私たちの歩いたのは、広大な大台ヶ原の東半分であって、まだ西半分が残されている。そこには明治初年に開墾に入った豊かな原があって、今は開拓と呼ぶ景勝の地になっている。とにかく山上の家を根城にして、あちこちの山や谷や原を尋ね歩けば、数日いても退屈を知らないという。

夜はまたストーブを囲んで賑やかに話しあった。大阪を発つ時友人がくれたサントリーも空になって、寝に行く前に外へ出てみると、美しい星空であった。

翌朝はかなり冷えた。その代わりすばらしい天気である。大台ヶ原からの帰途は、大杉谷へ下るのが一般の採用するコースだという。この谷は滝の連続で、みごとな峡谷をなしているそうだが、冬は桟道の梯子《はしご》が氷結していて危険だという案内役の仰せに従って、大杉谷は他日に譲り、もと来た道を戻ることにした。*11

入之波から出るバスが一日一回しかないので、それに間にあうために、朝六時半に山の家を出発した。ポーター役の森田君は、私がよろしいと言うのに、もう私のリュックを彼の大リュックの中に収めてしまっていた。この大学山岳部のO・Bは、無口だがよく気のつく点と、山に丈夫な点では、職業ガイドの及ぶところではない。

三津河落山の横を捲く細い道では、いったん融けた雪が凍っていた。ソヨとの風もない早朝の静けさを時折破るのは、カケスや四十雀《しじゅうから》の声だけであった。大台辻まで来ると、下界は一面に敷きつめた白い雲海の下にあった。

途中で弁当をたべて、入之波発十二時四十分のバスに十分間にあった。帰途は長たらしく述べる必要もないだろう。大滝で乗換えの大型バスを待つ間に、ポケットに煙草を探ると、指に触れたのは蕗《ふき》のとうだった。さっき下りしなに道端で摘《つ》んでポケットに入れたままを忘れていた。私はその早春の新鮮な香を嗅ぎながら、遠い川上の山を眺めた。

上市に着くと、ちょうど大阪行の急行に間にあった。大和の野は、梅が咲き、麦が青かった。私は窓から眼を放さなかった。ボウと大気が霞んで、遠い所はおぼろに見える。これが本物の春霞という奴だな。関東や北陸にいては滅多にお眼にかかれない。のどかな和《なご》やかな春霞の景色が、山から下りてきた私の心に沁みた。

やがて行手に山が現れた。金剛山だと教えられる。その右に葛城山。金剛も葛城も春霞んでいた。それに続いて、可愛らしい峰を二つ持った二上山[*12]。その二上山のすぐ下を通り抜けて、電車は河内の国へ入った。

大和路という甘いひびきを持った言葉を、もう私は幾度となく耳にしているが、実際に眼にしたのは何十年ぶりのことであった。春霞のたなびいている大和の国。しかし私は古寺一つ訪ねず、仏像一つ見ず、ただ山だけを歩いて、その詩に溢れた野は電車で走り抜けただけであった。

●大台ヶ原山（おおだいがはらやま《ざん》・日出ヶ岳一六九五メートル）　一九六〇年二月の山行。

＊1　秋桜子……水原秋桜子《みずはらしゅうおうし》（一八九二～一九八一）。俳人。東京帝大医学部卒。「馬酔木《あしび》」主宰。

＊2　仲西政一郎……一九〇九～一九八八。関西山岳界の大御所的存在。大阪府山岳連盟を創設。大台ヶ原・大峰周辺の生き字引的存在だった。

＊3 私の古い友人が近鉄に……生島清二のこと。清チャンは小学校のときの幼なじみ。

＊4 谷崎潤一郎の『吉野葛』……谷崎潤一郎が一九三一年に発表した小説。紀行的要素をもち、吉野川上流を舞台にした抒情的作品。葛《くず》はマメ科の多年草。根を葛粉にする。吉野地方のものは良質とされる。吉野の国栖《くず》村に因むという。

＊5 「バック、バック、オーライ」……定期路線バスに車掌が乗っていた時代、バスがバックするときには車掌が下車して声で誘導した。オーライは all right のこと。

＊6 ラジュウス……「斜里岳」の補注＊8参照。

＊7 三重三荷……いまは三十三荷。

＊8 雨で有名……一九二三年九月十四日には一〇一一ミリの降雨量を記録した。

＊9 神武天皇……初代天皇。日向の国から熊野・大和に入り、南橿原で即位。百二十七歳で崩じたとされる。

＊10 千仭の谷……深い谷。仭は単位で、両手を広げた長さ。白髪三千丈の類の形容。「万丈の山　千仭の谷　前に聳《そび》え後《しりえ》に支《さそ》う」（「箱根八里」鳥居忱・詞、滝廉太郎・曲）。

＊11 もと来た道を戻る……この紀行では大台ヶ原に深く関係する松浦武四郎（「阿寒岳」の補注参照）に触れていない。武四郎は晩年、大台ヶ原を探訪、終焉の地と定めていた。その追悼碑もあるが、そこを訪ねることができなかった。「大台ヶ原と松浦武四郎」（『山の愉しみ』所収）がその経緯を伝える。

＊12 二上山……にじょうざん。河内《かわち》からは「日出《ひいず》る山」、大和《やまと》からは「日没する山」。古代にはふたかみやま（ふたがみやま）と呼ばれた。

剣山

剣と名のつく山は、わが国に幾つもある。有名なのは北アルプスの剣岳《つるぎ》*1、中央アルプスの宝剣岳《ほうけん》、それから富士山の最高点は剣《けん》ヶ峰であり、御嶽や白山の頂上にも同名の峰がある。もし各地方にあるもっと低い剣山を探したら、まだまだ見つかるだろう。

前記の剣は、すべて山の形からその名が由来している。たいてい岩山で、それが剣のように屹立《きつりつ》しているからである。ところが四国の剣山《つるぎ》だけは違う。安徳天皇の御剣を山頂の宝蔵石の下に埋め、これを御神体としたから、剣山と呼ばれるようになったという。剣山の見《み》ノ越《こし》にある円福寺の寺伝には次のように書いてあるそうだ。読み易い現代文に直すと、

「寿永年中、平家が讃岐の屋島で没落した時、壇ノ浦で入水されたと披露して、越前守国盛朝臣が安徳帝をわが子と偽り、阿波国祖谷《いや》山に供奉《ぐぶ》し、そこに皇居されているうちに、不幸にして崩御された。その時の御遺言に、わが帯せし剣は清浄の高山に納め守護すべし、とあったので、御剣を当山に納め、剣山大権現と勧請《かんじょう》された」

しかし、ある紀行文を見ると、この頂上の巨岩を「剣のごとし」と形容している。やはり一番もとは、剣山もその形から名づけられたのであって、安徳帝の伝説は、あとから附会されたものかもしれない。何しろ天皇のことになると一言も差しはさむことの出来ない日本であったから、伝説が幅を利かして山名の元のように信じられてきたのかもしれない。

私はかねてから「日本百名山」というのを企画している。日本全国から百の名山を選んで、実際にその山に登り、その山の文章を残したいと考えている。選択の標準はいろいろの観点からで、最終の決定はむずかしいが、四国では石鎚《いしづち》山と剣山、この二山はノー文句で私の予定表に入っている。四国という不整長方形の二つの中心、西の石鎚山が山骨稜々として厳父的であるとすれば、東の剣山は豊かなふくらみを持った慈母的と言えよう。しかも双方とも古くから住民の尊崇の的となり、歴史と伝統が山に沁《し》みこんでいる。石鎚は一九八一メートル、[*2]剣は一九五五メートル。わずかの差で拮抗《きっこう》しているところも面白い。高山の少ない西日本で、二千メートルに近い標高は尊重するに足る。いずれの点からしても、この二つは名山である。

その石鎚山の方は、かつて私は秋の晴天に登った。剣山はまだである。年久しく私の登山約束に入っているのだが、何しろ四国までわざわざ山登りに出かけて行くのが

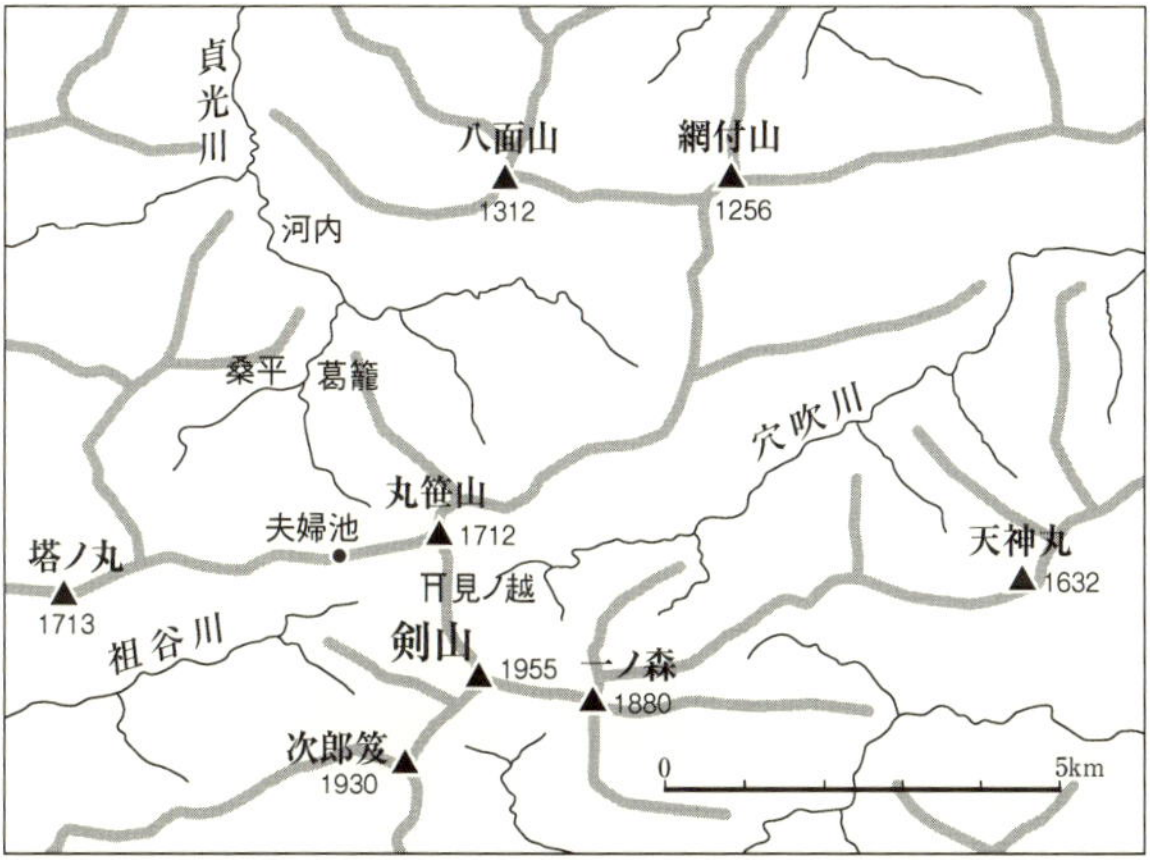

五万分の一地図　脇町、剣山、池田、川口

大へんである。そんな時日と金銭の余裕があると、手近な山の方に費やされてしまう。剣山は長い間、私の宿題になっていた。

ところが昨年（一九五八年）の夏、ついに機会が来た。ＮＨＫから高松での講演を依頼された。講演は苦手だが、すぐ私の頭に剣山が来た。そうだ、剣山に登って来よう。私にとって講演は付けたりであった。

七月二十三日の午後、高松に着いて、その夜新築のモダンな市庁舎階上の講堂で、元最高裁判事の真野毅氏と私の二人で講演の役目を果たした。その夏初めての暑さで、三十六度という途方もない気温であった。私はビッショリ汗に濡れて演壇を下りた。
山の好きな者は全国に知己を持っている。全くの初対面であっても、山という媒介で、すぐ旧知のように親しくなってしまう。私が控室に戻ると、一人の山好きが現れた。私はその人に宿まで来て貰って、剣山登山についていろいろ話を聞いた。

翌朝、高松七時十分発の穴吹行バスにもう私は乗っていた。そして二時間半後には、讃岐と阿波の国境の讃岐山脈——山脈とは言っても丘陵地帯の、せいぜい三百メートルくらいのところを越えて、吉野川[*3]のほとりの穴吹駅前にバスは到着した。広い河原を持った吉野川を見た時私は「あ、来たな」という気がした。山の好きな者の当然として、私は川も好きである。川を見ると一種の感慨に打たれる。日本の川の中でも、吉野川は特別な性格をそなえている。ずっと上流まで、両側にこんな広い流域を持っている川も珍しいだろう。しかもその落差がわずかであるから、急がず騒がず、ゆったりと流れている。徳島県の西端池田でも、吉野川の標高は百メートルに足りない。池田から、徳島県を真横に貫いて紀伊水道へ注ぐまで、その長い距離を、吉野川はわずか百メートルをなしくずしにしているだけである。しかも最後まで両側に山を控えている。こういう川は他に例がないだろう。

吉野川から剣山への登山口は二つある。一つは、いま私がバスをおりた穴吹口、もう一つは、少し西へ寄った貞光口。剣山から吉野川へ流れ出る穴吹川、貞光川を、それぞれ溯《さかのぼ》るコースである。どこの山でも二つの登山口は、その由緒の本家争いで対抗するものだが、剣山でもそれが見られる。すなわち、穴吹川コースの木屋平は、壇ノ浦で破れた平家一門の平国盛が落ちのびた所だと伝えられている。そしてそこの豪族が安徳天皇の所持された剣を剣山の山腹に納めたことになっている。そういう文書が残っているそうである。とすると、安徳帝の宝剣は、祖谷川と穴吹川と両方にあったことになる。どちらかが贋物《にせもの》だろう。いや両方とも贋物と考えたほうが、戦後の唯物的日本歴史には忠実かもしれない。

日本の古い山はたいてい昔は神仏混合で権現[*4]さんと呼ばれた。維新後政治の力によって神仏が分けられて、形式的には神社の方が勝ちを占めたようにみえるが、実質的には宗教登山の名残の仏教的なものが幅を利かしているように、私には思われる。剣山の穴吹川コースにある龍光寺は、富士ノ池に本坊を持ち、頂上の宝蔵石を奥ノ院とし、祖谷川の円福寺では見ノ越[*5]を本坊とし、その上の蠟石《ろうせき》岩を奥ノ院として、双方互いに対抗しているようである。神様は、富士ノ池の方は剣神社、見ノ越の方は大剣神社となっている。

貞光川コースは、見ノ越で祖谷川から登ってくる道と一緒になる。私はそれを採ることにした。昨夜教えられたところでは、私のように時日の余裕のない者には、このコースが一番便利だと聞いたからである。貞光から上って祖谷川へ下るのが私の予定であった。穴吹の駅で汽車の時間をしらべていると、汽車を待つまでもなく、貞光方面行のバスが出るところだったので、それに乗った。吉野川に沿って走ること三十分ほどで、貞光に着いた。

ここから剣山登山口まで、日に数回バスが往復している。四十分ほど待ってそのバスに乗る。貞光の小さな町を抜け出ると、ずっと貞光川に沿って上る。両岸に山の迫った狭い谷である。連日の寝不足で私は眠ってしまった。バスが留まって起こされたのは、そこが一宇峡《いつちゆう》と呼ばれるこの渓谷中の名所「土釜」であったからだ。乗客のあとについて私もそこを見物に行った。谷が迫って、巨岩の間を水が流れている。所々岩の凹みが釜の形になっているので「土釜《つちがま》」の名前があるのだろう。もっと長くこの景勝が続いているといいのだが、あまりに一部分すぎた。

再びバスに乗って走り出す。相変わらず狭い谷合《たにあい》である。店の並んだ古見《こみ》という村など、バスが道幅いっぱい、軒先にすれすれという体だった。貞光出発後約二時間で、橋のたもとの終点、登山口に着いた。登山口らしくラムネや杖を売る店が数軒あり、下山してきた高校生らしい少年少女の一団が群れていた。正午近くだったので、私はそこで宿から持参のうまい弁当を食べ、経木《きょうぎ》の帽子を買った。私の恰好は、半袖のシャツにショートパンツ、キャラバン・シューズ、それに軽いリュックを負っている。

バス終点で川は二つにわかれ、その右手に沿う道を採って半キロほど行くと、桑平という村があり、そこから山への登りになる。私が登りかけると、道ばたの飯場小屋風の一軒家から呼び留められた。若い男が顔を出して、この人等を連れて行ってくれという。この人等というのは三人の娘さんだった。娘さんたちはもちろんズック靴で、リュックの代わりに、修学旅行のように三人ともボストン・バッグや網袋をさげている。断るわけにもいかず、まあ随《つ》いて来なさいと私は先に立った。

ハイキングのようなつもりでも桑平からは急坂の連続であった。娘さんたちは私の進行を少しも拘束しはしなかった。彼女達はその持ちにくい荷にもかかわらず若さのエネルギーで、急坂には弱い初老の私を易々《やすやす》と追い越して行った。

約六百メートルほどの登り一途で森林帯の中を行く。ところどころ林が切れて見晴らしがあるが、見えるどの山も、ビッシリ木に覆われている。徳島県では大々的森林開発事業に取りかかっている話を昨夜聞いたが、なるほどこれは宝庫だ。そしてこの森林の深さが、剣山に秘境的な神秘さを与えているのだろう。

坂の途中からポツリポツリ降りだしてきた雨が、だんだん強くなって、晴れていたらさぞ気持よさそうな広っ場へ出ても、雨に煙って景色は見えず、ただスタスタ歩くよりなかった。夫婦池のそばに出る。水がなく、からの大きな泥のお椀である。そこからちょっとした峠のような所を越すと、あとは山の腹づたいで見ノ越に着いた。五時すぎであった。

見ノ越は剣山登山の足場で、大剣神社と円福寺が並んで立っている。両方とも団体の生徒の登山者でいっぱいだった。私は神社の方へ泊まった。登山者はたいてい自炊らしい。雑居の部屋に、運ばれてきたお膳についたのは私一人だった。ここは高度約千四百メートル、南国の真夏とはいえ、雨と汗にビッショリに濡れた私には薄寒かった。

雨は夜通し降った。夜半に雷鳴さえ聞いた。明けてもまだやまない。ここから頂上まで二時間くらいかかるそうである。せっかく遠方を来たのだから、ぜひ頂上へ立ってみたいが、この雨ではどうにもならない。少し小降りになったかと喜んでいると、またザアッとくる。神社と寺の両方に泊まっている登山者たちも雨の形勢を見ているのか、誰も動き出す者がない。

昼近くまで待ったが、とうとう見込みがなく、雨の中を元の道を引返すことにした。

暇があればもう一晩ここに泊まって頂上へ行って来たいのだが、私は明日の晩までに、どうしても東京へ帰らねばならない用事があった。明日高松を発つ飛行機の切符も買ってあった。それに間にあうためには、今日のうちに下まで降りていなければならぬ。

予定の祖谷川へ降りるにも、もう時刻がおくれていた。見ノ越から祖谷川のバスの終点菅生《すげおい》まで五時間かかるという。それでは今日の最終のバスを捕えられそうもない。祖谷川をあきらめるのは残念であったが、改めて出直すことにしよう。この谷はもっと暇をかけてゆっくり歩きたい。

祖谷川は昔から名前を聞いていただけに、一ぺん行ってみたい所だった。わが国の人里離れた山の中へ入ると、平家の子孫と称する部落が、あちこちにある。日本歴史で平家没落ほどロマンチックな色彩を帯びたものはないから、私たち旅人はそういう部落へはいると、炭焼きの娘までがなんとなく﨟《ろう》たけた面影を伝えているような気がするのである。

飛騨の白川郷《しらかわごう》と、肥後の五家《ごか》ノ荘《しょう》と、この祖谷谷《いやだに》とが、その三大古蹟だと私は聞いていた。白川も五家も近年すっかり開けてしまったそうである。祖谷だけがまだ昔の姿を残している。そして壇ノ浦に近いこの深い谷筋に、平家の残党が逃れたことは、他の土地の平家伝説に比べて、最も真実性を帯びている。

今日の新聞を見ると、フィリッピンのルバング島にはまだ大戦中の日本兵が二名、山の中に実在しているそうである。そういうことを思えば、祖谷に平家の落人が住みついたことは、少しも怪しむに足りない。今でも祖谷川に沿う部落には、平家の赤旗を伝えている旧家があるそうである。

私は雨の中を再び同じ道を採って下山した。夫婦池には底に水が溜まって、池の面目を取り戻していた。桑平まで降りると、最後の烈しい雨が私を叩いて、それでようやく晴れてきた。ズブ濡れでバスに乗る。

来《き》しなには眠ってすごした一宇峡の名所「鳴滝」を、今度は左の窓に眺めた。雨のあとで水量がふえたのか、二段になって落ちてくるこの滝は、なかなか立派であった。

貞光に出て、それから池田行の汽車に乗った。ズブ濡れの衣服も、着たままでだんだん乾いてきた。池田で土讃線の乗換えを待つ間に、プラットホームで蕎麦《そば》を食った。祖谷名産蕎麦とあるのがうれしかった。うまかった。蕎麦を入れた丼も値段の中に入っているので、私はそれを持って帰り、今でもうちの食卓で使用している。

雨のなかの二日の剣山瞥見《べっけん》[*7]であったから、私にはまだこの名山を語る資格がない。もう一度[*8]出かけたい。そして今度は穴吹口から登って、宿題の祖谷川へ下ってみたい。

それとも剣山の南に層をなして群がっている深い森林の山に分け入ってみようか。

●剣山（つるぎさん・一九五五メートル）　一九五八年七月の山行。

＊1　北アルプスの剣岳……現在、国土地理院地形図は地元上市町の申請を受け劔岳と表記。

＊2　石鎚は一九八一メートル……現在は一九八二メートル。

＊3　吉野川……高知・愛媛県境の石鎚山脈から東に流れ、徳島市で紀伊水道に注ぐ。全長一九四キロ、四国の東西三分の二を流れる。坂東太郎（利根川）、筑紫次郎（筑後川）につづいて四国三郎と呼ばれる。

＊4　権現……菩薩が衆生を救うため神に姿を変えて現れたもの。権は仮にの意。

＊5　見ノ越……現在はここまでバスが入る。

＊6　﨟たけた……洗練されて上品な。

＊7　瞥見……ちらっと見る。

＊8　もう一度……「旅行のついでに山へ登って来ようという考えは、まず成功のためしがない。ついでがいけないのである」（『山頂の憩い』収載「剣山」）とあるが、剣山へは一九六一年八月、高知市での夏期大学での講義の帰りに祖谷川から登った。

九重山

　近代文明の華であるスピードというものに対して、私は時勢おくれの人間であるらしい。去る二月中旬（一九五九年）、北九州で催された「ジュガール・ヒマール写真及びスケッチ展」を機に、私も講演に呼ばれた。東京を夜の特急で発って、翌日の昼前にはもう小倉に着いていた。その速さに今さらおどろいたような私であったからである。八幡でスライドと講演の会を済まし、それから自動車で四時間後にはもう別府に着いていた。その手軽さにも私はおどろいた。非実用的な人間である私などは、いつも緩慢な旅行ばかりしている。一時間も前から駅の行列に立ったり、乗り換えで数時間待たされたり、山道でバスがエンコしたり、……

　未知の土地を初めて踏む楽しさは格別である。八幡から日本山岳会員の末松大助さんがお貸し下さった自動車に、風見君[*1]と私と、これから私たちを案内して下さる橋本三八[*2]さん（九州の山へ行ってこの人の名を知らなければモグリである）の三人が乗って、夜道を走りだしたのだが、途中、宇佐八幡や、福沢諭吉の故郷の中津を過ぎる時には、私は好奇の眼で暗い外を探ることを怠らなかった。

　別府、この有名すぎる温泉地も私には初めてであった。宿に着いたのは夜半すぎであったのに、加藤数功[*3]さんが待っていて下さった。山の加藤数功の名前は久しく前から知っていたが、お会いするのは初めて。温厚なゼントルマンである。四人でビールを飲みながら、加藤さんからこれからのプランを聞いた。何もかもあなた任せである。

　北九州へ講演に来たとは言うものの、私の肚《はら》は最初から九重山目あてであった。山へ行く前にはいつも、地図でルートを案じたり、乗物の時刻をしらべたりするのが常だが、今度は一さいその必要がなかった。九州の山のヴェテラン二人につき添われて、私は全くプリンスのようにただ歩きさえすればよかった。

　翌二月十九日、小雨が降っている。さすがは南国だ、すでに春の雨であった。午前中、名物の高崎山の猿を見に行ったが「只今ゼロ匹」でスゴスゴ引返し、亀の井ホテルの総支配人の宮岡謙二[*4]氏をお訪ねした。宮岡さんは明治初年以来の日本人の海外旅行文献を蒐集《しゅうしゅう》されているという話を、私は前から聞いていたからである。宮岡さんは、異国遍路中に外国で死んだ人物の挿話を集めた『異國遍路・死面列傳・旅藝人始末書』と題する私家限定版の著書もあって、話題は豊富、それに私と同じ石川県出身であることがわかって、ギリギリの出発時間まで話は尽きなかった。

私たち四人は自動車で大分まで行く途中、高崎山の下を通ると今度は「只今四〇〇四」という掲示が出ていた。野生の猿はヒマラヤ旅行でさんざん見てきたからね、と風見君と私は負け惜しみを言ったが、しかし四〇〇という数字にはやはり未練があった。大分から午後一時発の久大線に乗った。汽車は大分川に沿って溯《さかのぼ》り、由布《ゆふ》盆地にさしかかる頃、噂に聞く由布岳の美しい眺めも雨のためかなわず、もっぱら加藤さんの高崎山の猿の話で車中の退屈を忘れた。あの猿どもは今は別府の観光的にも財政的にも大きなプラスになっているが、それまでになるには加藤さんたちのマイナス的な長い努力があったそうである。

二時間足らずで豊後中村駅に着。ここは地籍は大分県だが、川はもう筑後川の上流である。その川に沿って九重山のふところに入るバスが通じている。私たちはそれに乗った。バスは七曲がりを登ると間もなく飯田《はんだ》高原に入った。高度八百メートルから千二百メートルに及び、東西十キロ、南北八キロの広大な高原だとパンフレットに出ているが、起伏が多いので幾つもの区域に分かたれ、私たちは今そのうちの一つを貫いて走っているらしい。原一面代赭《たいしや》色に枯れて、ところどころ形のいい木が立っている。晴れた日にブラブラ歩いたら、さぞ気持よさそうな所である。

牧ノ戸温泉（旧中野温泉）の昨年新築されたばかりの山荘に着いたのは、もう夕方

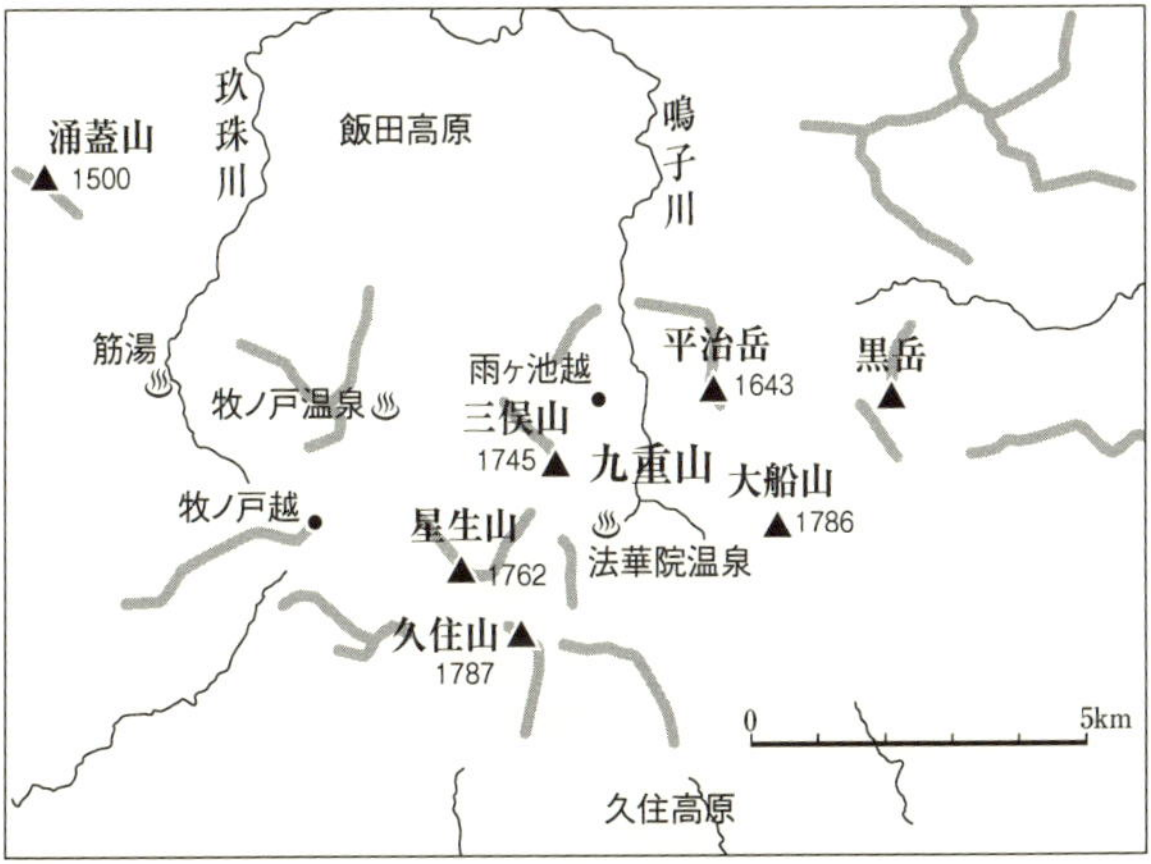

五万分の一地図　脇町、剣山、池田、川口

近くだった。山小屋と言うよりホテルと言いたいくらい、立派な気の利いた建物である。春、夏、秋の日曜などには満員になるそうだが、今は冬枯れの時期で登山者は私たちだけであった。冬枯れとはいえ、窓の外にすぐ見えるなだらかな大斜面が狐色の一色に塗られている景色は、実に美しい。冬には冬の良さがあるのだ。若い山荘の主人の話では、数日前五十センチくらい雪が積もったそうである。そんな時にはいたる所が絶好のゲレンデになりそうな地勢である。

風呂場はまだ新築の手が及ばず、旧温泉の時のままで、私たちは傘をさして、少し離れた古い建物の中の温泉に浸りに行った。灰白色の泥湯で、その肌ざわりはいかにも効き目がありそうである。無色無臭の透明よりも、有色有臭の濁った湯の方が、湯治者の病巣に犇々《ひしひし》と迫ってくるような気がするものだ。科学的に、ではない。感覚的に、である。九重の大高原にはあちらこちらに湯が湧いていて、例えば寒地獄と称する湯は名のごとく冷泉だそうだが、入浴者が寒さに震えてもそこに浸るのは、効験あらたかという伝えがあるからである。科学的にか、感覚的にか、は知らない。

翌朝はグズついた天気で、今にも降りだしそうにみえるが、またそのうち晴れそうにもみえる。私たちはその決定を天に任せて、十時頃まで待った。その間に私は「どうぞ何か記念に一筆……」と差し出された色紙に対さねばならなかった。プリンス旅行は、何もかもお膳立ての整っていることは私のような無精者にはまことに有難いが、名刺のふえること、帰ってから礼状を書かねばならぬこと（あまり実行していないが）、それからこの厭《いと》うべき色紙である。しかし私はそれを拒否するほど傲岸《ごうがん》な芸術的潔癖は持っていない。私は即席に、

一望の　九重の原の　狐色

と悪筆をふるった。見たままである。もし「狐色」に季を認めて貰えれば、一応俳句の形はそなえているかもしれない。

天の優柔不断にシビレを切らして、私たちが出発に決めたのは十一時だった。山荘からすぐダラダラ上りで、牧ノ戸越えへ向かう。道ばたにカシワやアセビの多いのは、南国の山らしい。ささやかな谷川沿いの道を登り、一時間ほどで牧ノ戸越え（一三三三メートル）に達した。濃い霧のため、私たちの周囲数平方メートル以外は何も見えない。晴れたらここからの阿蘇の大観がすばらしいと聞くにつけ、いよいよ、この霧めが、と言いたくなる。ドロップなどしゃぶっている間に、小雨さえ降ってきた。

牧ノ戸越えからは尾根伝いで、初め三十分あまりは急坂だが、それからゆったりした道になり、やがて高原状盆地に出た。この頃から天は私たちに好意をみせて、チョクチョクの晴れ間に、周囲の山々が現れた。星生《ほっしょう》山、いかつい岩山である。行手に間近く最高峰久住山[*5]（一七八八メートル）の精鋭な姿を望んだ時、私の歓喜は無上であった。憎い霧めも、今はそれらの山々にいっそうの威厳を与える効果的な道具立てでしかなかった。南千里[*6]とか呼ばれるその広々した盆地もよかった。山に包まれてこんな大きな平地のあることは、他に例の乏しい九重山の性格であろう。砂礫《されき》混じりの地面にコケモモがビッシリ敷いているのも、私のおどろきであった。南国の山ではないか。それなのにコケモモとはうれしい。

ゆるい傾斜を登って、九州本島最高地点の頂上に立った。わが事成れり、である。祖母《そぼ》阿蘇の連山は雲の下に埋まっていたが、遠く南にあたって頭を出しているのは、祖母《そぼ》山、傾《かたむき》山だと教えられた。祖母・傾は、九重・阿蘇が火山であるのに対して、秩父のような深い原生林に覆われた山だそうで、加藤・橋本両オーソリチーの讃美論を聞いていると、どうしても一ぺんは行ってみなければならない気がしてくる。

九重山を形作っている近くの峰々は、すべて見ることが出来た。星生山、天狗城、稲星山、白口岳、大船《たいせん》山、みな一七五〇メートル以上の衛星峰[*7]である。その山々の間に、火口原の名残の盆地があり、火口湖があり、地形が複雑で、しかも同じような鐘状火山（一七〇〇メートル以上が十一座あるという）なので、うっかりすると方角を見紛《みまご》うてしまう。

私たちは頂上からの帰途を、空池《からいけ》のふちを通り、御池のそばに出た。清澄な水を湛《たた》えた池である。それから今夜の泊まりである法華院に向かった。北千里と呼ぶ火口原を見おろしながら、そこへ通じる急坂を下って行くと、その途中で、若い二人の女性を混じえたグループの休んでいるのに行きあった。今朝から三組ほどの登山者に出あったが、今度のは大きなリュックを持った重装備である。その女性の一人が私を認めると「あら深田久弥さん」と叫んで、私を面くらわせた。するとその横の岩の上に

引っくり返っていた、もう一人の女性が起き上がるなり、

「先生、先日八幡の講演会でお眼にかかった者です、……」

　そこまではよかった。あとがよくない。実はその会がすんでから、聴衆の退場を待つために、私が会場の一番うしろの薄暗い所に立っていると、つかつかと私のそばへ来て「先生、握手して下さい」と私の手を求めた一女性があった。こんな場合、男としてうぬぼれを持たない者があろうか。私は思い出としてそれを胸に秘めていた。

　ところが、いまその女性はさらに言葉をついで、いとも朗らかに、

「あの時、先生に握手をお願いしたでしょう。あれが私です。私は握手のコレクションをしていますの」

　ああ、コレクションの一つであったのか。私は彼女のコレクションに、その場で、さらに風見君の手を追加してあげて、その若い明るいグループと別れた。彼ら彼女らは今夜は山上の避難小屋で明かすそうである。その小屋の内部はまだ凍りついていたのを、さっき私たちは見てきたばかりであった。

　北千里も、山に取り囲まれて仙境じみた盆地で、振り返ると中岳の山腹から盛んに幾筋も噴煙があがっていた。その勢いよく吹きあげる白い煙が、折から夕方の斜陽に透かされて、まことに美しい眺めであった。その盆地を突き抜けると、今度は坊ヶツ

ルと呼ぶ大きな原を見おろす所へ出た。風見君は「安達太良《あだたら》山から見た沼ノ平に似ているな」と言った。なるほど。私には俯瞰《ふかん》した尾瀬ヶ原の小規模に見えた。

法華院温泉はこの坊ヶツルの山寄りにある。標高一三〇〇メートル、昔は天台の霊場*8だったそうで、今は九重山登山の根拠地となっている。私は前から幾人かの人からこの素朴な山の湯のことを聞かされ、法華院という珍しい名とともに、記憶に残っていた。来てみると果たして、静かな、眺めのいい、湯量の豊かな温泉であった。期待は裏切られなかった。私たちは大へん手厚いもてなしを受けた。ここでも色紙を出されたので、私は書いた。

山の湯の　あまたの中の　法華院

これには季が無いから、俳句ではないだろう。男の中の男といったような意味で、この山の湯をほめたつもりなのだが、ここの辺鄙《へんぴ》性も次第に消滅して行くだろう。自家発電で電灯が暗いという話が出た時、しかし電気洗濯機は動きますよという答だった。今年中には電話も通じるそうである。バス道路もすでに路線が決定しているということである。私は文明が山の中に入りこむのを嘆くほど懐古的感傷主義者ではない。便利になるのに越したことはない。尊ぶべきは形態よりも精神の素朴さである。

翌日は朝から小雨だった。私たちは十時頃宿を出て、鉾立峠《ほこたて》へ緩い斜面を登って行った。峠を越えると、佐渡窪という小盆地がある。それを突き切って、もう一つ鍋割峠という小さな鞍部を越える。そのあたり、山の中腹を黄色く彩っているものがある。マンサクであった。マンサクは上越の山などでまだ雪のある頃いち早くわれわれの眼を楽しませてくれる、春の先触れの花だが（まず咲くからマンサクがきたという説がある）、こんなに、つまり中腹が一面に黄で塗られるほどのマンサクは、私にはこれが初めてであった。

　鍋割峠を越えて、私たちの前に涯しなく展開した久住高原こそ、この旅行で私を驚かせた最大のものであった。こんなにのびのびと屈託なげに拡がった一枚の大高原を、私はまだ見たことがない。それが満目狐色、というよりラクダ色と言いかえたいあたたかさで、豊かに傾いている。二月というのに蕭条《しょうじょう》という感じは少しもなく、明るく、そしてやわらかい。南国のロマンチシズムである。私たちは展望台と呼ぶ所まで、その足ざわりのいい土を踏んで行った。

　遠くに原を横切って松並木が見えるのは、竹田《たけた》から小国・日田に通じる昔の街道で、頼山陽[*9]などもその道を辿《たど》って行ったのだそうである。なぜ頼山陽は耶馬渓《やばけい》などに熱をあげて、この美しい高原を見逃したのだろう。高原に美を認める趣味は明治以後だという説があるが、美しいものを美しいと見るのに昔の人も変わりはないだろう。察するに、彼らは高原の美を表現する形容詞に困ったのに違いない。詰屈《きっくつ》[*10]な漢文調子では、どうしたって耶馬渓的な奇岩怪石が勝ちを占めるのである。

私たちはなだらかな高原の中の道を下って種畜所のある所に出、そこから久住町まで自動車で走った。

九重か久住か、という争いがあった。山群の北側では九重を主張し、南側では久住を正当とする。けっきょく山群の総称を九重とし、その最高峰を久住山と呼ぶ妥協案に落ちついたそうである。土地の名前の争奪は住民の利害に結びつくからであって、知恵者ぞろいの東京でさえ、市区改正の時には、大森区とか蒲田区とか個性のある名を棄てて、大田区という没個性的な名に妥協、という愚を演じている。

久住の町で、観光課の人からスキ焼きを昼の御馳走になったが、うまかった。実にうまかった。まるで口の中で溶けるようで、いくら食べても腹にモタモタしない。表へ出ると「牛肉は久住」という看板が眼についたが、まさしくその通りだ。神戸牛はここから輸出されると聞いた。あのやわらかい明るい高原でのんびり育った牛だ。うまいはずである。

久住からさらに自動車で竹田まで。ここは田能村竹田[*11]の故郷で、私たちはその屋敷を見に行った。そこの小高い位置から見おろすと、四周山にかこまれて擂鉢《すりばち》の底のようなこぢんまりした町で、一種独自の雰囲気を持っている。山の一郭が城址で、滝廉太郎[*12]の「荒城の月」はここだという。広瀬中佐[*13]の生まれたのがここであることも初めて知った。私は軍神という名称は嫌いだが、「杉野、杉野」と呼んだ広瀬中佐は私の大好きな軍人である。

久住の牛肉と、竹田の個性的な町とは、この旅の終わりの思わぬ収穫であった。竹田から汽車に乗り、またいやな役目のその夜の講演を果たすために、再び別府に向かった。

●九重山（くじゅうさん・一七八七メートル）　一九五九年二月の山行。前年のヒマラヤ踏査の講演旅行を利用しての登山。

＊1　風見君……山岳写真家。ネパール・ヒマラヤ踏査の仲間。「武尊山」の補注＊5参照。

＊2　橋本三八《さんぱち》……九州山岳界の重鎮のひとり（一九〇三〜一九六五）。八幡製鉄所山岳部を創設、日本山岳会と山村民俗の会会員。

＊3　加藤数功……九州山岳界の重鎮のひとり（一九〇二〜一九六九）。慶應義塾大学卒。日本山岳会会員。大分県山岳連盟会長、九州山岳連盟会長。九重山群開拓の中心。

＊4　宮岡謙二……（一八九八〜一九七八）。『異国遍路旅芸人始末書』（中公文庫・絶版）。

＊5　最高峰久住山……標高は一七八六・五メートル。九重山は山群名で、その名前のピークはない。この点は雲仙、霧島、阿蘇などと同様。久住・九重は町の名前でも煩わしく、山群の北が九重町《ここのえ》、南が久住町《くじゅう》。総称を九重山《くじゅう》、ピーク名を久住山《くじゅう》と裁定したのが加藤数功といわれる。国立公園名は、「阿蘇くじゅう国立公園」とひらがな。

＊6　南千里……西千里浜であろう。北千里は北千里浜。

＊7　みな一七五〇メートル以上……白口岳は一七二〇メートル。

＊8　天台の霊場……天台宗。鑑真がもたらしたが、九世紀、最澄が唐で学び、帰朝後、比叡山延暦寺を中心にひろまった。

＊9　頼山陽《らいさんよう》……江戸後期の儒学者・漢詩人（一七八〇～一八三二）。『日本外史』ほか。

＊10　詰屈な……堅苦しい、幅や広がりがない。

＊11　田能村竹田《たのむらちくでん》……江戸後期の南画家（一七七七～一八三五）。谷文晁、頼山陽などと交友があった。

＊12　滝廉太郎……近代日本の代表的作曲家（一八七九～一九〇三）。東京生まれ。「荒城の月」「箱根八里」「花」など。

＊13　広瀬中佐……広瀬武夫（一八六八～一九〇四）。海軍軍人。ロシア駐在武官。日露戦争に出征、旅順港閉塞作戦に指揮官として参加。乗る艦が被弾して沈没間際に部下の上等兵曹杉野孫七の姿がないのに気付いて探すうちに戦死。軍神として文部省唱歌「広瀬中佐」で広く知られた。「闇を貫く　中佐の叫び／杉野は何処《いずこ》、杉野は居ずや」。

初版あとがき

ヒマラヤから帰って私はますます日本の山が好きになった。大きさや凄さはなくとも本当に美しい。この本の登山の大部分はそれ以後のものである。紀行を残さなかったものも加えると、ほとんど毎月出かけている。比較的世に知られない山が多いのは私の趣味である。目次を開いてその半数の山へ登った人も稀だろう。もっともたくさんの山が自慢ではない。一つの山に親しみそれを知悉《ちしつ》する行き方も私は尊重する。しかし私の念願は日本のおもな山へ全部登りたい。それは数にして言うとまだ二十五パーセントほど残っている。天よ、私に健康と意欲を恵みたまえ。

付記、本書にただ「地図」とあるのは、すべて国土地理院の五万分の一を指す。

一九六一年四月金雀児《えにしだ》の咲き初めた日

人生のなかばに達した山のおのこの　　著　者

［解説］深田久弥　人と作品と山

大森久雄

山登りを好む私たちにとって、日本が山国なのはまことに幸せなことだ。そのうえ、そこを舞台にする紀行・随想のたぐいが、これまた豊かである。それもまた幸せなことだ。そしてその幸せの中で大きな位置を占めているのが、深田久弥の存在である。

明治以降、いわゆる近代登山が始まって百年余。そのあいだに数多くのすぐれた山の文章が生まれたが、深田久弥の著作は大きく豊かである。『日本百名山』を代表に、『ヒマラヤの高峰』『中央アジア探検史』の三つが日本の山の文芸の世界で巨峰的位置にあることは広く認められている。そして、その巨峰を支える広大な裾野と数多くの山並にもまた、豊かで奥行きのある世界が広がっている。今回復活することになった『わが愛する山々』（以下本書）もまた、その一つである。先の三つの巨峰は、しかし、残念なことに『日本百名山』を除けば、いまたやすく読めるという状態にはない。そのうえ、裾野とその山並を形成する作品群もまた、同じ状態にあるといえる。そういうときに、深田久弥の山への愛と情熱と思索とがほどよく溶け合っている作品として本書が身近な存在になるのは、まことに喜ばしい。この機会に、改めて深田久弥の存在について整理してみたい。

人

深田久弥の山岳紀行・随筆のはじめての著作は『わが山山』で、一九三四年十二月の刊行である。「陸奥山水記」を冒頭に、文芸雑誌や大学新聞などに書いた山を題材とするエッセイをまとめたもの。

「僕は文壇では山岳家などと称されているが、まだまだそんな資格はない。ただ子供の時から山が好きで今に至るまで気のむくままに山へ登っているというだけで、別に学問的な研究もなければ輝かしい登攀の記録もない。なまじいに売文渡世をしているばかりに、需《もと》められるまま山やスキーのことを書いてきたが、今一冊にして本に出すとなるとなにかきまりの悪い思いがするのである。もし僕の果敢ない文章の中にも、幾分なりとも山の気が沁んでいると認めて下さる人があったら、僕の望外の倖せとせねばならぬ」と「あとがき」にある。小説類の作品集はそれ以前に刊行されていたが、山のエッセイ集はこれがはじめて。山の文集を出す喜びが、素朴に、謙虚に、初々しく語られているが、この「あとがき」には、深田久弥の「人」を理解する鍵がいくつもある。
はじめに、近年の『百名山』騒動の渦の中にいる人々には、深田久弥が「文壇」の人であり、「売文渡世」を送っていたことが知られていないという話があるので、そのことを説明しておかなくてはならない。
文章世界への深田久弥の出発は小説だった。東京帝国大学在学中に名門の「新思潮」ほかの同人雑誌に参加、作品を発表している。そのいくつかは、正宗白鳥や横光利一などの先輩作家から評価されていて、前途には明るい光が見えていた。在学中に出版の改造社に入り、編集者として三年ほどを過ごしているが、そこでの北畠八穂との出会いが契機となって生まれた作品「津軽の野づら」「あすならう」や「オロッコの娘」によって、深田久弥の作家としての位置が決まった。それ以降、深田久弥は雑誌「文学界」の同人になって鎌倉文士の仲間に入り、文芸雑誌のほか朝日新聞や週刊朝日などに連載小説を発表する生活に入る。しかし、やがて一女性との運命的な邂逅から、深田久弥の人生は大きく方向を変えて、戦後には山の作家へと変身してゆくことになる。その運命的な転換は本書収録の「雨飾山」に見られる
そこで「連れ」と書かれるひとは、すでに「小谷温泉　付・湯峠」（「山と溪谷」一九四二年十一月号に掲載、『をちこちの山』一九五二年五月刊所収）に登場する。それは

一九四一年六月、三十八歳のこと。深田久弥はその「連れ」を誘って雨飾山をめざした。そこでは「始めてこの方面を訪れる友」と紹介される。信濃大町から歩きだして、青木湖のほとり、「ふたりは湖畔の草原に足を投げ出して景色に見惚れた」。そして対岸の青木の集落を眺めながら、「我々は老後ああいう村で静かな余生を送りたい」という感想をもらし、中綱湖畔の宿に泊まる。その後ふたりは小谷《おたり》温泉に滞在、結局雨に降られつづけて登れずに終わるのだが、その「連れ」「友」は、名前はもちろん性別も最後まで明かされない。湖畔の草原に足を投げ出して老後を語るような相手であり、また、帰途、糸魚川に出て海岸で泳ぐのだが、「猿又一つになって飛び込んだ。連れも堪りかねたとみえて、いつの間にか着物を脱ぎ棄て、抜き手を切って僕のあとを追ってきた」という相手なのだから、それは自ずと明らかであろう。さらに、「心残りの山」（『改造』一九四一年八月号に掲載、『山頂山麓』一九四二年七月刊所収）にもこの年六月の雨飾山行きがあるが、そこでは同行者がいたことは伏せられていて、雨飾山を断念して下るとき、「左の耳は僕の耳、右ははしけやし君の耳」——「そんな出鱈目を口ずさみながら」と書かれる。それがでたらめでなかったことは、これも本書収録の「雨飾山」に見るとおりである。この「連れ」は深田久弥の後半生に大きな意味を持つことになるので、後でまた触れることにする。

『わが山山』の「あとがき」では、子供のときから山が好きで、その後もずっと山登りをつづけていること、また、その山登りは研究でもなければ華々しい登攀でもないことも明かされる。

こうして小説家として出発したのだが、戦後は、ごく短い時期を除いて小説を書くことはなく、ほとんどが山や探検の文章になった。それについては、文学仲間だった評論家の中島健蔵が「創作から離れ、もっぱら山のことを書きつづけ、山で死んだ深田を、文学からの離脱者と考えるのは間違っている。人間を書こうと山を書こうと、文学は文学なのである」(『深田久彌・山の文学全集 II 月報』)と擁護している。

山の仲間からも、たとえば松方三郎は「山の方面で遺した著作だけを見ても、これだけ著述を残した人は、殆んど類がない。文筆をもって立つ以上小説であっても旅行記であっても区別をつけないというのであったろう。深田君が優れた登山家であったと同じように、優れた文筆の人であったことは、ぼく達にとって有難いことだった」(日本山岳会会報三二九号)と歓迎している。

*

戦前、鎌倉文士として生活していた当時も、戦後、山の文章を発表しつづけていた時も、深田一家の生活は豊かとはいえなかった。鎌倉へ引っ越したときには、荷物はリヤカー一台で間に合ったし、戦後、軍隊から帰って夫人と子息の疎開先の越後湯沢に寄寓していたときにも、かなりきびしい生活だった。湯沢から故郷の石川県大聖寺に移るときにも、「非流行作家」一家の引っ越し荷物は十数個だった。そういうことは、いくつかの随筆で明らかにされている。家族はたいへんだっただろうが、しかし、そういう物質的な生活レベルでへこたれることはなかった。暮らしは低く、志は高く。これが深田久弥の生活信条だった。

加賀に移ってからは新聞・雑誌への寄稿が多いが、「根が僕も山妻もつきあい好きな陽気なたちだが、ここ数年親しい昔の友人たちとも全く絶縁状態にある。復員直後、永の住みかであった鎌倉に別れを告げて以来、文学仲間とはほとんど会っていない」(「新潮」一九五一年六月号「鎌倉文士都落ちの記」。『深田久彌・山の文学全集 XII』所収)という生活だった。しかし、その人柄は、明るく、春風駘蕩といった趣を持っていて、そのために周囲の人からは温かく対応されていた。戦後の金沢時代に親交があった小松伸六(本書「斜里岳」の補注参照)は、「北陸には湿潤型作家(中野重治、水上勉、徳田秋声、室生犀星)が多いのだが、深田さんひとり乾燥型作家だった」(『深田久彌・山の文学全集 IV 月報』)といい、追悼文では「北陸は雨でも深田さんの上には雨は降らないようであった」と書いている。

こういうおおらかな人柄を詩人の尾崎喜八は「重厚で、素朴で、まっすぐに柾目《まさめ》がとおって、深田さんという人は、ひのきのようだ。口が重くて、実意があって、茫洋として大きく、自足の境地で晴れやかに澄んでいること秋のようだ」と、じつにうまく描写している。

本書「御座山」「笊ヶ岳」に同行した望月達夫もまた、深田久弥の同じ面を語っている。「深田さんは、にごりのない風貌をした人だった。また、その風貌がおのずから現わしているように、類いまれなパーソナリティの持主でもあった。心あたたかく、おおらかな、ものにこだわらない人であり、およそえらぶったりすることが、微塵《みじん》もなかった。山歩きを共にするときなど、実によい仲間であり、心《しん》から山の好きな人間なら誰とでも差別なく付合った。こうしたことが多くの人に愛され、また友人後輩から慕われた点であろう」（朝日文庫『深田久弥　山の文庫　5』解説）。

鎌倉在住時代の仲間、作家の今日出海《こんひでみ》は南アルプス鳳凰山に連れて行かれたが、「深田君は一旦山に入ると人が変わったように颯爽とします。小林秀雄君などは下界にいると威張りくさっているのに、山に入ると深田君に命令されて、いそいそと薪を拾いに行ったりします」と報告している。そして「深田のように山に向いた男は本当に山が好きなのだなということがわかった。自分にとって本当に好きなものを発見できた深田は幸福な人間だと思う」と言い、「山男のような体格体力を持つ深田は意外に心の細かい神経質な人で、あの底知れぬ忍耐力の影に気の弱さも隠れているように思えてならぬ」（『深田久彌・山の文学全集　I　月報』）と表には出ない面を指摘している。

山登りはじつに明るく爽やかだ。しかし、その一面には、人生が本源的に持つ悲しみや寂しさが隠し味のように漂っているものだと私は思うが、そういう面は、深田久弥の文章からはあまりうかがえない。深田久弥の人生は、特に戦前の鎌倉文士時代には決して平坦とは言えなかったが、戦後、文壇を離れて山に進路が定まってからは、向日性で、日当たりのよい状況になり、むしろ「心の細かい」「気の弱さ」という面が文章の上ではプラスの方向に作用している。私たちは、煩わされることなく、深田久弥の山の世界をたのしむことができるのだ。そして、小松伸六や尾崎喜八の描くような人柄は当然文章に表れるから、本書でも明るく屈託のない、のびやかな山旅が描かれることになる。

永井龍男や堀辰雄と付き合っていた鎌倉在住の若い時代、永井龍男が「堀が健康になったら書けなくなる、深田が病弱になったら書けなくなる」と言ったと「健康な豚」に自身書いている。戦後は心身共に健康で、バランスがとれていたのである。

深田久弥の山の文章はおびただしい数で、『深田久彌・山の文学全集』全十二巻にまとめられている。その中から主要なものを選んでまとめた『深田久弥　山の文庫』六巻もある（いずれも朝日新聞社刊）。いまはどちらも絶版なので、図書館や古書店に頼るしかないのは残念だが、深田久弥の山の世界を知るのには、『深田久弥　山の文庫』六巻が一般的。代表作は『日本百名山』と『ヒマラヤの高峰』『中央アジア探検史』の三つ。後のふたつは専門的な内容なので、一般読者向けとはいえないが、その内容は濃密で、海外の諸文献を博捜し、世界的にみても高く評価されるべきものである。こういう地道な作業に生涯の後半がついやされた。それは十分に「研究」の域に入るものである。

『日本百名山』は、山の品格・個性・歴史に焦点をおいて深田久弥の好んだ山を解説したものだが、その企画は戦前から温めていた。いま読めるものは、雑誌「山と高原」一九五九年三月号から一九六三年四月号まで連載され、一九六四年七月、新潮社から刊行された。戦前に準備したものとはまったく違う構想で、そこには、文壇にいた当時とそこを離れてからとの相違が如実に現れている。深田久弥の山の文章は、戦前のものよりも戦後の作のほうが成熟の度合いが高く、文壇作家のときには、山の文章に遊び的・気晴らし的な面があるのに対して、戦後、文壇を離れてからは山とまともに向き合って、文章世界にそれを構築してゆく意気込みが感じられる。

本書をはじめ、その他の山の紀行文集はいずれも『日本百名山』という巨峰の周囲にある衛星峰で、そこで一度整理されたものが『日本百名山』に昇華されたと言える。つまり『日本百名山』の土台をつくっているのが本書をはじめとする山の文集である。

その山の文章は、派手でもなければ華々しいものでもない。着実に、地味に、真正面からその山への愛情と思索とが語られる。書名がそれを象徴しているが、どれも気取りがなくて単純明快。『わが愛する山々』は戦前の『わが山山』に「愛する」を加えただけ。ほかに『山頂山麓』『山さまざま』『をちこちの山』『山頂の憩い』など、いずれも技巧や衒《てら》いはまったくない。それは深田久弥の人柄そのものである。尾崎喜八は先に引用した文に続いて『わが愛する山々』とは「いくらかむき出しで正直すぎた題」だと言っている。尾崎喜八の詩文集の書名は『花咲ける孤独』『美しき視野』『夕映えに立ちて』などだから、その資質の違いがよくわかる。尾崎喜八は、しかしその書名は「厭味が無くてそのものずばりの人柄にはぴったりしている」とつけ加えている（『尾崎喜八詩文集　8　いたるところの歌』所収「わが愛する山々」）。そして内容についてこう言う。「特別な愛をもって登られたこれらの山が、この著者だけに打ち明けた秘密の告白が美しい。心を与えなくては心は獲《え》られない。著者はいたる処で本心をぶちまけながら山の観想に徹している」。

＊

山の紀行は、私自身の経験でも、登った山の密度と文章の量とに釣り合いがとれていないと質があがらないようだ。その点では、本書の各項は雑誌編集部の依頼によるものだから、登った山の質量と指定枚数の分量の落差に足を掬《すく》われているのかと思えるところがあるのは、文人深田久弥にも苦労があったというべきかもしれない。本書の中では、「御座山」「雨飾山」「皇海山」「武尊山」などがその釣り合いがよくとれていて、なかでもこのはじめの二つは佳品といえる。

深田久弥が文学と文章のきびしい鍛錬をへてきたことは、山の文章世界で有効に作用した。山の紀行には優れた作品がいくつもあるが、その大半は文筆では素人の分野の人の手になるものであって、やはり練り方が少々不足しているという場合が見られることがある。その点、時に首を傾げることはあるが、深田久弥の山の紀行には成熟している安心感がある。中島健蔵は、深田久弥の山の作品を文学と認めた。『日本百名山』を読売文学賞に推薦した小林秀雄は「独特な批評文学」と書いている。その読売文学賞受賞について、当の深田久弥は、山のことを書いて文学賞をもらおうとは夢にも思わなかったと語っているが、その言葉からは文学と認められたことの喜びを感じ取ることができる。

つまり、山登りが本質的に持っている精神世界との交感、それは文学の世界にほかならず、深田久弥は山の文章を文学の領域に昇華させたといえる。それのない山登りは単純な肉体労働でしかないのだから、その重みを汲みとらずに、『日本百名山』でも『わが愛する山々』でも、目次に並ぶ山の名前だけに血走った眼を向けるのは、深田久弥の世界からは遠いものである。

『日本百名山』はひとつの山が四百字で五枚。わずか二千字である。これ以上だと文章がだれる、と本人は語ったが、その五枚という制約を自らに課したところにも、深田久弥の文人としての思慮と覚悟とを読みとることができる。

「夫は何事につけてもあまり悪口を言わない人であったが、文章にはきびしく、滅多に人の文章を誉めなかった。それだけに真によい文章に逢うと、心底から感嘆の声を惜しまなかった」という志げ子夫人の証言がある（『深田久彌・山の文学全集 XII 月報』）。そういう文人の覚悟が生みだしたのが『日本百名山』であった。

志げ子夫人の名前が出たので、ここで補足的に解説をしておく。

雨飾山に同行したのは先述のとおりだが、「連れ」「友」と書かれた一九四一年六月の時のことを志げ子夫人は「私の小谷温泉」（「アルプ」一七六号）に書いている。それによると、中綱湖畔の宿では「夜通し鯉の跳ねる音がしました」。糸魚川の海辺では「無性に泳ぎたくなり、辺りに人気のないのを見すまし、スリップ一枚になってジャブジャブ海に入って行きました。ビックリした顔をしていた深田も、すぐあとから泳いで来ました」。

この寄稿によると、幼いときから湘南の海に親しんでいて、山に行くようになったのは深田久弥と一緒になってからだという。「最初に連れて行ってくれた小谷温泉から、急逝する前の年に登った日野山まで、三十年間、よくもついて歩いたものと我ながら呆れます」。

戦後の大聖寺・金沢時代に深田久弥は書いている。「全く僕の人生途上にこんな思いがけない伏兵が（というのは今の山妻との恋愛のことだが）待ち受けていなかったら、今頃僕は相変わらず鎌倉文士として賑やかに暮らしていることだろう」（「都落ちの記」）。

「山妻」とめぐり会って鎌倉生活に別れを告げた後、越後湯沢・大聖寺・金沢をへて東京世田谷に落ち着き、さらに茅ヶ岳のその時まで、深田久弥にとって志げ子夫人は最良のパートナーだった。志げ子の弟には文芸評論家の中村光夫や物理学者がいるが、そういう家庭育ちからか、本に対して拒否反応を持たなかった。深田久弥は、ヒマラヤ・中央アジア研究で膨大な資料を購入、読みこなしていた。その費用は家庭の財政を圧迫した。『日本百名山』の読売文学賞の賞金もそのまま書店に渡ってしまう。高価な本を買って「三日間女房とは一言も口をきかなかった」とか、買い込んだ本を「一度に家に持ち込んでは具合が悪い、会社においといて一冊ずつ持って帰る」というような山仲間の話を「本集め」というエッセイに書いているが、そういう苦労は久弥にはなかった。本書収録の「後方羊蹄山」がそれを物語っている。松浦武四郎の『後方羊蹄日誌』を買うくだりである。志げ子は久弥の資料本の購入には注文・引き取りなど、つねに協力的だった。久弥が北海道の山に行っているあいだに、税金の戻りで本小屋までつくってしまう（後に九山山房と命名）。家族での山歩きにも積極的だった。古い言葉で言えば、賢夫人《けんぷじん》といってよいであろう。戦後の深田久弥の生活は、裕福ではなくても心身共に安定していた。本書にも「家庭人」久弥の姿があるが、数多い山の文章がそれを証明している。そしてその源は志げ子の存在にあったと言っても大きな外れはないと思う。その落ち着いた生活がなければ、『日本百名山』など三つの代表作も何冊もの山の文集も、私たちは読めることにはならなかっただろう。

*

『わが愛する山々』は、一九六〇年「小説新潮」に一年間連載された紀行に、雑誌「アルプ」への寄稿その他をあわせて一九六一年五月に新潮社から刊行された。収録されている山は、ほとんど一九五九年と一九六〇年に登られていて、『日本百名山』の雑誌連載が始まっていた時期だから、結果的にそのための取材登山になっていることがわかる。たとえば、一九五九年二月に登った九重山は一九五九年五月の「アルプ」掲載をへて一九六一年六月の、一九五九年八月に登った羅臼岳は一九六〇年十一月の「小説新潮」をへて一九六一年五月の、一九五九年十月に登った御座山は一九六〇年二月の「小説新潮」をへて八月の、それぞれ「山と高原」掲載『日本百名山』に登場……といった具合である。

一九六九年二月には新潮文庫版が刊行になる。一九六一年版から「恵那山」「聖岳」が省かれて「白峰三山」(『山があるから』より再録)、「塩見岳」(『山岳遍歴』より再録)に差し替えられている。その理由は文庫版「あとがき」でも説明されていない。今回の新版では「ヤマケイ文庫」編集部と相談し、著作権者の諒解を得て、六一年版と文庫版の双方から全部を収録することにした。底本にしたのは『深田久彌・山の文学全集』である。また、六一年版では登った月日の順で配列されているが、今回は山域・

地方に整理して、その域内では山行順とした。すべて五十年前の山登りなので現状と違う面があるし、登場する山仲間も言葉づかいもいまではわかりにくいものがある。各項末尾に補注を加えて理解の援けとした。

本書収録の山行は、世間に山の文人として知られる時期に入っていたから、現地でサポーターがついていたり、なかには殿様登山になってしまった例もある。講演の機会を利用しての山行もある。「講演というものを好かない。自分でするのも聴くのも好かない」と「講演嫌い」という文章も書いているし、「〝文明の侵略〟を排す」として、人工的な補助施設によって登山が容易になれば楽しさはなくなる、安全登山なんて言葉は気にくわない、登山にアドベンチュアがなかったら何の魅力があるか、とままで書いたことがある当人としては、志とは反する場合もあったであろうが、登り残した山への魅力には深田久弥も勝てなかったことになる。しかし、文壇人のときには味わえなかった、素朴で純真、天衣無縫のたのしさを存分に味わっているのがわかる。

山

別掲「年譜」にあるように、深田久弥は石川県大聖寺町の出身。中学は母親の里の福井中学だったが、大聖寺まで三十二キロの道程《みちのり》を歩いて帰ったことがあり、そうしたことから歩くたのしさを知った。十五歳で白山に登り、山登りにめざめて、終生そのたのしみを追い求めた。「いちばんよく山へ行ったのは学生時代だが、世の中に出てからも一月に一ぺんは行かないと気がすまなかった」（『山さまざま』「あとがき」）と書いているし、本書収録の「天城山」でも、六十歳近くになってからも「一と月以上山にごぶさたしていると、頭もからだも調子が悪い」と言っている。『日本百名山』の完成に向けて精力的に山を登っていた一九六〇年前後が、回数はともかくいちばん密度が濃いのではないだろうか。

同じ山に二度行くよりも、まだ知らない山へ行ってみたい、というのが深田久弥の山への対し方だった。「学生時代はほとんど学業放擲《ほうてき》の歴史」で、「教科書を質においても山へ行きたかった」という状態で、旧制高校三年生を二度やり、大学に入ると、「文学士なる肩書きを放棄」してしまう。東京帝国大学を中途退学してしまうのだ。

こうして山に入れあげていて、鎌倉文士時代には、「われわれはよく遊んだが、彼は始終山の話ばかりし、彼の書斎を訪ねると、参謀本部の地図を大きな箱に入れ、自分の登った一々の山に叮嚀《ていねい》に絵具を塗っていた。いつ行っても地図を按じて登山計画をたて、原稿を書いたり、本を読んだりしている彼を殆んど見受けなかった」と今日出海は書いている。何回も山やスキーに同行した小林秀雄もまた同じ情景を書きとめている。「深田は山に行けない時は地図で間に合わせるが、ああいう芸当もできない。見ているとかなり行った気持ちになれるそうだ。等高線を辿って色鉛筆でいろんな色彩を施す。そいつが溜ると、経師屋に頼んで、例えば上越国境という軸物を作らす。深田君、今日は仕事ですか、と奥さんに聞くと、朝から静かだから又地図ですよ、と奥さんは馬鹿々々しそうに答える」（「山」）。

＊

深田久弥が山に登り始めたころは、足ごしらえはまだわらじだった。近代的な装備はその山の人生の途中からである。『わが山山』の「あとがき」にあるように「登攀」という言葉で表わされる岩や氷主体の山登りは深田久弥にはあまり縁がなかった。それは年代的なものよりも気質的なものであったろう。しかし、狩小屋沢から至仏山・尾瀬とか富士山頂からのスキー滑降とか、探検的・冒険的山登りをしているし、開拓的山登りもしているから、単なる高原逍遥・山稜縦走派ではなかった。「登山に困難と冒険はつきもので、それがいやなら高尾山か筑波山へでも行っておればよい」（「旧式登山者」）といい、遭難しない方法は山に行かないことだと啖呵を切る気概を持っていた。そして『コーラン』にあるという「未知を求めて遠く旅する者に、神はそのパラダイスを開く」という言葉を好んだが、そこにも探検的・冒険的世界へのあこがれをうかがうことができる。

戦後の混乱がまだ完全には収まっていない一九五八年二月から六月まで、深田久弥はネパールのジュガール・ヒマールとランタン・ヒマールへ踏査に出かけた。外貨の持ち出しなど海外旅行そのものがきびしい制約を受けていて、ヒマラヤへ、などという酔狂な試みは問題外の時代だった。しかし、氷河の山の経験もない仲間を募って、数多い障害を切り崩し、それを実現してしまう。写真家（風見武秀）・画家（山川勇一郎）・医師（古原和美）に作家の深田久弥。この一行はアーティスト・アルパイン・クラブと称したが、四人だからヒマラヤン・カルテットとも呼ばれた。費用や装備を極端に切り詰めた軽登山隊（ライト・エキスペディション）で、この踏査行は、ある意味ではマナスルに劣らない刺激を後続のヒマラヤ遠征隊など日本の山岳界にもたらした。深田久弥は、こういう探検的・冒険的世界への実行動の力も持っていたのである。

一九六六年一月から五月までの中央アジア踏査もまたそうである。

それは単に山登りだけではなく、文筆の面でも同じことで、『日本百名山』『ヒマラヤの高峰』『中央アジア探検史』など、どれもが未知未踏の領域の仕事だった。エヴェレストに五千人ちかくの人が登り、未熟な遭難騒ぎが続出するような、猫も杓子も、といった状態だったならば、「遠く旅する者」になって、こうした著作《パラダイス》に人生を賭けることはなかっただろう。

深田久弥の山登りの特質は、岩や氷を対象とするアルピニスムよりも、日本の伝統的な山旅であって、敬愛していた木暮理太郎などの山登りの系譜に直接的に結びついている。本書収録の「笠ヶ岳」で、双六小屋で中村清太郎に出会って喜んでいるが、その喜びを理解することが深田久弥の山登りと山の文章になじむ一つの鍵であろう。さらに、木暮理太郎や中村清太郎が先鞭をつけた展望の世界につよく惹かれていて、著書に『山岳展望』と題するほどであった。その執着は本書「皇海山」や「雲取山」のサオラ峠越えによく現れている。深田久弥にとって、山を眺めることは山と一体化することだったのである。

また、その山登りでなによりも望んだのは、静けさであった。騒々しく、人が群れる山は敬遠の対象だった。そういう志向がわかる深田語録を編んでみよう。

「山の頂上だけは、安らかに清らかに、そっと残しておきたい。何もおきたくない。小さな石の祠一つで充分である。（略）その山の名を心に刻んで登ってきた者に、なぜ頂上に山の名が必要だろう。」（『瀟洒なる自然』所収「山道」）

「私は山を飛脚的に登り降りするのを好まない。」（本書所収「武尊山」）

「山の人知れぬたのしさは、山小屋で寝てみなければわかるまい。それも夏場の大入り満員の番人小屋ではない。あんな雑踏と人いきれの中では、山の神秘も半分になろう。僕のいうのは、だれもひとのいない、自分で毛布や食料を担いでゆく山小屋のことだ。」（『わが山山』所収「山小屋の一夜」）

「夏の涸沢は合宿のテントで充満するそうだが、あんな人混みの山へ行って、なにがおもしろいのだろう。私はだれにも会わない静かな山へ行きたい。」（『山があるから』所収「旧式登山者」）

私が穂高涸沢へ最後に行ったのはもう二十年以上前で、夏の終わりだったが、夜、あの圏谷がすごい数の灯で埋まっているのを見て驚いた。これでは東京の新宿ではないか。もはや星を見上げることもなく、「穂高星夜」（書上喜太郎）の時代ははるか向こうに去ったことを痛感した。最近は、人のいない静かな山（山小屋）だと、人がいないからつまらない、という反応を起こす登山者がいると聞いたことがある。『日本百名山』も、本体よりもそのガイド書が幅をきかして、深田久弥の山登りの世界もまた、はるか向こうに去りつつあるのであろうか。深田久弥は、一九五八年二月発行の『別冊文藝春秋』六二号に「混まない名山――品格と孤独に憧れて」を書いている。この孤独は静寂と同じだろう。品格と孤独。深田久弥が山に求めていたのはそれであった。

＊

深田久弥は心底から山が好きだった。山によって人生を構築した。「山のような人間にならねばならぬ。山のような文章を書かねばならぬ」と書いていたが、その覚悟も山から受けたものであった。そしてまた、『山さまざま』の「あとがき」でイギリスの詩人・画家ウィリアム・ブレークの「人と山とが触れ合うとき偉大なことがなされる、ゴミゴミした町では決してなされぬことが」（Great things are done when men and mountains meet ; This is not done by jostling in the street.）という詩を紹介しながら、何べん山へ行っても偉大なことがなされたと思ったためしはない、と書いている。しかし、その生涯を通じての山登りとその結果の作品を見れば、優れた山の先人たちと同じように、深田久弥の中でも「偉大なこと」がなされたのを理解できるだろう。

深田久弥の山登りとその著作には、日本の山のエッセンスがつまっている。文学の世界で鍛えられた文人が山の世界に入ってきて質のよい山の文集を残してくれたことは、松方三郎の言うとおり、私たちにとって大きな幸せといわなくてはならない。

（編集者・エッセイスト）

深田久弥略年譜

この年表は『深田久彌・山の文学全集　XII』（朝日新聞社）所収の「深田久彌・年譜」（堀込静香編）、『深田久弥年譜』（深田久弥山の文化館）を資料として、主な伝記事項、山岳関係著作、本書に関係のある山行を記載したものです。

一九〇三（明治三十六）年

三月十一日、石川県江沼郡大聖寺町（現在の加賀市）に、父弥一、母トメの長男として生まれる。

一九一八（大正七）年　十五歳

七月、初めて白山に登る。

一九二二（大正十一）年　十九歳

第一高等学校入学。文科乙類。夏、一高旅行部の山行に参加し、燕岳から常念岳、槍ヶ岳へ縦走。

一九二六（大正十五）年　二十三歳

第一高等学校卒業。東京帝国大学文学部哲学科入学。五月、八ヶ岳硫黄岳で同行の吉村恭一が遭難死。

一九二七（昭和二）年　二十四歳

東京帝国大学に在籍しつつ改造社編集部員に応募し採用される。『改造』の懸賞論文・小説の下読み審査にあたる。

一九二九（昭和四）年　二十六歳

小説「津軽の野づら」を『新思潮』に発表。このころ、北畠八穂と我孫子に住む。

一九三〇（昭和五）年　二十七歳

十月、小説「オロッコの娘」が『文藝春秋』に掲載される。東京帝国大学を中退。改造社を辞職。

一九三二（昭和七）年　二十九歳

鎌倉に転居。小説「あすならう」を『改造』に発表。十月、鳳凰山（小林秀雄、今日出海）。

一九三三（昭和八）年　三十歳

『翌檜』（江川書房）刊行。

一九三四(昭和九)年　三十一歳　『わが山山』(改造社)刊行。

一九三五(昭和十)年　三十二歳　日本山岳会に入会(会員番号一五八六)。『津軽の野づら』(作品社)刊行。八月、光岳(田辺和雄、ガイド)。

一九三七(昭和十二)年　三十四歳　東京・大阪朝日新聞に「鎌倉夫人」を連載、改造社より刊行。『山岳展望』(三省堂)刊行。

一九三八(昭和十三)年　三十五歳　漢口攻略従軍作家派遣陸軍班に参加。『高原』(青木書店)編纂。

一九三九(昭和十四)年　三十六歳　北畠八穂と入籍。三月、富士山頂からスキー滑降(広瀬潔)。『峠』(青木書店)編纂。

一九四〇(昭和十五)年　三十七歳　三月から雑誌「山小屋」に「日本百名山」二十編(十回)連載。『富士山』(青木書店)編纂。『山の幸』(青木書店)刊行。

一九四一(昭和十六)年　三十八歳　五月、初恋の女性・木庭志げ子(中村光夫の姉)と再会。六月、雨飾山を二回(弥之介/志げ子)目指すが、いずれも雨のため断念。

一九四二(昭和十七)年　三十八歳　『山頂山麓』(青木書店)刊行。

一九四三(昭和十八)年　三十九歳　『山岳紀行』(新潮社)刊行。

一九四四(昭和十九)年　四十一歳　三月、応召。小隊長(陸軍少尉)として中国戦線を転戦。

一九四五(昭和二十)年　四十二歳　八月、戦地にて終戦、俘虜となる。

一九四六(昭和二十一)年　四十三歳　七月、復員。越後湯沢に疎開していた志げ子のもとに落ち着く。

一九四七(昭和二十二)年　四十四歳　二月、八穂と離婚、志げ子と結婚。九月、大聖寺に転居。

一九五一(昭和二十六)年　四十八歳　金沢に転居。公職追放解除。

一九五二（昭和二十七）年　四十九歳
『をちこちの山』（山と溪谷社）刊行。

一九五三（昭和二十八）年　五十歳
雑誌「岳人」に『机上ヒマラヤ小話』連載開始。

一九五四（昭和二十九）年　五十一歳
この頃からヒマラヤ資料の収集を始め、九山山房の素地となる。

一九五五（昭和三十）年　五十二歳
八月、東京都世田谷区松原に転居。

一九五六（昭和三十一）年　五十三歳
『ヒマラヤ――山と人――』（中央公論社）、『わが山山』（河出書房）、『山秀水清』（朋文堂）刊行。

一九五七（昭和三十二）年　五十四歳
八月、笠ヶ岳（山川勇一郎、田村義也、高見耿太郎）。十月、雨飾山（志げ子、山川勇一郎）。十一月、雲取山。『ヒマラヤ登攀史――八千メートルの山々』（岩波新書）刊行、『エヴェレストへの長い道』（創元社）翻訳。

一九五八（昭和三十三）年　五十五歳
二～六月、ジュガール・ヒマール、ランタン・ヒマール踏査隊（隊長）。七月、剣山（単独）。

一九五九（昭和三十四）年　五十六歳
三月から雑誌「山と高原」に「日本百名山」の連載開始。第一回は鳥海山、男体山。『氷河への旅――ジュガール・ヒマール探査行』（朋文堂）共著。『山さまざま』（五月書房）、『雲の上の道――わがヒマラヤ紀行』（新潮社）、『登山十二ヵ月』（角川書店）刊行。二月、九重山（風見武秀、橋本三八）。六月、武尊山（志げ子）。八～九月、斜里岳・阿寒岳・羅臼岳（志げ子、沢二）、後方羊蹄山。十月、御座山（藤島敏男、望月達夫）。十二月、天城山（単独）。

一九六〇（昭和三十五）年　五十七歳
一月、笊ヶ岳（望月達夫）。二月、大台ヶ原山（仲西政一郎ほか）。三月、守門山（佐藤玄作ほか）。四月、恵那山（志げ子ほか）。五月、皇海山（日高信六郎ほか）。五月、聖岳（川喜田壮太郎ほか）。六月、火打山（志げ子ほか）。八月、早池峰山（志げ子、沢二）。十月、白峰三山（志げ子ほか）。十一月、安達太良山。雑誌「小説新潮」に「わが愛する山々」連載開始、全十一回。

一九六一（昭和三十六）年　五十八歳
八月、剣山。『わが愛する山々』（新潮社）刊行。

一九六二（昭和三十七）年　五十九歳
六月、塩見岳（小池宗男、杉浦耀子）。『マチャプチャリ——ヒマラヤで一番美しく峻しい山』（文藝春秋新社）翻訳。『シルク・ロード』（角川新書）刊行。

一九六三（昭和三十八）年　六十歳
日本山岳会理事に就任。『山があるから』（文藝春秋新社）刊行。

一九六四（昭和三十九）年　六十一歳
『ヒマラヤの高峰』全五巻（雪華社）刊行開始。『日本百名山』（新潮社）刊行。四月、浅草岳（松本義夫ほか）。

一九六五（昭和四十）年　六十二歳
『日本百名山』で第十六回読売文学賞（評論・伝記の部）を受賞。

一九六六（昭和四十一）年　六十三歳
一〜五月、シルクロード踏査隊（隊長）。日本山岳協会常任評議員。

一九六七（昭和四十二）年　六十四歳
『瀟洒なる自然——わが山旅の記』（新潮社）刊行。

一九六八（昭和四十三）年　六十五歳
日本山岳会副会長に就任。

一九六九（昭和四十四）年　六十六歳
『わが愛する山々』（新潮文庫）刊行。

一九七一（昭和四十六）年　六十八歳
三月二十一日、茅ヶ岳登山中に脳卒中で逝去。『山頂の憩い』（新潮社）、『中央アジア探検史』（白水社）刊行。

凡例

一、本書は一九七四年三月に刊行された『深田久彌・山の文学全集 Ⅲ わが愛する山々』（朝日新聞社）を底本にし、一九六一年五月に刊行された『わが愛する山々』（新潮社）、一九六九年二月に刊行された『わが愛する山々』（新潮文庫）を参照しました。また、『深田久彌・山の文学全集』「山があるから」より「白峰三山」、「山岳遍歴」より「塩見岳」を追加収録しました。

二、今日の人権意識に照らして考えた場合、不適切と思われる語句や表現がありますが、本著作の時代背景とその価値に鑑み、そのまま掲載してあります。

三、文字づかいに関しては、原文を尊重し、常用漢字以外の漢字も使用しました。また、難読と思われる漢字には振仮名を追加しました。

四、山岳の標高数値は、本文中では底本のままとし、補注で現在の国土地理院による標高値を表記しました（小数点以下四捨五入）。

わが愛する山々

二〇一一年六月五日　初版第一刷発行
二〇二〇年四月五日　初版第二刷発行

著　者　深田久弥
発行人　川崎深雪
発行所　株式会社　山と溪谷社
郵便番号　一〇一―〇〇五一
東京都千代田区神田神保町一丁目一〇五番地
https://www.yamakei.co.jp/

■乱丁・落丁のお問合せ先
山と溪谷社自動応答サービス　電話〇三―六八三七―五〇一八
受付時間／十時～十二時、十三時～十七時三十分（土日、祝日を除く）
■内容に関するお問合せ先
山と溪谷社　電話〇三―六七四四―一九〇〇（代表）
■書店・取次様からのお問合せ先
山と溪谷社受注センター　電話〇三―六七四四―一九一九
ファクス〇三―六七四四―一九二七

デザイン　岡本一宣デザイン事務所
印刷・製本　大日本印刷株式会社
定価はカバーに表示してあります

Printed in Japan ISBN978-4-635-04730-2